# 日本型
# コーポレート
# ガバナンス

Japanese Corporate Governance

従業員主権企業の論理と改革

Itami Hiroyuki

伊丹敬之

日本経済新聞社

# まえがき

コーポレードガバナンスは企業経営の根幹である。その根幹のあり方が大きく注目されている。株主はサブ、従業員をメインにコーポレートガバナンスを考えると、企業は発展し、その結果、株主にもきちんとしたメリットが生まれる。日本企業にはその考え方が似合っている。

この本の基本的メッセージのシンプルなまとめである。

いかにも時代に逆行した議論に聞こえそうである。たしかに、現在の流行の議論とはまったくちがう。しかし、それが長期的には時代をかえって先取りし、そして歴史の流れにあった合理性の高い考え方だと私は考えている。なぜそう言えるのか。その論理を書いたのが、この本である。

ただし、私は現在の日本企業の現実、とりわけコーポレートガバナンスの現実を肯定するつもりは毛頭ない。大きな改革が必要だと思っている。しかし、改革の方向について、流行の「株主重視経営」とはまったく異なった意見をもっている。その私なりの改革案についても、くわしくこの本で述べている。

つまり、「従業員主権企業の論理と改革」。この本の副題が、本の内容を端的に示している。

「人本主義」そして「従業員主権」、という強すぎるかも知れない響きをもったことばはいずれも、日本企業の原理とでもいうべきものの私なりの模索の過程で生まれてきた、私の造語である。この二つの言葉をはじめて公刊の本で使ったのは、一九八七年に出した『人本主義企業』（筑摩書房）という本であった。それから十三年。日本はその後バブルを経験し、社会主義が敗北し、資本主義が勝利してアメリカの時代がやってきた。かつての礼替とは裏腹に、日本企業に対する批判の声が今は高い。

しかし、私の意見はこの間、基本的に変わらなかった。私は十三年前と同じように、従業員主権が十分に経済合理性の高い原理だと思っている。しかし日本企業の現実が、それから一部離れ、あるいはその行き過ぎと甘えに悩んでいるのだと思っている。私は頑固者なのかも知れない。時代遅れの男なのかも知れない。しかし学者として、原理的に考えて正しいと思えることはきちんと主張したい、と思っているだけである。

この本を書くことは、私にとって自分の生きてきた時代の歴史を感じることでもあった。

私の目の前に、いま古い本のコピーがある。本のタイトルは『企業民主化試案――修正資本主義の構想』。発行、昭和二十二年十一月十五日。編者は経済同友会企業民主化研究会。実質的な著者は、大塚萬丈氏（当時の経済同友会代表幹事）である。おどろくべきことに、日本経済の混乱を打開する処方箋として、いちはやく従業員主権に類似した概念にもとづく企業改革を提言している。

この本が出た当時、私は二歳だった。その時はもちろん、長い間この本のことは知らなかった。それから、五三年後の二〇〇〇年の同じ晩秋に、私の本が出ようとしている。私の考えの基本は、大塚氏のそれと重なる。私は独立に考えたつもりではあるが、しかし結局は同じ様なことを戦後の五〇年が経て私は考えているようだ。

大塚氏は理論派経営者だった。学者である私とちがうのは、大塚氏は戦後の日本企業が作り上げていったコーポレートガバナンスが現実のものとなる前に、それを理念的に指導するような本を書いたことだ。私は事象が生じた後に、その論理を考え、それをきちんと伝えることに義務を感じ、しかしこれから起きることに影響を与えたいとも考えて、この本を書いている。事を起こす経営者と事を論じる学者のちがいがそこにはある。しかし、通底するものも多い。その類似の二つの本の間に、戦後の日本企業の歴史が詰まっている。

もう一つの自分の歴史経験もまた、この本の背後にある。従業員主権というコーポレートガバナンスの概念について、そして日本の社会がそれを曖昧にしていることの重みについて、私が深く考えさせられたのは、じつはベルリンの壁の崩壊前後からたびたび旧共産国に出向いた現場観察がきっかけだった。この本の序章に「一九九八年、ポーランド」という見出しの項があるのは、そのためである。ベルリンの壁の崩壊とソ連邦の崩壊で、歴史は動いた。その動く現場に、私はポーランドで居合わせ、社会の堆積物の重みを考えさせられた。その感覚は、私自身を突き動かす一つの力だったようだ。歴史の大きなうねりの中で、私は従業員主権について考えさせられたのである。

『人本主義企業』で人本主義や従業員主権といった日本企業の私なりの解釈を考え始める前の私は、アメリカ帰りの若い学者だった。その若い学者が日本の現実に目を開かれ、懸命にそれを原理的なレベルにさかのぼって考えようとし、そして社会主義の崩壊の現場で深く考えさせられ、中年を越すに至った。そのささやかな私自身の時間の経過の一つの果実が、この本である。

この本を作る過程で、日本経済新聞社の堀口祐介さんには、前著同様、微妙な示唆と適切な指摘を多くいただいた。神戸大学の田中一弘さんには、原稿のチェックをお願いした。もちろん、残っているであろうミスや読みにくさはすべて私の責任である。しかし、お二人の気持ちのいいご協力には心から感謝したい。

二〇〇〇年一一月

伊丹敬之

目次

業員主権



目　次

## 第4章 従業員主権の制度的有効性

目　次

目　次

装丁・間村俊一

# 序章　日本型ガバナンスの重い堆積

## なぜ株主なのか

コーポレートガバナンス（企業統治）の議論がかまびすしい。改革が必要という大合唱がある。流行ともいえそうである。

執行役員制、社外取締役によるチェック、ストックオプション、監査役の地位向上。改革のメニューは定食メニューだ、といえそうなほど、同じような議論が多い。そして、圧倒的に多くの議論は、「株主重視経営」を枕言葉のように使う。

株主重視経営には、二つの意味がありうる。一つは、これまで株主を軽視しすぎてきたから、これまでよりは重視しよう、という意味。もう一つは、企業の他の利害関係者、とくに従業員と比較して株主をより重視しよう、という意味。どうも最近は、第二の意味で使われることが、「グローバル・スタンダード」のようである。

しかし、第一の意味ならばすぐに理解できるし私も賛成だが、第二の意味の理解には、多くの日本の企業人の実感がついていかないようだ。会社は働いている自分たちのものだと思っていたら、グローバル・スタンダードとやらで会社は株主のものだという。株式市場で昨日買って、明日売るような株主も含めて、株主が企業の持ち主だといわれても、釈然としない人が多い。

そこで、改めて問うてみよう。なぜ株主なのか。

「資本が大切だから」というのが一つの答えらしい。たしかに、日本企業の資本効率は経済体として許し難いレベルにまで、悪化している。資本効率の改善は急務である。

しかし、企業はカネの結合体でもあるが、同時にヒトの結合体でもある。二面性を持っている。その中で、どうして資本、それも株式資本を優先的に遇する必要があるのか。

むしろ、企業の競争力の源泉は結局誰がつくるのか、を考えれば、従業員を大切にする議論の方がシンプルな説得力がある。その結果、株主にとってもいいことになるのではないか。

カネには競争力の源泉はつくれない。せいぜい設備や技術を買えるだけである。真の競争力の源泉は、コミットして働いてくれる従業員の知恵やエネルギーにある。それなら、彼らが企業にとってのメインの存在として扱われる方が、合理的ではないか。もちろん、企業には株主も必要である以上、彼らを軽視するのは間違いだが、彼らを優先する必要があるのか。

そこで再び、問う。なぜ株主なのか。

必ずのように返ってくる第二の答えは、

「会社法が株主を企業の主権者だと決めているから」

では、会社法を見てみよう。面白いことに気が付く。従業員がまったく登場せず、債権者と株主だけが登場している。

じつは、会社法を「株主が企業の主権者であることを確立させている法律」と理解している向きが多いが、事態はもう少し複雑である。会社法は、企業へのさまざまな資金提供者の間の権利義務関係を決めた法律である。そこで登場するのは、主として債権者と株主である。債権者と株主の間では、株主が最終的な責任と権利を持つ、と会社法が定めている。

しかし、会社法には働く人々は一切登場しない。会社法での「社員」という言葉は株主のことである。「金を出した人たちだけを考慮の対象にして」、債権者と比べると株主に主権がある、と定めているのが会社法である。働く人々と株主とを比較した上で、株主に主権があると定めた法律ではない。

世界の企業関連法制の中で、株主と働く人々とを一つの法律の中に登場させ、その比較をした上で両者の間の権利義務関係を直接的に定めた法律は、ドイツの共同決定法を除いて、ない。少なくとも、日本にはない。

だから、会社法が定めているから、という答えは、じつは「なぜ株主なのか」という素朴な質問の答えとしては、不十分なのである。その先をわれわれは考える必要がある。

コーポレートガバナンスを深く議論しようと思ったら、株主と働く人々との関係を議論する必要がある。その上で、企業を所有するとはどういうことか、企業を統治するとはどういうことか、抽象的なことを深く考える必要がある。

面倒かも知れない。しかし、避けて通れない。

そうした抽象的に見えることがゆがむと、そのゆがみからおりが生まれ、それが堆積して社会をゆがすことが時にある。とくに、社会の基底になるような概念であれば、尚更のことである。その上、日本型ガバナンスのあり方には重い堆積がすでにありそうである。

## 一九八九年、ポーランド

それを私に考えさせた一つの原点は、ポーランドにある。

一九八九年九月、まだベルリンの壁が崩壊する二カ月前のことである。共産圏で初の非共産党政権が誕生しようとして大きな渦の中にいたポーランドに、右寄りと思われる私がまぎれ込んでしまっていた。社会主義体制が崩壊し市場経済へと移行しようと模索が始まった、まさにその時だった。私は、私有化担当大臣から通訳の女性まで、じつにさまざまな人々に日本の企業システムの特徴の説明をし、そしてポーランドは単純な資本主義に移行すべきでないと主張したりしていたのである。

その時深く考えさせられたことの一つが、「所有」という概念のゆがみが社会に与える傷の深さであった。以下は、長くなるが、『ポーランドからの手紙：1989』（筑摩書房、1990）という私のポーランド旅行記の一節の引用である。日本企業がなぜ長期雇用の従業員を簡単には解雇しないかを、アンナという通訳の女性に説明しているくだりである。

「『日本の企業がそのような行動をとるのは、結局企業は誰のものか、ということについての、暗黙の考え方があるからだ。結局は、働く人たちのものなのだ』

と、私は持論の説明もした。株式会社が資本家階級の搾取の道具、というイデオロギーを聞いて育った彼女には、やや理解しがたいことだったにちがいない。

しかし、問題の核心が、『誰がなにを実質的に所有していると思えるのか』

という『所有の意味と意識』にあることを理解すると、彼女はとたんに雄弁になった。

前夜の弁護士氏と同じように、共産主義の『国家所有』、『人民所有』という考え方がいかに人々の無力感と無責任につながるかを、私に説明し始めた。『国のもの、人民のものだと言われても、スパナ一本、タイプライター一台が結局は自分たちのものなどという実感はとてももてない。だれもなにも大切にしなくなる』

彼女の場合、より実感派だった。弁護士氏は、そうした実感に加えて、市民権としての所有権がじつに混乱してしまい、経済活動や交換をひときわ面倒にしていることを指摘していた。

ブロツワフで前々日、ヴァスケビッツ氏（元数学教授）もやはり、所有の意味をゆがめたことが共産主義のもたらした最大の病患だ、といっていた。彼の指摘するポイントは、アンナとも弁護士氏とも、少しちがう。

彼は、公園でも、工場の機械や道具でも、あるいは住宅でも、『公有』という原則が人々の意識を社会全体としてどう変えてしまうか。あるいは、ゆがみをつくるか、を問題にしていた。

たとえば、人のものを盗んではならないという道徳が、すべて公有だとどうなってしまうか。公有のものを盗むことは、じつは自分のものでもあるものを一時占有しているような感覚さえ生まれかねない、というのである。彼は、共産圏に多い工場の物資の横流しなどを、『公有』原則から生まれる道徳上のゆがみの問題だといっていた。

さらに、公有という原則とは裏腹に、実際に農産物などが『私有』として商売の対象になり、ちょうど中国の万元戸のようにポーランドにも百万長者を生んでいることを人々はどう受け止めるのか。バックグラウンドのまったくちがう三人の人が、ちがう言葉で、ちがう意味で、同じ『所有』の問題を大問題としていたことの意味は大きいと言っていい。それほど拡がりの大きな問題なのである。

経済体制の根幹をなす概念が、人間の実感、ひそやかなる本性と大きく乖離してしまったとき、おりのようにたまる沈澱物が堆積し始めるらしい。その堆積が一定の限度を越したとき、地殻はその重さで自然に変動を始める。

『国家所有』のおり。『中央集権計画経済』からの堆積物。ポーランドで、そして東欧でいま起こっていることは、結局そういう単純なことなのだ。その堆積に四〇年の時間がかかったのか。しかし、日本でも似たような問題がありそうだ。別な、しかし『所有』という問題に源流をもつ堆積物が沈澱しつつある、とその場ですぐ私は思った。

それは、『企業は誰のものか』と問われたときの日本の企業人の妙に居心地のわるそうな感じである。『株主のものか』といわれれば、抵抗がある。しかし『働く人のものか』といわれると、そうかなと思えるが、しかしどこか完全には割り切れない。結局、会社は会社のものという妙な結論がしっくりくる。誰のものでも、じつはない？

ポーランドで、『所有』という一見抽象的な観念が経済の仕組みをおかしくしている根本原因の一つだとすれば、じつはそれは日本にとってもそれは他人事ではないのだ。企業の「所有」の実際と実感の問題を、そこで働く人々から遠いものにしてはならない。放っておけば、ゆがみが耐えがたくなる。

所有の概念のなんらかの哲学をつくり、所有の実感をどうもてるかを工夫しなければ、日本でもおりは堆積するにちがいない」〔伊丹（1990）〕

この当時、私は日本のコーポレートガバナンスの問題で頭を悩ましていた。すでに日本でおりが堆積し始めていると思っていたからである。そして、企業の所有という問題は、必ずしも財産権だけの問題を意味しない、と解釈すべきだろうと思っていた。財産でなく、「組織の所有」をどう考えるのか。

それはむしろ、組織体の主権の問題、誰が企業の運命を左右する権力を持つ正当性があるのかという問題、が本質なのではないかとも思っていた。

## 企業は誰のものか

たしかに、おりは日本でも堆積したようだ。すでに、八九年当時に堆積していたと思われるが、二一世紀を迎えようとする今、それはじつに重い堆積になり始めているのではないか。

企業は誰のものか、という問いかけがますます意味を持つようになっている。

そこには、日本社会の中での堆積の重さという面から、三つの理由があるように思われる。

第一の理由は、会社法のもとで会社は株主のものという大原則があるはずなのに、日本の企業はあまりにも株主を軽視してその原則から外れすぎているのではないか、という指摘が広くあることである。たしかに、たとえば株主総会の六月下旬一斉開催というような事態を見ると、なるほどとも思える。

第二の理由は、しかしそうは指摘されても、長く企業にコミットして企業と運命を共にしている人がかなり多く、そこでは企業が働く人々のものだという素朴な感覚があるのに、その感覚を担保する現実的な制度的バックアップが何もないことである。どこかで何かが足りない。しかし、株式会社という制度はどうしても必要なのだとも思える。悩みは沈潜する。

第三の理由は、さらにしかし、企業という法人があまりに存在感を持ちすぎて、法人のために人々が企業活動に参加しているような感覚が多くの人に持たれていることである。企業は、誰か個人のために、個人たちがつくり運営しているはずのものなのに、そうした人工物がそれ自体の生命と意思を持ってそれに参加する人々を支配しているような本末転倒の現象が起きている、という感覚が存在する。それはどこかおかしいのではないか。だから本筋に戻って、「誰のものか」を問いたくなる。

株主の軽視、働く人々の権利確保の仕組みの欠如、法人の一人歩き、とこの三つの理由をまとめて並べてみれば、それが現代日本の企業組織につきつけられてきた重大な問題であることは、実感を持って多くの人が理解できるであろう。

その上、九〇年代に入ると、企業は誰のものかを問いたくなる新たな二つの理由が登場した。

第四の理由は、ベルリンの壁が崩壊し資本主義が社会主義に勝利した後の、新しい世界秩序がつくりだしている。冷戦に勝ったアメリカからの風が吹き、コーポレートガバナンス改革だ、株主重視だと騒がれる。さらに、グローバル資本主義の時代に、株主中心のコーポレートガバナンスにしなければ日本企業は世界から取り残される、とも脅かされる。しかし、それは本当なのか、と多くの人は密かに疑念を持つ。だから、企業は誰のものかを問いたくなる。この理由は、私がポーランドで堆積物の重みを感じていたときにはまだなかった。

さらにその上、九〇年代の日本の低迷があり、そこで顕在化してきた経営者への不信があるように思う。彼らの器量が小さい。それで企業経営がうまく行かなくてみんなが困っている。しかも、トップの不祥事も続発する。しかし、トップへのチェックメカニズムがなく、トップの隠微な権力は企業の中で大きい。企業は経営者のものなのか、とつい愚痴りたくなる。そこに、企業は一体誰のものなのか、と改めて問いたくなる第五の理由が生まれている。

## 国の統治とコーポレートガバナンス

企業は誰のものかという問いかけと、この本の主題であるコーポレートガバナンスとは、密接に関連するが、まったく同じ問題ではない。その関連は次章以下の議論で明らかになるが、ここでは、企業は誰のものかという問題はコーポレートガバナンスのベースになる問題、その中心課題であるがすべてではない、と理解しておけばいいだろう。次章のことばをあらかじめ使ってしまえば、企業は誰のものかとは、企業の主権を誰が持つのか、という問題のことである。

企業統治という日本語訳が示すように、コーポレートガバナンスとは、誰かが企業という経済体を「統治する」ことである。一体、誰が統治するのか。統治するとはどういうことか。

それを理解するには、そもそもコーポレートガバナンスという概念が出てきた源泉と思われる、国の統治とのアナロジー（類推）で考えるのがもっともわかりやすいだろう。

国の統治とは、その国の国民を統《す》べ治めることである。彼らの生活のありようの基本を決めることであり、彼らを守ることであり、彼らの行動の方向付けをすることである。国の主権の行使、といってもいいだろう。

その国の統治は、誰によって行われるのか。国の政体によって、パターンはさまざまにある。たとえば、古代ローマを例にとれば、共和制の時代には、ローマ市民権を持つ人々全体が統治を担っていた。奴隷などの非市民権者は主権のサークルに入っていない。帝政ローマに移行すると、主権は皇帝によって一身に担われることとなった。

現代の民主主義国家では、国の統治は主権在民で行われている。その国の市民権者が統治の主体なのである。ここでも、共和制ローマと同じように、外国人などの非市民権者は統治に参加できない。

国の統治の目的は、国家の発展であり、国民の生活の安寧であろう。それは、統治が皇帝によって担われていようと、市民権者全体によって担われていようと、変わらない。ただ、皇帝制のもとでは、しばしばこの統治目的に外れたような個人的利害の追求をする皇帝が出てくることが困るのである。

そして国による統治行為の実際的中心部分は、為政者たちに委託されている。その委託が皇帝という唯一無二の主権者による委託なのか（その時は自分自身に委託する部分がある）、市民権者全体による代理者としての国会議員たちへの委託なのかは問わないが、委託があることには間違いがない。そうした委託をする以上、付託を受けた為政者への影響力をきちんと担保するようなメカニズムを持つことによって、主権者は統治を最終的には自分のものとすることが可能になっている。民主制のもとでの選挙が、市民権者による影響力行使のメカニズムの典型的な例である。

こうした国の統治とのアナロジーでコーポレートガバナンスを定義しようとすると、もっとも単純には次のような定義となるであろう。

「企業が望ましいパフォーマンスを発揮し続けるための、企業の『市民権者』による経営に対する影響力の行使」

国家の発展や国民生活の安寧に当たる部分が、望ましいパフォーマンスの発揮の部分である。為政者と経営（あるいはそれを行う経営者）とが対応している。そして、統治の究極的主体である「企業の市民権者」を想定した定義になっている。

会社法があるから株主が主権者だという主張は、企業の市民権者を株主に限定し、その限定の根拠を会社法に求めていることになる。それはそれでありうる主張だが、本当にそういう限定と限定の根拠に対して「だけ」深い論理的支持があるのか、あるいは、主権者を広げることに意味はないのか。それをわれわれは問わなければならない。

こうした定義をすると、コーポレートガバナンスの本質的問題は、企業の主権を誰が持ち、誰が経営者のチェックを行うか、に集約されることが次章でより明らかになるであろう。それが企業に関わる人々にとって深刻な重要性を持つのは、コーポレートガバナンスのあり方次第で、経営者の経営目的のあり方の実際が影響を受け、企業の意思決定が影響を受け、経済成果の分配が影響を受けるからである。

## 日本型の意味

本書は、日本型コーポレートガバナンスの論理と改革を考えようとするものである。

たしかに、前項で定義したようなコーポレートガバナンスのあり方について、日本的あるいは日本型とでもいうべき特徴があるようである。

日本型コーポレートガバナンスの具体的内容については、次章で詳しく説明し、その改革の方向性については第7章以下で述べるが、日本型ということばの意味については、二つの意味で使われることを、あらかじめ述べておこう。

一つの意味は、「日本の現状」という意味である。

日本企業のコーポレートガバナンスの現状について、この序章ですでに、「人々の密やかな感覚」「暗黙の慣行」「人々の実感」といった表現をつけながら、少しずつ紹介している。

たとえば、働く人々に主権があるという雰囲気がある。株主の権利の形骸化の匂いがある。しかし、企業へのチェックメカニズムがうまく機能していないという感覚もある。多くの部分は、慣行であり、法制度の裏打ちのない暗黙の契約である。そのためか、コーポレートガバナンスの考え方の基礎と思われるものが必ずしも現実には完遂されていない。だから、割り切れない気持ちが残る（たとえば、働く人が大切だといいながら、経営者が保身をしすぎていないか。景気が悪いからといって、リストラしたいとすぐ思っていないか)。

そうしたことの総体が、日本型コーポレートガバナンスの現状である。

それらを、雰囲気や匂いだけのものだからまともな議論はできない、と片づけたくない。暗黙のものだから形式的に制度があるものより劣る、とも考えたくない。完遂していない部分、機能不全の部分があるからといって、そもそも全体がだめなのだとばっさり切りたくない。まるでジグソーパズルを組み上げるように、小さな断片を集めて、しかし日本型コーポレートガバナンスとしてのきちんとした議論ができないかを考えてみたい。

日本型ということばの第二の意味は、「日本の社会状況・経済状況に適した、あるいは日本社会に受容される」という意味である。

この意味での日本型は、日本型コーポレートガバナンスの現実がなぜ生まれたかを考えるときに、重要となる。日本型コーポレートガバナンスは、日本社会が生んだのである。どこかから宇宙船に乗って落下してきたものではない。

さらに、第二の意味での日本型ということを強く意識することが、コーポレートガバナンスの改革を議論する場合には、ことさら重要となる。なぜなら、改革されたコーポレートガバナンスは日本社会の中で機能する必要があるからである。真空の中で改革後の施策が実行されるわけではない。

次章で明らかになるように、コーポレートガバナンスの本質はどこの国でも、経営権力の正当性の問題であり、経営権力のチェックの問題である。権力の構造は、社会的構築物である。権力を持つ側と権力を受容する側の間の社会的プロセスの産物なのである。だから、日本型コーポレートガバナンスの発生と定着を考えるときにも(第5章)、日本のコーポレートガバナンスの改革を考えるときにも(第8

章、第9章)、第二の意味での日本型という意識をきちんと持つことがどうしても必要となるのである。

## 流行の流れに抗して

コーポレートガバナンスの議論は混乱している、といっていいだろう。

一方に、企業の不祥事対策をコーポレートガバナンスだという人がいる。他方に、私のように企業の主権の問題こそがコーポレートガバナンスだという人もいる。さらには、会社法の精神通りに、株主のための企業経営をきちんとさせるための対策が、コーポレートガバナンスだという人もいる。

その上、コーポレートガバナンスには流行のメニューが多い。

その典型例は、執行役員制度である。この制度自体、多くのバリエーションがあるようだが、共通しているのは取締役会を小さくし、経営執行は執行役員の役割、その監督が取締役の役割、と分離しようとすることであろうか。口の悪い人は、役員のリストラだ、と喝破する。しかし、この制度をとるとコーポレートガバナンスの本質的な問題のどこが解決されるのか。よくわからないことが多い。むしろ、代表取締役に経営執行の責任を与えている日本の会社法の精神に反するようにも見える。それなのに、大流行である。

小さな取締役会のメリットとしてよくいわれる意思決定の迅速化なら、社内の権限委譲や役員間の分担や会議の工夫といった手段がある。むしろ、形式的に呼び名や立場を変えるのではなく、そうした実質的な意思決定の仕組みに手をつける方が本質的である。

そして、執行役員制度は、株式市場では経営のリストラの一種の踏み絵になっている気味がある。その背景には、アメリカ型のコーポレートガバナンスのあり方を日本企業に導入しなければならない、という思いこみがあるように見える。経営者への規律のメカニズムをきちんと整備することが日本企業にとって重大事であることは私の年来の主張だが、その手段としてすぐに「アメリカ型に近づけよう」という発想では、あまりに芸がない。

もちろん、株式市場やマスコミで評価されることも大事で、その観点からのプラスがあることはわからないではない。しかし、そんな程度のことでコーポレートガバナンスとトップの意思決定の仕組みという大事を考えていいとは思えない。

執行役員制度を導入したある大企業のこうした問題の担当の部長に、本音の席でこう聞いたことがある。

「執行役員制度のメリットは、株主代表訴訟の対象になる取締役の数を減らせるというリスク管理が最大のもので、それ以外にはあまりないのではないか」

彼の答えは、「そうなんですよ。実際には何も変わらないし、メリットがよくわからない。これでまた、役員人事権を持つトップの実質的権力がかえって強化されるのが怖い」。役員を二層に分けて、さらに人事をいじるための道具をトップが手にしてしまったからである。

この答えは、じつは役員人事にからむ権力の問題の深さを示唆している。多くの執行役員制度採用企業が、トップレベルでのむずかしい権力問題を抱えていて、その問題の解決の手段としてこうした制度を使っているのかも知れない。

いずれにせよ、執行役員制度の流行という現象は、経営における流行がいいことか、とわれわれに問いかけている。流行の背後には、アメリカ型経営への傾斜という、自信をなくした日本の経営者の一つの象徴的心象風景があるのだろう。さらには、株式市場とマスコミという「市場的論評」の持つ威力もあるのだろう。しかし、経営の大事が流行化することに、私は素朴に恐れを感じる。なぜ、大事が流行で処理されるのか。

その一つの原因は、日本企業のコーポレートガバナンスの堆積物の重さなのかも知れない。その重さを人々は密やかにしかし深刻に感じている。だから、なんとか早く解決しなければと思う。だが、深い考えをめぐらせる材料も時間もない。そこで、流行の解決策につい飛びついてしまう。

しかし、待てよ、と私はいいたい。どうもおかしい。日本型コーポレートガバナンスの堆積物の重さを考えればこそ、執行役員制度ばかりでなく多くの流行の流れに抗したくなる。もっと深く考えるべきことがあるのではないか。

日本企業の将来にとっての、日本企業に働く多数の人々の将来にとっての、コーポレートガバナンスの重要性を考えると、流行の流れに抗する必要を強く感じる。

しかしそのためには、思考の枠組み、論理的に考えるための概念枠組みが必要である。その枠組みを提示する次章が、われわれの日本型コーポレートガバナンスの論理と改革の議論の初めの一歩である。

# 第1章　コーポレートガバナンスの概念的枠組み

## 1　コーポレートガバナンス論の全体像

### コーポレートガバナンスの定義

序章でも述べたように、コーポレートガバナンス論は混乱している。あるいは、混乱とでもいうべきほどに多様な議論が、同じコーポレートガバナンスの名前のもとで行われている。この節では、そうした多様なコーポレートガバナンス論を見わたし、ある程度の分類をして個々の議論の位置づけが可能になるような、全体像、全体理解の枠組みを私なりに提示してみたい。その整理は、コーポレートガバナンスということばの定義から始める必要がありそうだ。その定義自身がじつに多様なのである。

コーポレートガバナンス、つまり企業統治について、私は序章で国の統治の問題との類推で考えるとさまざまなことが見えやすい、と書いた。そこで私が行ったもっともシンプルな定義は、

「企業が望ましいパフォーマンスを発揮し続けるための、企業の『市民権者』による経営に対する影響力の行使」

というものであった。

コーポレートガバナンスは、企業のマネジメントとはちがう。企業のマネジメントは、経営者をはじめとする経営管理職層によって行われる、事業活動の制御行為である。その制御行為を、企業の市民権者は経営管理職層に託している。その制御行為の担当者たる経営層、とくに経営者に対するチェックが、コーポレートガバナンスなのである。

それはちょうど、国の行政（政治も含む）が国の市民権者によって政府に託されているのとまったく同じである。そして、行政という概念と国家統治という概念を別なものと考え、国家統治には行政を含ませず、その行政を国民が委託している政府に対する市民権者によるチェック行為を、国家統治と理解するとわかりやすい。そのチェックとはつまるところ為政者に対するチェック行為であり、チェックの目的は、国家が望ましいパフォーマンスを発揮し続けるように、ということに理念的にはなるであろう。

このシンプルな定義は、コーポレートガバナンスというものが何であるか（あるいは何でないか）をイメージするには有用だと私は思うが、まだまださらに詳細に確定しなければならない部分を多く残してもいる。たとえば、望ましいパフォーマンスとは何か、企業の市民権者とは誰のことか、そもそも市民権とは何か、影響力の行使とはどういう具体的メカニズムによって行われるのか、等々。

その上、私の定義は一般的に広く見られる定義ともちがう。さらにいえば、コーポレートガバナンスの定義はかなり混乱しており、狭い定義、広い定義、広くて狭い定義などが乱立している。

たとえば、深尾・森田（1997）によれば、コーポレートガバナンスとは、

「①企業における経営上の意思決定の仕組み、②企業のパフォーマンスに密接な利害を持つ主体相互間の関係を調整する仕組み、③株主が経営陣をモニタリングしまたコントロールする方法、の三者からなる概念。つまり、「企業が効率よく運営されるためには、株主、経営陣、従業員、債権者、取引先等

の企業の様々な利害関係者（ステークホルダー）の間で、どのように権限や責任を分担し、また企業が生み出す付加価値を配分していけばよいか」という問題」としている。

この定義は、広くて狭いというべきであろう。経営上の意思決定の仕組みがコーポレートガバナンスの内容に入り、企業の利害関係者を幅広くガバナンス当事者にしているという点で広い。しかし、そうして幅広い利害関係者の中で株主がやや唐突にクローズアップされ、彼らからの経営陣のモニタリングというプロセスがまたクローズアップされている点は、狭い印象を与える。もちろん、株式会社という制度を前提にすれば、第三点は当然のように見えるかも知れないが、それでもいきなり狭くなっている印象は否めない。

この狭い点「だけに」焦点をあてたコーポレートガバナンスの定義もある。たとえば、日本コーポレート・ガヴァナンス・フォーラムのコーポレート・ガヴァナンス原則策定委員会（1998）によれば、「企業統治とは、統治の権利を有する株主の代理人として選ばれた取締役が構成する取締役会が、経営方針、戦略について意思決定するとともに、経営者がヒト・モノ・カネ等の経営資源を用いて行う企業の経営（マネジメント）を監督する行為である」としている。

この定義が狭いのは、企業の市民権者を株主とはじめから決めている点、そして取締役会に影響力行使の機関をすでに限定している点である。もちろん、現行会社法の枠の中の法的なプロセスの遵守の問題だけにコーポレートガバナンスの内容を限ると決めてしまえば、ありうる定義である。そこでは、コーポレートガバナンスを株主のために企業が動くようにする手段と考えていることになる。しかし、序章で述べたようなコーポレートガバナンスへの関心の広がりと深さを考えると、こうした定義から出発すること自体が問題を不当に狭め、かつ本質的な解決へ届くことを放棄してしまうことになりかねないように思われる。少なくとも、企業の利害関係者一般を視野に入れようとするコーポレートガバナンスの定義の主張が一方にあることを考えると、狭い定義と分類できるであろう。

この種の定義はしばしば見られる定義で、それは会社法の世界にだけ議論を限定するとあらかじめ（暗黙のうちに）前提にしている、法律家によるコーポレートガバナンスの議論に多く見られる限定的定義である〔アメリカ法律協会による「コーポレート・ガバナンスの原理：分析と勧告」も当然ながら、やはりそうした前提のもとの議論になっている。証券取引法研究会国際部会訳編（1994）〕。

法律家としては、現行法の枠の中の解釈を議論の中心とするという意味で当然かも知れない。しかし、望ましいコーポレートガバナンスのためにどのような法制度を準備すべきかという議論がありうることを考えると、そこまで射程に入れる定義としては狭すぎる。後にそうした法制度そのものの立法を考えた議論の例としてドイツの共同決定法の例が本書でもしばしば登場するが、そうした範囲の議論ができるような定義にコーポレートガバナンスの概念的定義はなっている必要があると思われる。

## 企業の主権者と統治への参加

こうした広すぎる定義、狭すぎる定義があるとして、では「程のよい」定義はどのようなものか。

まず第一に、企業の「市民権者」あるいは「主権者」を誰と想定してガバナンスを考えようとするか、をきちんと明確に想定する必要がある。それは、別なことばでいえば、企業という経済体を構成する主体は誰か、ということである。国になぞらえれば、国を構成する主体は誰か、である。

国の場合、その国の国籍あるいは市民権を持つ人間が、構成主体である。たしかに、その国の利害関係者と枠を広げれば、その国に在留する外国人もあるいは近隣の諸国の国民もまたある国の利害関係者になりうる。しかし、誰が国を構成しているのかと問われれば、市民権を持つ国民が、国の内部者、当事者なのである。

それと同じように企業という経済体の場合、企業の内部者・当事者といえば、その企業を構成するに必要な資本と労働という本源的な資源を提供している人々であろう。つまり、株主と従業員（経営者を含む）が企業の構成員であり、企業の内部者である。

たしかに企業にはこの二つの人々のグループ以外に、大切な利害関係者がいる。顧客は当然大切であるし、取引先も重要である。企業にカネを貸しているという意味での取引先である銀行もまた重要な利害関係者である。企業の存在する地域社会の人々もまた、重要な利害関係者であろう。だからこそ、多くのコーポレートガバナンスの議論では、彼らをステークホルダーとしてガバナンスの役割を担うと想定するのである。

しかし、彼らは企業の市民権者、主権者にふさわしいだろうか。

たしかに彼らは、企業という経済体が誕生した後に、その外部の存在として深い利害関係を持つ人々ではある。しかし、企業という経済体の構成者そのものではない。別なことばでいえば、彼らがいなくとも企業は生まれうる。しかし、株主と従業員がいなければ、企業がそもそも存在し得ない。株主の提供する「逃げない資本」としての株主資本（借入金は返済期限が来たら返済というかたちで企業から離れることを想定した資本で、「逃げる資本」である。株主資本には返済期限はない）、従業員の提供する企業活動の必須の要素である労働サービス、その二つがなければそもそも企業という存在が誕生できないのである。ステークホルダーの大切さとその位置づけについては後に再び議論するが、企業の市民権者・内部者としてはステークホルダーとよばれる人々はふさわしくなく、株主と従業員だけが市民権者たりうることが理解できるであろう。

もっとも、現行の会社法では株主だけが市民権者であるかのような規定になっている。しかし、概念的な幅の広い議論のためには、少なくとも潜在的な市民権者候補として株主と従業員の両方が入るような議論の枠組みにしておく必要がある。後に述べるドイツの共同決定法では、従業員もまた市民権者として法律的にきちんと位置づけられている。

では、企業の市民権の内容、企業の主権の内容はどのようなものと考えるべきか。

再び国の市民権となぞらえて考えれば、企業の主権の内容は、

- 基本政策の最終決定権
- 経済成果の優先分配権
- 経営者の選任・罷免権

という三つの権利からなると思われる。

ちょうどこの三つは、国の市民権者が持っていて非市民権者が持っていない権利と同じである。つまり、ある国の市民権者は、国の政策を最終的に決める権利を持ち（国会による決定であれ、国民投票であれ）、国のサービスの優先的受益権を持ち（たとえば国防サービス）、さらに為政者の選挙権を持っているのである。それと、ここでの企業主権の内容は本質的に同じである。

逆にいえば、企業という経済体にとってのこの三つの権利をなんらかのかたちで持っている人々を、企業の市民権者・主権者と定義してもよい。そして、現行の会社法がこの三つの権利を株主の専有とし

ていることもまた、明らかであろう。だから、上にあげたような株主だけを統治の当事者とするコーポレートガバナンスの狭い定義が成立しうるともいえる。

こうして、株主と従業員という二つのグループが企業の主権者（あるいは少なくともその候補者）であるとして、彼らが考える「望ましいパフォーマンス」とは何と考えるべきであろうか。それは、企業という経済体が社会の中で果たしている基本的な機能は何かという問いとつながる。その機能をきちんと果たしているということが、少なくとも望ましいパフォーマンスの最低条件である。

企業という存在は、インプットを市場から取り入れ、それになんらかの技術的変換をほどこしてアウトプットに変えて市場に提供している存在である。そのプロセスで、価値が付加されている（つまりインプットの価値よりもアウトプットの価値の方が大きい）ことが企業の基本的機能である。その基本的機能を遂行するための本源的資源として、内部者の提供する資本と労働サービスがあるのである。

こう考えると、企業の望ましいパフォーマンスとは、付加価値が効率的・効果的に生みだされていること、ということになるだろう。この付加価値生産機能がきちんと果たされていれば、その付加価値の中から従業員への分配と株主への分配が行えることになる。そして、企業の主権とは、こうした付加価値を生みだすための基本政策の決定とその付加価値の分配の決定、ということになる。さらに、政策の決定・遂行・果実の分配のすべてのプロセスは、経営者層にその任務の多くを委託して行われることになる。したがって、その経営者の選任と罷免の権利が、主権の第三の要素になる。

それは、主権の第三の要素というより、実質的には主権のもっとも大切な内容というべきである。経営者への委託が、実質的にはじつに広範で普遍的だからである。

企業の主権者が企業の統治に参加するあり方は、主権者の主権行使への関わり方のパターンといってもいいが、それには直接参加と間接参加と、二通りありうる。ちょうど、国の市民権者がすべての決定に参加する直接民主制と、議会と行政に決定の多くを委託してその議会を選挙するという間接民主制があるのと同じである。

直接参加が、基本政策の決定と付加価値分配の決定に株主と従業員が直接的に関わることであり、間接参加は、経営者にそうした決定のかなりを任せた上でその経営者の選出と罷免に関わることである。ことばを換えれば、経営者のチェック、といってもいい。つまり、企業の主権の第三の要素は、企業の統治への間接参加の権利なのである。

たとえば、上にあげた日本コーポレート・ガヴァナンス・フォーラムのコーポレートガバナンスの定義は、株主だけに主権者を限定し、取締役会をその主権行使の機関と限定してはいるものの、ここにいう三つの企業主権の要素での直接参加と間接参加がすべて入って定義されている。直接参加は「経営戦略と方針の意思決定」であり、間接参加が「経営者の監督」の部分である。

とくにこの間接参加の部分である経営者の選任と罷免の問題は、多くのコーポレートガバナンスの議論で中心的な課題としてあげられることが多い。深尾・森田の定義にある「経営者のモニタリング」もまさにこうした間接参加のことである。

## 主権論とメカニズム論——二つの問題領域

こう考えると、上に述べた私のコーポレートガバナンスの定義の中で、もっとも本質的に重要なのは株主と従業員による経営者のチェック、ということになる。

それは、当然でもある。企業は、組織集団の面からはヒトの結合体であり、そして資本の面からはカネの結合体である。どの企業もその二面性を必ず持っている。その二面性をきちんと両にらみしたコーポレートガバナンスの論理が必要なのである。

さらに、企業経営における経営者への委託の広範さと経営者の中核的役割を考えれば、統治への間接参加の有効性がコーポレートガバナンスの有効性の大きな鍵を握ることが見えてくる。

そこから、二つのやや独立した問題領域が出てくる。コーポレートガバナンスの主権論と、コーポレートガバナンスのメカニズム論である。

主権論とは、企業の主権は誰が担うのがもっとも適切か、という議論である。そして、資本を提供する株主と働く人々の両方が企業には共に重要であることを考えれば、それはその二つのグループの間でどのように主権を分かちあうか、という問題になる。カネもヒトも企業活動に必須である以上、主権をどちらかが排他的に持つのであれば、それは問題をはらむことになることは容易に想像される。したがって、主権論とは排他的議論ではなく、株主が主権のメインになるのか、従業員が主権のメインになるのか、あるいはまったく対等で行くべきか、といったことが議論の対象になるような問題領域である。

会社法の世界では、株主主権をあらかじめ想定してしまっているが、それだけでいいのか、という議論が必要なのである。

コーポレートガバナンスの第二の問題領域は、どのようなメカニズムを用意すると「市民権者による経営への影響力行使」、とくに経営者のチェックが有効にできるようになるか、という問題である。それが、メカニズム論である。

コーポレートガバナンスを日本コーポレート・ガヴァナンス・フォーラムのように定義すると、主権論はすでに決着がついたところから定義自体を出発させていることになっている。株主主権なのである。

したがって、残った問題はメカニズム論だけになる。しかし、ドイツのように労資による共同決定を企業の主権の分野で行おうとすると、明らかに主権論を正面から論じる必要が出てくる。

日本でも、次章以下に述べるような日本の企業システムの現実は、「株主主権説で日本企業を理解すれば済む」「残った問題はメカニズムだけ」というような議論の仕方を不毛にする現実だと思う。主権論にまで立ち返って、われわれはコーポレートガバナンスの問題を考える必要がある。それほどに、主権論はコーポレートガバナンスにとって本質的な話なのであり、とくに日本企業ではそうである。その上で、メカニズム論を考える必要がある。

日本企業にとってばかりでなく、一般的にメカニズム論は主権のあり方に依存することになるだろう。主権のあり方にマッチしたコーポレートガバナンスのメカニズムでなければ、的外れになり、コーポレートガバナンスとしては機能不全が起きる危険が高いからである。

たとえば、本当は従業員主権の企業に対して株主主権を前提につくられた経営者のチェックメカニズムだけが用意されていたらどうなるか。従業員主権のために経営者をチェックするメカニズムはないことになる。そして、経営者の行動は不必要にメインの主権者ではないはずの株主の方を向いたものになる危険が大きくなり、その上じつは本来の主権者にはチェックされずに済んでしまうことになる。機能不全であろう。

## 2　コーポレートガバナンスの主権論

### ステークホルダー論の落とし穴

私は前節で、コーポレートガバナンスの定義を企業の市民権者による統治と定義し、その市民権者を企業の内部者としての株主と従業員に限定した。

しかし、企業の利害関係者を幅広くステークホルダーとしてガバナンスの参加者として入れるべきという考えもある。ステークホルダーには、顧客や取引先、地域社会といったような企業の外部の存在が入るし、従業員も入れることが多い。さらには、株主も企業のステークホルダーの一員と考えて、そうした利害関係者全体がコーポレートガバナンスを行う、という考え方もある。前節であげた深尾・森田のコーポレートガバナンスの定義は、まさにそうした考え方の一例である。

しかし、ステークホルダー全体による統治という考え方は、コーポレートガバナンスという統治行為の本質からして、議論の混乱を招きやすい考え方のように思われる。

その理由は、企業という経済体にとって利害関係者ではあってもその内部者でない人々を、統治行為の主体と考えるのは無理が多いからである。国でいえば、隣国の人々までその国の統治行為の主体になってしまうことと似ることになる。少なくとも、そうした人々まで国の主権の担い手になってしまっては、国とは一体何なのか、という疑問が生まれる。

企業という経済体の主権者も同じことである。利害関係者すべてが主権者になるのは、かえって問題が多い。

企業の主権者を誰にするかということは、企業の内と外との境界を決めることである。誰が内部者で誰が外部者なのか。誰が市民権を持ち、誰が持っていないのか。

企業の主権者となるにふさわしい条件は、二つあると思われる。一つは、その企業が生まれるのに不可欠な資源を提供していることである。第二に、その企業の事業の盛衰によってもっとも大きなリスクをこうむり、コミットしていることである。別なことばでいえば、その企業から逃げない資源をコミットしていることである。

この二つの条件に該当しそうなのは、逃げない資本をリスクを負って提供している株主と、その企業に長期的にコミットしている経営者や働く人々（この人たちをまとめて、ここではコア従業員とよぼう）である。従業員の中にも、その企業にコミットしている人もいれば、短期のアルバイト的な人もいる。後者はこの二つの条件には合致しない。したがって、企業の主権者たる資格はないであろう。しかし、長期的にコミットしているコア従業員は、企業の成立に必須な「逃げない労働」を提供し、リスクもこうむっている。株主のように「逃げない資本」を提供してリスクを分担しているのと同じことである。

したがって、企業のステークホルダーといわれる人々の中で、株主と従業員（厳密にはコア従業員）だけが、コーポレートガバナンスの参加者になる市民権者としての資格を持っていると思われる。

顧客は、もちろん企業の行動によって大きな影響を受ける利害関係者ではあるが、企業の市民ではない。内部者ではない。さらにいえば、顧客の重要性は株主や従業員よりもはるかに大きい。いわば、顧客という大切な存在は、株主や従業員のさらに上にある、企業活動が奉仕すべき対象である。顧客の支持が得られて初めて、企業は経済体として存続していける。顧客は、企業の生殺与奪の権を握っている外部者である。企業の市民ではない。

取引先も、たしかに利害関係者ではあるが、企業の内部者でもなく、リスクの負担も小さい。地域社会も、企業の行動に影響を受け、かつ企業のインフラを提供し、企業を生かしている存在として、当然企業に対してなんらかのコントロールをする権利を持っている。しかし、それは企業の外部者としての企業への働きかけであり、内部者としてのコーポレートガバナンスに関わるべき存在ではないだろう。

そもそもステークホルダー論がコーポレートガバナンスの議論として出てきた大きな原因は、株主だけを企業の統治者とする議論への疑問からだったと思われる。

あたり前に考えて、従業員も企業の統治に関連すると誰もが思う。しかし他方で、企業とは労働契約というかたちで経済的取引関係にある従業員は、企業の外部者のようにも思える。事実、会社法が規定する法人としての会社では、社員とは株主を指すのである。つまり、会社法では会社という法人の内部構成者は株主だけなのである。

しかし、組織体としての企業を考えれば、従業員（とくにコア従業員）が企業の内部者であることは、常識的にすぐ納得できる。だからこそ、従業員のことを社員とよぶ慣行が生まれるのである。しかし、その従業員だけを他の利害関係者を差し置いて企業統治への参加者にすることには、ためらいが生じる。だから、広く利害関係者全体が企業統治に関わると考えるのが穏当に思えてくる。

しかし、企業の内部者という考えをきちんと持ってコーポレートガバナンスへの参加資格の線引きをする方が、意味が大きいと私は思う。さもないと、企業の利害関係者全員が、その利害関係の濃さに無関係に統治に参加することになってしまう。そして、みんなが治めるという原則になってしまうと、じつは誰も治めない、という現実が生まれがちになる危険も大きいのである。いわば、全員責任の無責任である。

そうした問題を避けるためにも、企業の活動について格段のコミットメントとリスクを負っている、企業の内部者たる株主とコア従業員にだけガバナンスへの参加資格を認める方がいいと思われる。ステークホルダーを企業のマネジメントの上で大切にするという考え方は説得的であるが、ステークホルダー全体を企業のガバナンスに参加させるという主張とは別のものと考えるべきであろう。

## 主権の社会的受容の三つの論理

企業の主権の問題は、結局、権力の問題である。誰が企業を統治する上でのより大きな力つまり権力を持つか、という問題だからである。

すでに述べたように、株主と従業員（とくにコア従業員）を主権者候補と考えれば、コーポレートガバナンスの主権論の問題の本質は、この二つのグループがどのようなミックスで主権を持つか（どちらがよりメインの存在となるか）ということになる。

どのような社会的な組織であれ、その組織の権力構造はいくつかの意味で社会的構築物である。社会のルールがそれを決めるという意味でも、社会の中のその組織のありようや貢献がその権力構造によって影響を受けるという意味でも、さらには、社会の中にそうした権力構造が根づかなければその権力構造が長く機能することはないだろうという意味でも、企業の主権のあり方は社会的構築物なのである。

そうした社会的構築物がある社会の中に発生し、定着し、そして継続していくためには、たんに法制度でルール的に決めたというだけでは不十分である。人々がそれを受容しなければ、本当に社会的に機能が継続していくことはないだろう。例を挙げれば、序章で触れた旧社会主義国での所有構造とその背後の権力構造が結局人々の支持を得られなかったのは、人々の納得と受容がなかったからである。

したがって、企業の主権のあり方が社会的にどのような論理で存在意義を持ち、人々に受容されていくのか、という問題を議論することが、コーポレートガバナンスの主権論の主たる内容になる。

そこには以下に述べるように、経済合理性、制度的有効性、社会的親和性、という三つの論理が存在すると思われる。本書では、それらを総称して「企業主権の社会的受容の三つの論理」とし、次章以下で議論をしていく。その概要をコーポレートガバナンスの概念的枠組みの一部として提示するのが、この節の主な役割である。



**図1-1　主権の社会的受容三つの論理**

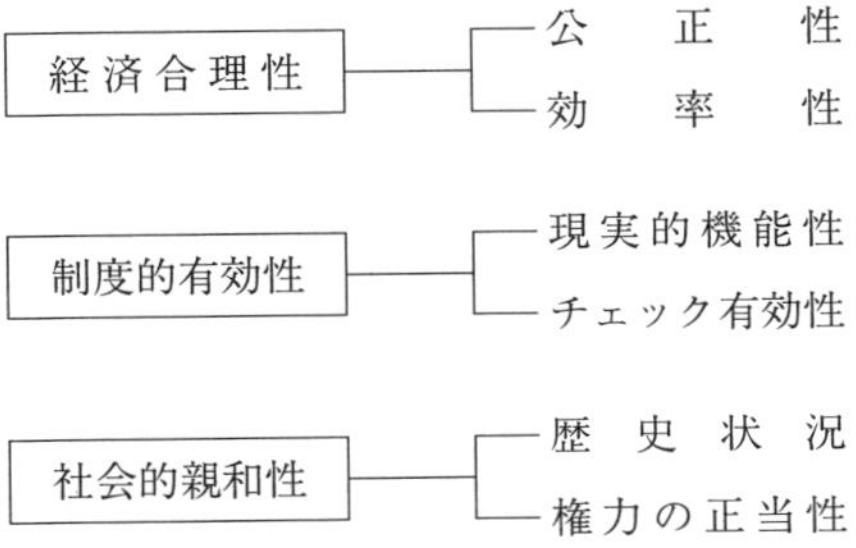


企業という社会的組織はあくまで経済体である。ヒトの結合体という側面とカネの結合体という側面を持った、経済体である。したがって、主権のあり方の経済合理性がもっとも大切なことはいうまでもない。つまり、従業員主権（従業員が主権のメインの存在であること）にしろ株主主権（株主が主権のメインの存在であること）にしろ、経済合理性がなければその社会で受容されない、ということである。
しかし、社会的構築物としての企業の主権のあり方の社会的受容の論理を考えるには、単純な経済合理性を超えてさらに多面的な思考が要求される。それが、制度的有効性と社会的親和性である。
この二つの概念は、平たくいえば、社会の中で制度的に有効性を発揮できる条件が整えられなければ、ある主権のあり方（たとえば従業員主権）は長く機能しない、というのが制度的有効性である。さらに、その社会の中の常識的な通念との親和性があり、歴史的状況が許すような主権の考え方でなければ、やはり定着はしない、という議論が社会的親和性の議論である。

さて、ある主権概念の経済合理性についてより詳しくいえば、それは二つの側面から考えるべきと思われる。公正性と効率性である。

ある主権のあり方に人々が経済的公正さを大きく認めなければ、その主権の概念は経済的合理性を持ちえない。公正性とは、貢献の大きさ、リスク負担の大きさ、コミットメントの大きさ、の三つの観点から判断されるだろうという議論が、第3章で展開される。

効率性の概念は、誰がメインの主権者であるかによって企業の意思決定に影響が及ぶときの、意思決定の効率性のことである。多くの経済システムの効率性の概念でよく見られるように、この本でも「情報」と「インセンティブ」の観点から主権のあり方の経済効率が第3章で議論されることになる。インセンティブが整合的だから、正しい意思決定が行われるようになる、人々が努力をつぎ込むようになる、という論理がインセンティブ効率性の論理である。意思決定をする人が正しい情報を持てるようになるから、正しい意思決定が行われる可能性が高まる、というのが情報効率の論理である。

主権のあり方の制度的有効性には、二つの論理がある。

一つは現実的機能性である。現実の条件の中で、ある主権のあり方が企業活動の円滑な運営のために機能できるのか、という論理である。現実的条件のもとで機能できないような主権概念は、どれほど理念的に正当であっても社会的定着にも受容にも至らないだろう。たとえば、資金調達という面で、じつは従業員主権という主権概念は現実的機能性の障害にぶつかる可能性がある。従業員主権の原理で統治されている企業に、資本が集まるか、という問題である。もし資本が集まらなければ、経済体としての企業は立ち行かないだろう。

第二の制度的有効性は、チェック有効性である。ある主権の考え方で統治される企業の行動、とくに経営者の行動が何かの理由（偶発的な理由でもよい）で機能不全を起こし不健康な状態に立ち至ったとき、それをチェックし、機能を回復させるためのメカニズムが存在するか、という有効性である。つまり、チェックが有効に働くようになっているか、という問題である。

このチェック有効性の問題は、とくに経営者へのチェックが本質的な問題であるコーポレートガバナンスにとってはきわめて重大な問題である。そしてそれは、じつは次節で述べるコーポレートガバナンスのメカニズム論の一部ともなる。

つまり、ある主権概念が社会的に継続して用いられるためには、経営者のチェックが有効にできるようになっていないとむずかしい、というのがここでの議論だが、主権のメカニズム論は、さらにどのようなメカニズムの工夫をすると主権のあり方の有効性を保ちやすいかというプロセス論になる。たとえば日本のコーポレートガバナンスについてメインバンクの貢献を強調する議論が多いのは、チェック有効性の議論の例である。

主権概念の社会的受容の第三の論理は、社会的親和性の論理である。

その社会の中で多くの人が共有している考え方に近いような主権概念は、社会的親和性が高いといえる。あるいは、歴史的状況がある主権の概念を社会的に受け入れやすくしている、という意味での社会的親和性もあるだろう。たとえば、労使協調をしなければ崩壊するという瀬戸際に立たされているような企業が多い歴史的状況があれば（終戦直後の日本の歴史的状況がそうだった）、従業員に実質的な主権をわたすような企業統治の原理の方が、社会全体にとって受け入れやすくなる可能性は強い。

社会的親和性の論理の中で大きな役割を占めると思われるのは、権力の正当性についての社会通念と主権概念との親和性である。

企業組織の経営とは、その組織が所有する物的財産を自由に左右することばかりでなく、その組織の中で働く人々の運命を左右するような決定をしばしば行うことである。つまり、組織に所属するモノとヒトの運命を左右することにつながるのである。その意味で、経営とは大きな権力を持つことに等しくなる面がある。

その権力は何によって正当化されるのか。なぜ、経営者という特定の人間集団が企業のモノとヒトの運命を左右する権力を持つことを人々が許すのか。

問題の本質は、一国の政治の世界での権力の正当性の問題と同じである。一国の政治は、その国の中のモノとヒトの運命を左右することを決めることがしばしばある。その権力を為政者という人間集団が持つことをなぜ正当化できるのか。その正当性は、中世ヨーロッパでは神から王が権利を授かったからという王権神授説であった。現代の民主主義社会では、為政者が市民の選挙によって選ばれているから、というのが主な正当性の根拠であろう。

企業であれ政治であれ、権力の正当性についての社会通念はその社会の伝統に深く根ざしたものであることが多い。したがって、国による特徴が出てくる。たとえば、ゲルマン共同体のドイツと日本型共同体の日本のコーポレートガバナンスを比較してみると、その構造に案外類似点が多いことを後に指摘する。その原因の一つは、社会的な権力の正当性の通念が、同じような共同体ベースの社会ということで日独の間で似通っていることではないかと思われる。

第3章から第5章までの議論は、日本企業の従業員主権をこの節で概説している主権概念の社会的受容の三つの論理の枠組みで議論したものである。第3章はなぜ従業員主権の経済合理性が高いのか、第4章はどのように制度的有効性が従業員主権で実現されてきたのか、さらに第5章では、従業員主権が戦後日本の歴史的状況と日本社会の伝統的通念の中でどのように社会的親和性の高いものだったのか、を述べている。

つまり、コーポレートガバナンスの主権論を日本企業の現実に即して議論するのが、第3章から第5章までの目的である。

## 3　コーポレートガバナンスのメカニズム論

### 一時的な不健康からの回復メカニズム

コーポレートガバナンスのメカニズム論の本質は、権力のチェック、経営者のチェックである、とすでに述べた。

絶対権力は絶対に腐敗する、とは政治学の世界の有名な箴言であるが、経営の世界でも権力は腐敗しがちであると思った方がいいだろう。そうした経営者の腐敗あるいは能力不足という一時的な不健康から回復させるためのメカニズムを企業組織や企業制度が内蔵していないと、一時的な不健康が恒常化し、ついには回復不可能な状態にまで企業を追い込むことになるだろう。

それを避け、企業が望ましいパフォーマンスへと回復できるようなメカニズムを持たないと、企業が望ましいパフォーマンスを維持し続けられるようにというコーポレートガバナンスの目的は達成できない。つまり、一時的に不健康になった状態から回復できるメカニズムをどのように設計するかという論理が、経営者へのチェックメカニズムの本質であり、コーポレートガバナンスのメカニズム論の中心課題である。

もちろん、企業の主権者による経営への影響力の行使には、直接参加と間接参加の両方がある。その二つの参加のあり方のそれぞれに、メカニズム論があっていい。しかし、株主とコア従業員という二つの主権者候補のそれぞれの人数の多さを考えると、そしてそもそも企業の経営が経営者に基本的には委託して行われていることを考えると、間接参加のメカニズム論が中心課題になる。そして、間接参加のあり方がすなわち経営者のチェックということなのである。

たとえば、国政を考えてみればいい。国民主権の代理者たる国会議員を代理主権者の集団と考えれば、その集団には選挙での洗礼というチェックメカニズムがある。さらに、その主権代理者集団の中から選ばれてリーダーとなる首相には、議会での選任そして不信任投票というチェックのメカニズムがある。いずれも、主権者としては間接参加のメカニズムである。

その間接参加のメカニズムを考えるときの一つの大切なポイントは、それが「一時的な不健康」からの回復のためのメカニズムであるという点である。決して、恒久的に不健康になってしまった企業体の回復のためのメカニズムを考えることではない。恒久的に不健康になってしまった企業体は、基本的に解散すべきである。そこからの回復のためのメカニズムを用意しようとすると、牛刀をもって鶏を割く、かのような過剰メカニズムになって大いなるムダが生じるであろう。

企業のみならず政府をはじめすべての組織は、さまざまな理由で一時的な不健康に陥る危険を持っている。運が悪くて不健康になることもあるし、組織自身に病弊が蓄積して不健康になることもある。いずれにせよその不健康が組織としてのパフォーマンスを低下させることになる。

その回復のためにとにかくまず必要なのは、一時的に不健康な状態に経営が立ち至ったときに経営者への警告と牽制のメカニズムを持つことである。不健康であることを経営者に伝え、経営者自身が不健康さの源泉になっているのであれば退陣することを要請するメカニズムを持つことである。

そのチェックとは、決して事細かな経営の箸の上げ下ろしの監視でもなければ、経営の成果の短い時間間隔での精査でもない。制度化の目的は、経営者に罰を与えることにもなければ、あらを探すことにもない。経営者を常時監視体制のもとに置くということでもまずい。そこまでやっては、経営の委託自体が行えなくなる危険があり、そしてメカニズムがあまりに費用とエネルギーを要求して過剰なものとなる。

基本的に必要なのは、長期的な大きな観点からの経営者の力量と性向の評価であり、社会の公器としての企業の舵取りを任せられるかの判断である。経営者の行動が大きな目で見てそうした評価基準を満たしていない場合に、組織は一時的に不健康な状態になってしまうであろう。そこからの脱出を助けるためのチェックメカニズムが本質的に大切なのである。

既存のコーポレートガバナンスの議論を見ると、じつは株主主権を前提とした上でのメカニズム論が多い。監査役制度の充実、社外取締役によるチェック、執行役員と取締役の分離による執行役員の監視、等々。それらのほとんどが、経営者の一時的な不健康の監視とそこからの回復メカニズムの具体的提案である。

株主主権を前提とした上でもさまざまな具体的なメカニズムの提案がありうるということは、誰が主権を持つのが適切かという主権論への決着がついた後でもコーポレートガバナンスのメカニズム論が決して自明ではないことを物語っている。じつにさまざまなバリエーションがありうるのである。

## 退出と発言

そうしたメカニズム論のバリエーションの全体をどのように整理すると、包括的でわかりやすい全体像の理解が得られやすいか。それを、考えてみよう。

すべての組織に起きがちな一時的な不健康とそこからその組織を回復させるためのメカニズムを一般論として見事に述べたのが、ハーシュマンであった〔Hirschman (1970)〕。

彼は、それを「退出」と「発言」という二つのメカニズムのミックスとしてとらえようとする。組織体からの退出による牽制と組織体への発言による牽制、その二つのミックスで一般的に組織体の不健康からの回復メカニズムはつくられている。退出というメカニズムも発言というメカニズムも共に用いて、この二つのミックスとして全体の回復メカニズムを設計すべきである、というのである。

企業組織に即していえば、「退出」とは企業組織から退出することによって不満の意を表明する、ということである。従業員ならば退職、株主なら資本の引き揚げ（多くの場合は株式の売却）が退出にあたる。あるいは顧客による退出もある。その企業の製品を買わなくなることである。そうしたさまざまな退出が多くなることによって不満が多いという赤信号が経営に対して点灯されて、その結果、改善への動きが始まる、というプロセスが想定されている。したがって、一時的な不健康からの回復が可能になりうる。

「発言」とは、経営者に直接不満の声が届くように発言して意見表明を行い、その結果改善が起きることを期待するというメカニズムである。たとえば、現行の会社法は株主に対してさまざまな発言のメカニズムを用意している。株主総会による株主の議決はまさに発言のいい例である。

従業員による発言とは、経営者への不満の声を彼らに直接届くように従業員が発言して、その結果、経営者の行動に改善が起きることを期待する、あるいは経営者の交代が実現することを期待する、というメカニズムである。会議での発言、抗議文書の発表、ときには面と向かっての「諫言」、労働組合の決議、とさまざまな発言の形態が思い浮かぶが、発言・告発する本人がすぐに誰かとわかるようなやり方をするとは、いずれも従業員の側に大きな弱みが存在する。最終的に人事権を経営者に握られている、という弱みである。

退出と発言は、さまざまなかたちでわれわれの身の回りに存在し、権力者に対する牽制のメカニズムになっている。政治の世界では、選挙を筆頭に発言のメカニズムが大きな牽制力を持っている。逆に経済の世界では、退出のメカニズムが幅を利かせているといっていいだろう。たとえば、競争メカニズムによって企業が健康体でいようとする動機が強く働く（つまりそれだけ牽制されている）のは、基本的には競争に負けて顧客が自社の製品が買わなくなるという「顧客の退出」が、最大のチェック機構として働いているからである。

退出と発言という二つのメカニズムは、コーポレートガバナンスのメカニズム論の中でもじつは頻繁に登場している。

たとえば、企業買収の脅威や株価の低迷の脅威が経営者へのチェック機構として機能するようなコーポレートガバナンスのメカニズムを「市場志向的なガバナンス」と表現し、金融機関が経営者に対して大きな影響力を持つことによって経営者へのチェック機構として機能するようなコーポレートガバナンスのメカニズムを「機関志向的なガバナンス」と表現することがある。前者の典型例がアメリカ、後者の典型例が日本やドイツ、といった国際比較ができるという〔たとえば、寺本（1997）〕。日本のメインバンクやドイツのハウスバンクの機能が念頭に置かれている。

この二つの分類は、退出ベースのメカニズムと発言ベースのメカニズムの例である。市場志向とは、市場における株主の「退出」が基本的に経営者に対する警告と牽制になっていることを意味している。機関志向とは、そうした影響力のある機関が存在して、その「発言」が経営者に対する警告と牽制になることを志向している。

この市場志向型は、カネの退出をベースにしたコーポレートガバナンスのメカニズムである。カネが退出につながっているのは、じつは無理もないことが多い。それは、ヒトとカネとの本質のちがいによって、退出と発言のどちらがしやすいか、かなりストレートにいえることがあるからである。

カネは、どこにある一万円でも誰が出した一万円でも、同じ一万円としての意味しか持たない。それ以上でもそれ以下でもないという意味で、転用可能性は無限大で、したがってカネは本質的に流動性が高い。それは、ヒトの転用可能性や流動性と比較してみると明らかである。ヒトは学習し、蓄積する。その蓄積の量も質もタイプも、その当人の資質や努力によって大きく変わる。また、蓄積の起きる企業がどこであるかによって、企業特異性がかなりある。したがって、同じ一人の人間でもカネのような転用可能性は望むべくもない。したがって、流動性はカネと比べればはるかに低い。

こうしたカネとヒトとの本質的なちがいは、ヒトがカネよりも退出しにくいことを意味し、また退出によって企業がこうむる損害もヒトの場合にはかなり代替できにくい場合があることを意味している。一方、カネの転用性や流動性の高さは、退出の容易さを意味している。したがって、ヒトベースのチェックメカニズムは発言を中心にし、カネのチェックメカニズムは退出を中心とするのが適切であろう、ということになる。

この結論に逆行するようなことが起きているのが、アメリカの労働市場での流動性の高さ（ヒトの退出というメカニズムの多用）であり、日本の資本市場での固定的な資本取引の関係（カネの退出の機会を小さくしている）である。共に、改善の余地が多い例と思われる。さらにいえば、日本企業はヒトの発言のメカニズムを十分に用意しているだろうか。

ハーシュマンもいっているように、発言は面倒なプロセスである。発言をすること自体も、発言を有効に届けることも、かなり面倒である。しかし一方、退出は簡単である。退出に伴うコストはあるものの、退出すること自体が面倒だということはない。たとえば、株主を例に取れば、退出のためにはただ株式を売却すればいい。売り注文を出すことで可能になる。しかし、株主が発言しようと思ったら、誰にどのような手段で発言するのが有効か、さまざまな面倒なプロセスを実行しなければならない。

だから、カネについては退出がつい多用される。株式市場が発達すると、市場志向型になりやすくなり、退出のメカニズム中心になりがちになる。

しかし、それでいいのだろうか。ヒトあるいは従業員にとっての退出のむずかしさを考えると、従業員の声の発言のメカニズムをきちんと整備しないと、従業員からのチェックのメカニズムは十分には用意できなくなる危険がある。

その用意には知恵がいる。「発言」する機会を「巧みに制度化する」ところに、コーポレートガバナンスのメカニズムの制度設計の一つの大きなポイントがある。この点は、第7章で再び取り上げられる。

## 主権論とのマッチ

メカニズム論は、誰がチェックするか、誰のためにチェックするか、という点で、主権論と関わってくる。もちろん、誰に主権があるかに関係なく、共通に必要とされる経営者のチェックメカニズムもありうるかも知れない。付加価値の生産能力に関したチェックとか、倫理的行動についてのチェックなどがその例であろう。

しかし、主権のあり方に関する議論がどのような結論に落ち着くかに応じて、一般的には主権概念に適したチェックメカニズム、回復メカニズムが準備される必要がある。つまり、主権のあり方をきちんと反映したメカニズムが必要なのである。

たとえば、株主主権なら、株主がどのようにチェックできるかの有効な仕組みがいる、という議論である。会社法にそのメカニズムの大枠が準備され、さらに会社法の意図通りに現実が行くようにという細かい慣行の議論や、制度的強制の議論がたくさんある。

次章で詳しく述べるように、日本企業の多くの人々の暗黙のうちの主権概念は従業員主権であると、私は考えている。そして、その暗黙の概念を実行に移すために、じつは日本企業は株主主権を前提につくられている経営者のチェックメカニズムをバイパスするような慣行をつくってきている傾向があるとも思っている。もちろん、法律違反をしているのではない。法律の条文にそいつつ、しかし株主主権のチェックメカニズムを形式的に実行するように試みている、とでもいおうか。

しかし、従業員主権を機能させるためのチェックメカニズムが十分に用意されているわけでもない。そのため、経営者のチェックメカニズムが空洞化し、コーポレートガバナンスのメカニズム論としては機能不全が見られる。それが第6章で述べる日本のコーポレートガバナンスの機能不全の本質である。

つまり、日本では、主権のあり方とチェックメカニズムがミスマッチの状態にあるのである。アメリカでは主権は株主主権、メカニズムもそれにマッチしている。

ミスマッチがあると、主権のあり方に合うように、メカニズムのサボタージュが始まる。まさに、それが日本で起こった空洞化である。

それにもかかわらず、日本企業のコーポレートガバナンスの議論は、相変わらず主権論を飛ばしたメカニズム論が多い。それがじつは真剣な議論、有効な議論につながらない最大の原因に思えてならない。メカニズム論を論じる際、主権論とのつながりをきちんと考える必要がある。

## 4 コーポレートガバナンスの国際比較

コーポレートガバナンスの国際比較については、すでにすぐれた業績がかなり多い。

法制度の面を中心に日米欧の比較を行った深尾・森田（1997）、アングロサクソンと日独を比較したProwse（1994）、アメリカとドイツのコーポレートガバナンスの歴史的展開を詳細に追ったO'Sullivan（2000）、従業員とコーポレートガバナンスの関係を米・独・日で比較した論文を集めたBlair and Roe（1999）などが代表的なものである。よりわかりやすく日米独のコーポレートガバナンスのあり方を解説したものに、Albert（1991）、Roe（1993）、Dore（2000）がある。稲上（2000）にも、コーポレートガバナンスの改革論議の国際比較の要領のいいまとめがある。

具体的なコーポレートガバナンスのあり方の詳しい比較はそうした書物を参照してもらうとして、ここではコーポレートガバナンスの主権論とメカニズム論の観点から、アメリカ、ドイツ、日本の法制度と慣行がどのようなまとめになると私が考えているか、それを概括的に述べておこう。

一つ注意すべきは、こうしたコーポレートガバナンスの国際比較は、法制度だけの比較では実態に迫りきれない、ということである。だから、慣行についての考察がどうしても必要になる。そして、慣行についての議論は、現実の観察から得られるものであるが、そこには多くの人々の断片的な観察はあっても統合的な全体観察は少ない。勢い、印象論的な部分が入らざるを得ないが、それを承知であえて三つの国の比較を私なりにしてみよう。

**アメリカ——資本所有＝権力**

主権論でいえば、アメリカは法制度も慣行も基本は株主主権といっていいだろう。メカニズム論としても、株主主権のためのメカニズムがもっとも多量に用意され、それが実際に機能している度合いがもっとも高いといってもいいと思われる。さらに、前節でも述べたように、アメリカのガバナンスメカニズムは退出志向、市場型のガバナンスの濃度が、日独よりも強いと思われる。

ただし、アメリカの法制度は必ずしも日本やドイツと比べて株主の権利が強くなるようにつくられているわけではない。深尾・森田（1997）は、その点をこういっている。

「実際、日本の株主の地位は弱いと議論されることがあるが、制度的には、取締役任免権、経営判断に関する議決権のいずれをとっても、日本の株主の権限は決して小さくない」

それにもかかわらず、圧倒的に多くの観察が、日独よりもアメリカは株主主権とするのはなぜだろうか。

アメリカの法規制の歴史的変化を研究したマーク・ロウは、『強い経営者、弱い株主』という原題の本で面白いことをいっている〔Roe（1994）〕。

彼は、米国の政治が決めてきたさまざまな金融法制が、金融機関の企業株式保有と株主権限行使を制限してきたという。そして「政治的影響ゆえに米国の銀行などの金融仲介機関の分散化は進み、規模は小さくなった。その結果、企業の株式所有は分散化されてしまい、株主の力は弱くなり、経営者の力が強い。ドイツや日本はその逆である」という。

こうした米国の政治の背後には、経済権力の集中に対する歴史的嫌悪がある。ウォールストリートによる産業支配は悪、というイデオロギーである。だから、銀行も小さいし、金融機関が産業を支配することを妨げようとする。

しかし、米国では経営者が強いとすると、なぜGMやIBMで九〇年代に入って起きたような、機関投資家などの株主の行動によって経営者が解任されるということが起きるのか、と素朴な疑問が生まれる。つまり、制度的には株主の力がより制限されている米国でなぜ、株主主権の経営が多いのか。

答えはむしろ逆なのだろう。米国は株主主権の国だからこそ、放っておけば株主主権が強くなりすぎる。だから、巨大な権力の集中した株主の存在を制限する制度が工夫されている。

その背後には、「資本所有＝権力」という、権力の正当性の一つの論理が、「暗黙の」社会常識として存在するようである。後に第5章で述べるように、日本では「権力の正当性」の源泉はたんにカネだけではない、という常識がありそうだ。

アメリカでの歴史的事実に対するこうした解釈は、コーポレートガバナンスの法制度の工夫はじつは、コーポレートガバナンスのあり方についてのその社会の通念との対比で比較しないと、大きな間違いを犯すといういい例であろう。

しかし、こうした「株主制限的法規制」にもかかわらず、アメリカでは株主反革命といわれるほどに八〇年代以降、株主主権への現実的動きが強くなってきた。それは、O'Sullivan（2000）も指摘するところである。その背後に年金資産の拡大がある。金融資産としての株式の価値を高めるような社会的要請が高齢化とともに高まり、それが株主価値重視の方向へと企業を動かし始めた、というのである。

こうした一連の動きは、ある国でのコーポレートガバナンスのあり方が、単純な法規制だけでは説明のできない、複雑な動きをすることを物語っている。

つまり、アメリカはまず社会の通念として株主主権であった。しかし、その通念ゆえに株主が強大な権力が集中する危険がある。しかもそれがウォール街に集中する危険があった。それを防ぐために金融機関への規制を行って株主の力を弱めようとした。しかし、年金試算の拡大とともに、年金生活者のための株主主権への動きが拡大してきたのが八〇年代以降の歴史的動きであった。それはまた、アメリカにとっては本卦がえりともいうべき、社会通念に合致した動きだったのである。

### ドイツ——共同体感覚の産物

第8章でより詳しく解説するように、主権論でいえば、ドイツのコーポレートガバナンスは株主と従業員が共同決定法という法制度のもとで、主権を形式的には等分に分かちあっている、という状態にある。

それは、役員人事も決める企業の最高意思決定機関である監査役会が株主代表と労働者代表が同数である、というかたちで制度的に担保されている。ただし、経営者の選任というような重要事項については株主側の意向が結局は通るような制度的工夫がなされている。監査役会の議長は株主代表が務めることに実質的になっており、彼は議決同数となったときに余分に一票投じる権利を持っている。それゆえに、実質的には企業主権は株主五一％、従業員四九％となるように制度ができている、というべきであろう。

メカニズム論でいえば、経営者の選出プロセスはこの主権論に合わせて、従業員が四九％の権利を持って参加するように法制化されている。

しかし、メカニズム論の世界でのドイツの銀行の影響力は巨大である。彼らはユニバーサルバンクで証券業務を行い、さらにはその証券業務の中で顧客保有の株式を預かっている場合もその株式の議決権を銀行が持てるような制度的余地がある。こうしたことが重なって、ドイツの銀行の企業に対する影響力の強さは日米の比ではない。

つまり、主権論はともかく、実態としてのコーポレートガバナンスのメカニズムでは、銀行が果たす役割はきわめて大きい。それは、企業の監査役会メンバーにもあらわれている。金融機関の代表者の数が多く、しばしば議長を務めている（ドイツを代表する企業であるシーメンスの監査役会メンバーを第8章に掲げておいた。株主代表一〇人中、五人が金融機関の代表者）。

そのドイツでも、株主主権への動きが九〇年代以降は強くなっているようである。グローバル資本主義の影響、と一般にはいわれている。それと同時に、年金資産の拡大はドイツでも起きている。金融資産としてのリターンの確保という点での、株主への分配の強化が要請されるような金融構造になってきているのである〔O'Sullivan（2000）〕。

しかし、ドイツの共同決定法の基盤は当面ゆらぎそうにない。稲上（2000）によれば、一九九八年に共同決定委員会が採択したコーポレートガバナンス改革の報告書は、「共同決定システムの存続を前提にして、新たな状況にみあってその制度を改革し、その運用を柔軟化しようという基本姿勢でまとめられている」。

ドイツのコーポレートガバナンスについて特筆されるべきは、ドイツが世界で唯一、こうした企業主権の領域に踏み込んだ、完全株主主権でない企業法制度を持っている国であることである。従業員の主権を四九％とはいえ、法制度で認めたのである。

ただし、その精神は特筆すべきものの、監査役会に労働者代表として参加するメンバー構成について、監査役会に与えられた企業の主権に関わる政策・人事決定に本来ふさわしいメンバー構成になっているか、制度の細目については疑問がありうる。たとえば、従業員代表はほとんどが現場労働者代表であること、その企業の従業員代表ばかりでなく労働組合のナショナルセンターの代表者がかなりいること、などは、そのメンバーたちの企業経営に対する経験や見識を含め、ドイツの経営者たちの中にも密かに問題視する人たちが少なくない。

近年たしかにドイツでもコーポレートガバナンスのアメリカ化への動きが起きている。その背景には、年金資産の増加という金融構造もからんでいるであろうが、一面、じつは本質的な企業主権論の反省というよりは、制度的に現在のメカニズムが持っている欠陥への反発と解釈できる部分もあるように思われる。

この点は第8章でさらに触れるが、ここで一言だけいっておけば、ドイツの共同決定法の制定した具体的メカニズムは、「階級対立構造の法的固定化」とでもいうべき皮肉な結果をもたらしてしまった面が少なくないと思われる。

階級対立とは、資本対労働というマルクス経済学風の古い階級対立である。労働組合のナショナルセンター代表と有力大企業の経営者が監査役会で対峙する構図になっている。法的固定化とは、監査役会でのメンバー構成に二つのグループの代表を同数で入れようとして、監査役会の中での対立構造として具体化していることである。資本の代表者は資本の利益を、労働者の代表者は労働側の利益をそれぞれに真正面からぶつけあう場を法的につくったのである。その上で、最後は資本側が勝つように仕組まれている。

しかし、そうした問題をはらみつつ、ドイツはいかにもドイツらしい「法律的な」対応をきちんとして、企業の主権に従業員を加えるという制度を作り上げた。その背景には、ゲルマン共同体以来の所有と支配に関するドイツの社会通念との親和性があったのではないか、と私は想像している。企業が、株式を所有している株主の所有物、という財産権的にだけ見ることをよしとしない社会通念である。働く人々に応分の権利を与えるべきという、素朴ともいえる共同体感覚がドイツにもあるのではなかろうか。もしそうでなければ、世界にもまれなこうした法制度が生まれたことの説明が、むずかしくなるように思われる。

## 日本――慣行としての従業員主権

世界にもまれ、という点では、日本もドイツの人後に落ちないかも知れない。ただし、法制度化への努力という点ではなく、同じような共同体感覚を背後に法の建て前と企業の現実を両立させる努力という点についてである。

主権論的にいえば、日本企業のコーポレートガバナンスは、建て前は株主主権、本音は従業員主権（あるいはより正確には、従業員メイン、株主サブ）というものであったと思われる。したがって、日本もまたドイツと同じような共同体感覚が背後にあって従業員主権的な考え方に社会的親和性がある、という点では似ているようである。

こうした私なりのざっくりしたまとめ方は、多くの企業人の実感と合うと思われるし、日本企業の実態をデータで分析しようとする研究者にも、少なくとも類似の観察が見られるのが一般的である。

現代日本のコーポレートガバナンスの実態調査をした稲上らは、その発見事実をもとにコーポレートガバナンスの日本モデルを次のようにまとめている〔稲上（2000）〕。

「企業コミュニティーの存続と発展を重視する、内部昇進型経営者によって担われた、物言わぬ安定株主と株の持ち合い、メインバンク・システムと間接金融、その他のステークホルダー（とりわけ正社員）との長期的信頼関係に支えられた、インサイダー型の二重監督システム」

現在の日本のコーポレートガバナンスの具体的な特徴をまとめれば、おそらくこうなるだろうことは、私にも納得できる。このモデルの本質を私なりにまとめれば、「建て前は株主主権で、本音は従業員主権」となるのである。あるいは、法制度はともかく、「慣行としての従業員主権」といっていい。

稲上のあげる特徴の中で、「物言わぬ安定株主と株の持ち合い」は株主主権の建て前の中で株主の権力行使を無機能化するための手段であるし、「企業コミュニティーの存続と発展を重視し、ステークホルダーの中でとりわけ正社員が重視され、彼らの代表とも言うべき内部昇進型経営者が経営に当りかつインサイダー型監督」という部分が、従業員主権の内実を詳しく示している。そうしたコーポレートガバナンスでもカネが集まり、カネの規律がそれほどゆるまなかった理由を、「メインバンク・システムと間接金融」という部分が語っていることになっている。

稲上はこうした日本モデルを多元主義的モデルとよんでいるが、私は多元主義というよりもっと直截的に「建て前は株主主権、現実は従業員主権」とよぶ方が本質が明らかになるように思う。

同じようにデータにもとづいて限りなく従業員主権の概念に近い現実があることを明らかにしているのが、深尾・森田（1997）である。彼らは株主と従業員に対する日本企業の経営者の優先順位の感覚についてのいくつもの調査を引いた上で、こういう。

「日本においては暗黙の契約による雇用維持に対するコミットメントが株主への利益最大化に優先するものとして、すなわち企業の資産に対する請求権は株主より従業員が優先するものとして経営陣に理解されている」

深尾らはこうした態度を、「コア従業員の雇用維持を一種の制約条件として扱い、収益最大化競争をしている」と表現しようとしている。しかしそれよりは直截的に、「従業員主権」という主権概念、と理解した方がストレートだと私は思う。収益競争もまた誰のために行われているかを考えると、どうも株主のためという答えが出てきにくいからである。

おそらく、ここに紹介した二つの研究とも従業員主権とはっきりとした表現をするまでに至っていないことに、日本のガバナンス構造が抱えた悩みの本質の一つがあらわれているのではないか。株主と従業員の関係、制度と暗黙的契約の関係、そして暗黙的契約に支えられた慣行的現実。こうしたことの総体が「従業員主権」ということばに限りなく近いとしても、従業員主権論に深い論理的支持がありうるのか。

それが、悩みなのであろう。この悩みに真正面から向きあい、きちんと考え、論理的支持が深くあることを明らかにするのが、この本の最大の目的である。第3章から第5章までが、それを担当する。

日本のコーポレートガバナンスの抱えた悩みは、従業員主権論への論理的支持ばかりではない。メカニズム論から見ても、深い悩みがある。

それは、前節でも触れたように、従業員主権という主権概念にマッチしたメカニズムがほとんどつくられていないことである。株主を無機能化するプロセスで、経営者へのチェックメカニズムとして会社法が用意したプロセスの有効性を現実的に著しく小さくしてしまった。そのために、経営者へのチェックに空洞化が生じている。それが悩みなのである。

そのくせ、建て前である株主主権にマッチしたメカニズムについての議論は盛んである。本質的に必要なメカニズムへの議論が少なく、本当は意味が小さいと思われるメカニズム論が多い。これもまた、議論のあり方がこれでいいのかという悩みとなる。

この悩みを乗り越えるには、日本企業の従業員主権という現実に即したメカニズム論を展開する必要がある。そして具体的に、どのようなメカニズムの設計の提案が可能か、議論する必要がある。

それを考えるのが、この本の第二の目的である。第8章と第9章がそれを担当する。

# 第2章　日本企業の人本主義と従業員主権

## 1　企業システムの中の企業の主権概念

### 日本の企業システム

コーポレートガバナンス論の中核である企業の主権概念が、ある社会の中でどのようなかたちで存在し機能するかは、じつは企業の主権概念を含むさらに広いシステムとしての企業システムの中に位置づけて初めて十分に理解できる。企業は、単独で野中の一本杉のように存在するものではないからである。多くのコーポレートガバナンスの議論に足りないのは、こうした企業システム全体から見ようとする視点である。

企業活動には、さまざまな人々がさまざまなかたちで参加する。株主や銀行は資金を提供し、働く人々は自分の技術を、知識を、エネルギーを、労働を、それぞれに提供する。そうした人々の集まりから、企業組織が生まれる。そして、各々の企業組織の活動はたがいに分業と協力をしながら、複数の企業活動がつながりあい、市場取引が行われ、企業活動が現実に実行されている。そうした総体として、企業システムができあがっている。そうしたからみあいの中で、企業の主権を誰が担うのかという論理は理解される必要がある。

私は、日本の企業社会全体が戦後、アメリカの標準的な企業システムとはちがう生き物を、なかば無意識の試行錯誤の中からつくりだした、と考えている。それは、高度成長が終わる頃におそらくかなり完成され、八〇年代に行き過ぎるくらいに精緻化されたシステムになってきた企業システムである。

そして私は、そうした企業システムを日本がつくり上げてきたことが、戦後の日本経済の類まれな成功の基本的理由の一つではないかと考えている。しかも、以下で私が資本主義と対照させて人本主義企業システムとよぶこの企業システムは、たんに「戦後という時代に」「日本という国」で機能したばかりでなく、時代と国境を超えられる普遍性があるとも考えている（人本主義については、以下で簡単に説明するが、拙著『人本主義企業』筑摩書房、に詳しい）。

日本型のコーポレートガバナンスの基本理念として第1章で述べた従業員主権という考え方は、この人本主義企業システムの根幹をなす原理である。この章では、従業員主権をより広い企業システムの一部としてとらえて、その広がりと意義を考えてみよう。次章以下の従業員主権の論理と改革の議論のスタートラインを準備するためである。

## 企業システムの三つの基礎概念

どこの国にも企業システムがある。そして現実に存在する企業システムの背後に、われわれはなんらかの原理のようなものを考えることができる。あるいは、どのような原理でその企業システムが編成されているかを考えることによって、その国の企業システムをよりよく理解できる、と言い換えてもよい。

企業システムは、次のような三つの基礎概念を中心に理解しようとすると、わかりやすいと私は考えている。

①企業の概念（主権概念）――企業は誰のものか
②シェアリングの概念――誰が何を分担し、どんな分配を受けるか
③市場の概念――企業同士はどうつながりあうか

企業とは誰のもので、誰のために運営されるか、は企業システムのおそらくもっとも基本的な概念であろう。つまり、企業の主権を誰が持つかという問題である。だからこそ、コーポレートガバナンスの問題としてそれがさまざまな深刻な議論の対象になる。すでに前章で説明した通りである。

企業活動というのは、いろいろな人が、いろいろな資格で参加する。大きく分類しても、カネの提供者としての株主や金融機関（資本家）、経営能力の提供者としての経営者、技術や知識やエネルギーの提供者としての労働者、などの集団が企業を構成している。その集団のうちの、誰のものだと企業は思われているのか。それが、企業の主権の概念である。

そういうさまざまな集団がさまざまに貢献しあい、彼らの活動がうまくからみあって、一つの企業活動の全体が成り立っている。企業内部の経営を考えれば、経営者と労働者がどうからみあうか。さらに、経営組織の中で、人々がどのように働き、つながりあうか。そこでは、企業の参加者の間に、たんに「誰のものか」というだけでなく、さまざまなものの分担や分配が起きているはずである。そうした組織内部での分担と分配のパターンを「シェアリング」（Sharing）とよべば、そのシェアリングをどのようにするのが当然と思われているかが、シェアリングの概念である。

経済活動としての企業活動にとって本質的に大切な三つのものが、シェアリングの対象としてぜひとも考えられなければならないであろう。一つは、企業活動の基本的なインプット。第二に、企業活動のアウトプット。第三に、インプットとアウトプットをつなぐものとしての、企業の中で行われる意思決

定である。これらのものが、どのように企業活動の参加者によって分担され、分配されているか。それが、経営の内部組織の編成のもっとも基本的な原理であるといってもいい。

まず、企業の基本的インプットは情報である。たとえば、企業の持つ技術が、この情報的なインプットのもっともいい例である。原材料や部品あるいは商品はカネを出せば市場から買えるが、企業の中核を決め、企業の個性のもととなるインプットは、やはり情報、とくに技術である。こういった情報が人々の間でどのように共有され、分担されているか。それがインプットとしての情報のシェアリングである。

こうした情報をベースに、市場から買い入れた資源をもとに製品をつくり、あるいはサービスをつくりだして、企業はそれを市場で売っていく。売上と買い入れた資源の購入総額の差が、企業が生みだす付加価値である。それが、経済活動体としての企業の基本的なアウトプットである（国の経済活動の大きさに指標として国内総生産＝ＧＤＰという指標があるが、これは国の生みだした付加価値総額のことである）。それを企業の参加者が分けあう。労働者は給料やボーナスというかたちで分配を受け、資本の提供者は配当や金利というかたちで、さらに経営者は彼らへの報酬というかたちで。

したがって、アウトプットのシェアリングとは、企業への参加者の間で付加価値がどのようにシェアされているか、ということである。

その付加価値をインプットである情報（技術）をベースに生みだすプロセスが、組織内の意思決定のプロセスである。付加価値は自然に放っておいて生みだされてくるのではない。経営者が戦略を決め、現場の管理者が日常の業務活動についての意思決定をし、現場の労働者が仕事の具体的なやり方や手順を決め、そうした多数の意思決定の集積として付加価値は生まれてくる。そうした多くの意思決定の権限が実質的にどのように分配され、分担され、そして共有されているか、が意思決定のシェアリングである。そのシェアリングのパターンは、企業の付加価値創出の効率を基本的に決める要因であろう。

この三つのシェアリング変数は、平たく言い換えれば、情報、カネ、権力、ということになるだろう。そういった、組織に関わる多くの人が欲しがりそうな「花」を、組織内部でどのように共有、分配、分担しているのか。それがシェアリングの概念である。

企業システムの第三の概念は、企業同士のつながりあいを決める、市場の概念である。企業間の取引のあり方の概念、といってもいい。

日本や欧米のような市場経済においては、企業と企業は市場を介してつながり、からみあっている。いかにさまざまな人々が一つの企業に参加し、シェアリングをしあっていても、一つの企業単独ではほとんど何もできない。他の企業との協力関係、分業関係の中で、企業は初めて自らの製品やサービスをつくりだすことができる。つまり企業同士のつながりあいとは、市場を介して売り手と買い手の関係になる企業の間の分業のあり方であり、分業の結果として必要となる企業間の取引のあり方である。

自動車会社は部品メーカーとの間に、「自分は部品をつくらず、部品メーカーにつくってもらう」という分業関係をつくり、部品市場での取引関係を結ぶ。企業システムは、そうした企業間の分業と取引とその結果としての協力が、「市場」という場を通して巨大なかたちでつながりあったものである。その市場では、どんな原則にもとづく取引があたり前と思われているか、一般的なのか。それが市場の概念である。

企業の概念、シェアリングの概念、市場の概念、という三つの概念は、それぞれ、企業の主体と主権の原理、企業内部の編成の原理、企業間をつなぐ原理、についての概念となっている。比喩的に企業を一つの島と考え、企業社会を多くの島からなる群島ととらえれば、企業の概念は「島そのもの」あるいは「島の主体と主権」についての概念であり、シェアリングは「島の内部」の構造のあり方を示し、市場の概念は「島と島の間のつながり方」のあり方に相当する。この三つの概念がそろって初めて、企業システムの全体を論じるための準備ができる。

## 2　日本企業の人本主義システム

### 人本主義の日本、資本主義のアメリカ

こうした三つの概念のそれぞれについて、戦後の日本の企業社会は典型的な（あるいは教科書的なというべきか）資本主義企業システムとはかなりちがったシステムをつくり上げてきたように思われる。それが人本主義企業システムである。

二つのシステムのちがいをわかりやすく示したのが表２－１である。資本主義の典型に近いのは、アメリカの企業システムであろう。もちろん、日本企業のすべてがこの表の人本主義企業の条件をすべて備えているとも思えないし、アメリカ企業のすべてが純粋に「資本主義的」だともいえないであろう。この表の人本主義企業はあくまで、一つの理念型であり、資本主義企業はもう一つの理念型である。共に実際には存在しないが、現実の企業がその間に分布する、観測定点のような二つの理念型なのである。

しかし、日米によく見られる企業のちがいの根っこをたどると、この表のようになると、私は思う。それは、企業システムの原理における日本型の特徴とでもいうべきものである。

### 従業員主権

従業員主権とは、企業はそこにコミットして長期間働く人々のものであり、彼らが企業のメインの「主権者」である、という意味である。企業の主権者とは、前章で説明した通りで、わかりやすくくり返せば、その企業にとって基本的な重要性を持つ意思決定をする権利を持つ人、そしてその企業のあげる経済的な成果の分配を優先的に受ける権利を持った人、という意味でここでは使われている。

表2-1　人本主義と資本主義

| | 人本主義企業 | 資本主義企業 |
|---|---|---|
| (1)　企業の概念 | 従業員主権 | 株主主権 |
| (2)　シェアリングの概念 | 分散シェアリング | 一元的シェアリング |
| (3)　市場の概念 | 組織的市場 | 自由市場 |

カネという資本をリスクを負いながら提供している株主を企業の主権者と考えるのが、典型的な資本主義の企業の概念である。株主主権、「会社は株主のもの」というのがアメリカ社会の一般的な観念であろう。

それとの比較でいえば、日本では、企業、とくに大企業に働く人々の潜在的な意識とも思える一般的観念は、「会社は働く人々のもの」というものである。「会社は一体誰のものか」と問われたとき、「株主のもの」と答える日本の企業人は少ない。やはり「自分たちのもの」と大多数の人が思っている。従業員とは、経営者と労働者の両方を合わせたものである。つまり、企業にコミットし、そこで働き、生活している人たちの全体である。

その人たちに主権があるとは、あくまで実質的主権者、実質的所有者、というほどの意味である。もとより、法律上は日本の商法も株主を会社の所有者としている。したがって、株主にも当然の権利がある。日本企業の従業員主権とは、従業員の主権がメインで株主の主権はサブ、という位置づけであるという意味である。

さらにいえば、企業が株主の所有物であるという考え方は、多くの企業人にとって「タテマエ」であって、現実の企業経営の場での実践では株主よりも企業に働く人々のものとして企業をとらえているかのような企業行動が多いことはすでに述べてきた。

具体例をあげれば、株主への配当を削っても従業員の雇用の確保を優先する企業行動、外部からの乗っ取り的買収に対する労資共同しての反対運動、などは従業員主権の考え方の典型的あらわれである。法律的に所有権が争われるときには株主が主権者として登場するが、それ以外では企業に長期にコミットしている働く人々に主権があるかのように運営されている企業、という考え方ともいえる。

もちろん、従業員のすべてが等しく実質的な「主権者」ではないだろう。長期的にその企業にコミットする、コアメンバーとでもいうべき人々のグループがあり、そのグループに属する人々が実質的な所有者あるいは主権者である。そのグループの内と外との線引きはそれほど明瞭ではないが、たとえばパートで働く人、あるいは多くの女子社員はその仲間には入っていないのが現実であろう。そのグループの中に入ろうとする人は、企業で働くことを「労働サービスとの引き換えに賃金を受け取る契約」だけとはとらえない。自分がその集団に所属することになるという所属感覚が、「企業に勤める」ことの中核にある。

従業員主権の考え方が日本企業にどのように根を下ろしているか、そしてコーポレートガバナンスの実際のあり方にどのように反映されているのか、最近の実証研究として稲上（2000）が説得的である。すでに前章で彼らの定義での「コーポレートガバナンスの日本モデル」が現実に実証されたことを紹介した。私なりの用語でいえば、この事実は従業員主権メイン、株主主権サブという考え方が日本企業の平均像であることを示したものである。

さらに、同じ調査でもっと直接的に、「企業経営のあるべき姿として、企業は株主の所有物であり、社員は生産要素の一つにすぎない」という見方に対する経営者の賛否を聞いた質問がある。肯定的に答えた経営者は一割に満たなかった。「会社の利害関係者は株主に限らない。したがって、その複数の意向を反映したものでなければならない」という答えが九割を超したのである。経営者が株主以外の利害関係者と想定するのが、圧倒的に従業員であろうことは、想像に難くない。経営者の団体である日経連の会長が、九〇年代に盛んになってきた株主重視経営のファッションに対して、「株主ばかりを考えて雇用を守ることを軽視するのは経営者の資格なし」といった発言を公にする国なのである。

さらに、伊丹（2000）にも、従業員への付加価値の分配が優先されているデータがある。加護野・奥村・榊原・野中（1983）には、ややデータは古いが日本企業の経営者にとって株価や株主の利害がじつに低いプライオリティしか持っていなかったことをアメリカとの対比でまざまざと示すデータがある。

さまざまな証拠が、従業員主権が暗黙のうちにせよ日本企業の基本原理になっていることを示しているのである。

## 利潤原理と株主の権利

ただしここで注意すべきは、日本企業では主権者が企業に長期的にコミットするコアメンバーとしての従業員だからといって、すべての労働者の福祉「ばかりをつねに」最優先するということでもないし、いわゆる「資本の論理」を持たないということでもない、ということである。経済合理性の追求が「経営者も含めたコア従業員全体の利益のために」行われるようになり、「株主の利益」最優先ではなくなる、ということにすぎない。利益の追求は行われ続ける。

資本の論理ということばは、ふつう二つの意味で使われる。一つは資本家の論理という意味。つまり資本を提供した人々の利害のために企業は運営されているという原理を指す。もう一つは、「利益の追求」という意味である。企業活動が、誰のためかはさておいて、「利益」というものを追求するという原理で行われている、ということを意味するために、資本の論理という表現が使われることがある。

従業員主権の企業では、「資本家の論理」としての資本の論理は最優先されなくなるが、従業員集団のための利益の追求は当然行われるであろう。その意味では、「資本の論理」は従業員主権企業といえども、あるのである。「従業員主権と利益追求の原理の両立」は十分ありうる。

従業員主権ということばは、働く人々の福祉だけを考えて、博愛主義的な経営を行うというイメージを与えるかも知れないが、必ずしもそうなるとは限らない。むしろそうならないことの方が多い。従業員主権でも利潤原理は厳しく働くし、株主にもそれ相応の経済的な分配は行われる。それがなければ、制度として経済合理性を持ち得ない。

日本の企業はたしかに「利潤」を追求している。それは、従業員への分配の原資としての利潤であり、より正確にいえば、経済学的に定義された意味での利潤というより、従業員の雇用の長期的安定と仕事の意義の長期的発展のための企業行動の原資としての「付加価値」である。厳密にいえば、日本の企業が追求しているのは、「長期利潤」というよりは「長期的総付加価値」であろう。そうした付加価値の追求を、一般に「利潤」を追求していると表現してしまっているのが日本企業の現実であろう。そのように「利潤原理」ということばの使われ方を理解するのが現実的である。決して、株主への分配の原資としての利潤という古典資本主義的な利潤を追求しているのではない。

従業員主権とは、単純に今期の賃金収入を最大にしようとする企業行動をいうのではない。企業行動の基本を決めるのが従業員集団であり、その行動の成果の配分を優先的に受けるのが彼らである、ということである。その成果には経済的な収益と仕事からの満足、あるいは企業という職場社会での社会的な欲求の満足、など多次元のものがある。しかし、そういった多次元の欲求を満たせるような行動を企業がとれるためには、市場経済の社会ではどうしても交換価値の源泉としてのカネが必要となる。それを与えるのが付加価値である。そのために、従業員主権企業も付加価値追求行動という意味での利潤追求をしている。

そのような従業員主権企業も、株主という関係者がいる以上、その利害をまったく無視しては企業は存続しない。株主主権ももちろんサブの位置は与えられているのである。事実、日本の株主は、結局配当というリターンは少なかったが、キャピタルゲインというリターンは大きく享受してきた。日本の株式投資の利益率が九〇年代はともかく、戦後長い間かなり高かったのは周知の事実である。

こうして考えると、株主主権とここでいうような「利潤」原理とは、そもそも別のものであることがわかる。もしこの両者が基本的に同一のものなら、従業員主権と利潤原理は単純には両立しなくなる。しかし、企業が「利潤追求」をするという原理は、従業員主権企業でも「利潤ということばの意味」を現実的に考えれば成り立つのである。

日本の企業の賃金が、「利潤」分配的な要素の多いものであることは大方の理解が得られることであろう。この事実の解釈には、私のように従業員主権的な解釈をする立場もあるし、「株主主権と従業員主権との二元論」的な解釈をする立場もある。この種の議論では〔代表的な例は、青木昌彦（1984）〕、企業を働くヒトとカネを出したヒトの対立と交渉の場としてとらえる考え方があり、そして株主主権によって利潤原理を代表させ、従業員主権によって働くヒトの短期的な利害や福祉を代表させるという考え方があるように思われる。

私はむしろ、従業員主権の中で、利潤の原理と従業員の福祉の原理とが調和されていると考える方が、日本の現実には親和的であると思う。従業員主権は決して、従業員の福祉一本槍の原理ではない。

## 分散シェアリング

さて、企業システムの第二の基礎概念に戻ろう。日本の企業では、シェアリングの概念はどのようになっているのか。

教科書に出てくるような典型的な資本主義企業では、市場情報と技術情報を持った企業家が、企業の所有者であり、意思決定を行い、賃金などを市場価格で支払ったあとの付加価値は自分がすべて占有する。つまり、情報、付加価値、意思決定の三つのシェアリングは、基本的に単一のパターンであり、一人に集中したパターンとなっている。これを典型的な一元的シェアリングとよぼう。一元的とは、三つの変数のシェアリングが基本的に相似的であるという意味と、シェアリングが少数の人に集中しているという意味の二つである。

たとえば、多くのアメリカ企業のシェアリングはこのパターンに近い。平たくいえば、能力を持ち、情報を持った人が、決定の権限を占有し、カネの分配も集中してもらうのが、一元的シェアリングである。トップダウンの経営、中央集権的な経営、大きな給料格差、現場における労働者と管理者の身分的ともいえる扱いのちがい、さまざまな側面で、「一元的」「集中的」シェアリングを感じさせる現象がアメリカ企業には多い。

しかし、日本企業では、三つのシェアリングパターンは必ずしも類似せず（たとえば、実質的に権限を持った人が必ずしも給料がそれに応じて多いわけではない）、またかなり公平なあるいは平準化されたシェアリングパターンが多い（たとえば社長の給料が新入社員の給料の何倍か、といった所得の不平等度は日本は低い）。つまり、おのおのの変数のシェアリングの程度がより平等的であるという意味で「分散」であるし、かつ三つのシェアリングの間がやや非相似的であるという意味でも「分散」である。そういった二つの意味で、分散シェアリングなのである。

日本の企業のカネの分配の非集中は、ランクによる給与格差が小さいことばかりでなく、さまざまなところにあらわれる。たとえば、ブルーカラーと同じ企業に働く技術者の給与水準が、銀行や商社に勤める彼らと同じような学歴を持った大卒のホワイトカラーと比べて一般にかなり低いのは、一つにはブルーカラーとの給与格差が大きくなりすぎることを嫌う傾向が製造業に強いためである。それが行き過ぎて、悪平等に近い状況にすでになっている危険がある。

日本の経営がしばしばボトムアップといわれるのは、意思決定権限の実質的な委譲の度合いが高いことのあらわれであり、それは権限のシェアリングのパターンの平等度が高いことを意味している。あるいは、セクショナリズムがよく問題になるように、意思決定権限が企業のあちこちに分散して持たれている傾向も日本の企業には強い。企業のトップは、しばしば調整役として機能し、自ら部門の意思決定をリードする役割は強くない。

しかし、意思決定の分散には一つの大きな例外がある。青木昌彦氏が指摘されるように、人事に関しては日本企業の方がアメリカ企業よりも中央集権的である。アメリカには日本のような「本社人事部」が存在しないことが多い。人事は現場の長の権限であり、象徴的にいえば「自分のボスが自分の人事権をすべて持っている」のである。日本では、現場の長は人事評価のインプットをするものの、それを唯一の評価の材料としないような仕組みを人事部が持ち、また人事異動の権限も現場の長は持たないのが一般的である。

情報のシェアリングの面でいえば、現場の労働者が企業の技術をかなり担いあるいは技術の改良に貢献していることや、現場にも技術者が多く配属されて現場の持つ技術のシェアが高くなっているのは、技術の組織内のシェアリングパターンの集中度が低いことの例である。欧米では、もっと技術者のシェアリングの比重が高く、また現場の人々は技術の共有に参加する度合いが低い。さらに、技術ばかりでなく、より一般的に、日本の企業では組織のさまざまな部署や階層の人々がいろいろな情報を共有しているといわれる。それも情報のシェアリングの分散のもう一つの例である。

## 組織的市場

近代経済学の教科書にのっている競争市場のあり方が、古典的資本主義の自由市場という概念のもっとも極端なカリカチュアであろう。純粋な自由市場取引では、一つの取引ごとにたがいに対等な財の売り手と買い手が自由に取引条件の交渉を多くの相手と行い、その中でもっとも自分にとって有利な相手と取引をする。もし条件が合わなければいつでも退出の自由があり、また参入の自由がある、というものである。したがって、きのうまで取引があったとしても、もっと安い供給相手が出てくれば、そちらに簡単に変わる。そういった取引が行われている場を、自由市場とよぶことにする（経済学の教科書にある完全競争市場は自由市場のある特殊なケースである）。

そういった市場取引が機能するためには、多数の（潜在的でもいいが）売り手と買い手が存在しなければならず、市場における企業数は多い方がいいとされる。また、取引関係が固定化するのは「自由を失う」という点から望ましくなく、また新しい取引相手にはつねに積極的に交渉に応じるのがあたり前となる。アメリカの市場の概念はまさしくそういったものである。

しかし、日本の企業間の市場取引は、どうも「自由市場」という原理を徹底して実行しているとは思えない。いったん始まったら、取引は長期的な関係になることが多いし、取引相手もかなり固定化してくる。取引先の数もそんなに多くはしない。むしろ、長期的、継続的に少数の企業と取引をすることによって、協力関係をつくりだそうとしている。

日本で当然と思われている市場の概念は、じつは「組織的市場」とでもよぶべきものである。それは、自由市場の概念に組織あるいは共同体の原理が浸透したもので、単純に短期的な経済計算だけで取引関係を決めないのである。

組織の原理とは、同じ仲間と共通の目的を達成するよう協力する、そして誰かがそのために権限を持つ、というのがもっとも基本的な原理であろう。そういった組織原理が浸透した市場取引では、同一の相手と長期的かつ継続的な取引関係が結ばれるようになる。そして、取引の条件決定の際の決定原理は、たがいに自己の利益の利己的最大化を目指すのではなく、「共同利益の最大化」を原理とし、利害の最終調整はしばしば誰かが権限を持っているかの如くに行われる。本来、たがいに利害が対立すると経済学の教科書ではとらえられる売り手と買い手が、長期的な協力関係に入るのである。

もちろん、日本企業のすべての取引が「組織的」であるわけでなく、組織的市場といえども市場取引なのだから、最後の最後には経済計算にもとづいて取引は決まるだろう。商品によっては、短期的に頻繁に取引相手が変わる市場も多い。企業も仲よしクラブのために「組織的市場」を維持しているわけではないのである。しかし、「組織的」な要素を積極的に取りこもうとする姿勢が明らかに日本企業には見られる（もちろん、日本にだけ見られる、ということではない）。その典型的な例は、系列化された下請企業と親企業の間の取引関係あるいは流通の系列化であるが、べつに系列関係がなくても、日本の企業の取引慣行は、かなり「組織に近い」という意味で、「組織的」市場なのである。

## 人本主義と資本主義

こうした日本の企業システムと比べれば、古典的な資本主義の企業システムはカネのつながり方を原点に経済組織を編成していると考えることができる。まことに「資」本主義なのである。それとのアナロジーでいえば、日本の企業システムは「人」本主義の企業システムといえるであろう。

企業の主権概念に、それはもっとも明瞭にあらわれる。従業員主権はヒトというもっとも貴重な資源を提供しているコアメンバーが「えらい」、つまりヒトを出した人々が「えらい」という考え方である。株主主権では、カネを出した人々が「えらい」。

シェアリングのパターンが一元的であるか分散的であるかは、職場における人々の間の関係を、とくに社会構造と情報構造を決める。そこを十分に意識して、その人々の関係と社会的構造が持つ重要性を考えた組織の編成と管理のあり方を考える。その意味で「人本」的である。たんに経済的効率性というカネの論理だけから見ずに、職場の社会的調和という観点も、「人々の社会生活の場としての企業組織」として大事なことだと考えるのである。

それは、人々の企業との関わりを「経済活動の場としての企業」に限定するような傾向を持ち、カネの序列で組織の中のヒトの関係の多くが代理されるようなアメリカの企業のあり方とはかなりちがう。アメリカのシェアリングは「カネ中心的シェアリング」、日本のそれは「カネも大切だが、やはりヒト中心的なシェアリング」とあえて対照させていいだろう。

市場の概念にもヒト中心的な側面が登場するのが日本である。取引をするヒトとヒトとがなんらかのつながりを持ち、長期的な関係に入ることによって、たがいに事情もよくわかり、コミュニケーションもスムーズにいくようになる。だからこそ、協力関係も生まれやすくなる。そういったメリットを積極的に認めようとする市場取引関係が、組織的市場であるといってもいいだろう。その意味で、ヒトのつながり方に市場における企業間関係の編成の原理の源泉を求めようとしている。だから「人本主義」の市場の概念なのである。

こうして、企業の主権概念、企業の内部組織の編成、企業間関係の編成、という三つの点で日本はヒトのつながり方、ネットワークのあり方に経済組織の編成の原理を置いている。あえて対照させれば、日本企業は人本主義ということになり、アメリカは資本主義ということになる。

人本主義というと、そしてそれが資本主義とちがうという表現をすると、それが市場経済や資本主義経済をも否定する考え方のように取られる恐れがある。それは私の意図ではない。市場経済と資本主義の大枠の中で、あるいは多少ずれたかたちで、ヒトというものを重視してできあがった企業システム、というのが厳密には正確ないい方であろう。それは古典的な資本主義企業の進化した一つの新種と見ることもできる。しかし、典型的な資本主義的企業とあえて対照を鮮明にするために、人本主義ということばを使う意義はあると私は思う。

つまり、市場経済の一つのあり方としての人本主義企業システム、広い意味での資本主義からの一つの発展形態としての人本主義、それが私の表現したいことである。そして、後に述べるように、人本主義ゆえにヒトのネットワークを大切にする日本企業は、しかし市場経済の枠の中にあるゆえにカネのネットワークの原理にもしたがう必要がある。カネとヒトのネットワークの二重がさね、それが日本企業の人本主義システムの基本的姿なのである。

### 人本主義は死なない

人本主義という原理が日本の企業システムの背後にある基礎原理ではないか、と私が主張し始めてすでに一三年の時間がたった。人本主義ということばは拙著『人本主義企業』〔伊丹（1987）〕で初めて使った私の造語で、戦後の日本企業の多くがなかば暗黙のうちに実践してきた経営の慣行、企業の慣行の背後にある原理として私なりに抽出したものである。

この本の公刊以後、バブル経済があり、その崩壊があり、ベルリンの壁の崩壊とソ連邦の崩壊もあった。そして、社会主義体制が破れ、資本主義が勝利したということになった。資本主義の勝利は、そのチャンピオンとしてのアメリカの正当性をますます高めることになった。その一方で、バブルの崩壊以降に日本経済は低迷を続け、それが日本型の経済システムの本質的欠陥のあらわれだという論説が広く流れるようになってきている。

しかし、私は人本主義の原理的よさは現在もまだ失われていないと思う。こんな程度のことで破綻するようなそんな柔な原理で、戦後の日本の産業の発展、世界の歴史にもまれな発展が可能だったと思う方が、論理的に無理がある。もちろん、九〇年代の日本の経済運営が拙劣だったことは事実だと私も思うが、それが人本主義のせいであると思えない。ただ、後に述べるように人本主義がオーバーランをしやすい原理であることに対して十分な配慮をしてこなかったことが現在の低迷の一因であろうとは思うが、しかし主要な原因とは思えない。こうした事情の総合的分析を私はすでに別な本で行っているので

〔伊丹（2000）〕、興味がある読者はそちらを読んでいただきたい。

もちろん、人本主義も市場経済の中での企業システムの原理である。日本はまぎれもなく市場経済の国で、かつまた資本主義の国でもある。したがって、日本企業もカネの原理を一つのベースにしていることは当然である。市場経済の原理のベースはあくまでカネの原理で、市場経済とは貨幣を交換の媒体と富の蓄積の手段とする経済であり、資本主義とは資本の蓄積のドライブが経済の発展の原動力となるような経済だからである。

しかし、ヒトのつながり方を「カネを生みだす活動」の基本に据える、というのが人本主義の特徴であり、その方が市場経済の企業原理としてかえって経済合理性が高い。それが私の主張の根本である。

## 3　安定的なヒトのネットワーク、カネとの二重がさね

### 人本主義の根幹としての従業員主権

人本主義はヒトが経済活動のもっとも本源的かつ希少な資源であることを強調し、その資源の提供者たちのネットワークのあり方に企業システムの編成のあり方の基本を求めようとする考え方である。

それは、経済組織の編成原理として人のネットワークを安定的につくるということをきわめて大切な基本原理だと思ってさまざまな経済組織をつくる、という考え方、といってもよい。経済組織とは、企業そのものであり、あるいは市場取引のあり方という経済組織であり、あるいは、企業の内部の組織である。そうしたさまざまな経済活動のための社会組織を編成する原理として、人のネットワークを安定的につくる、人という要素を基本中の基本と考えて大切にする、という考え方が人本主義なのである。

資本主義とは何を指すかについては、さまざまな考え方があるが、ここでは「資」つまりカネを根本にして経済組織の編成を考え、カネとカネのつながり方にそのシステムの原理を求める考え方、と理解しよう。そこでは、カネを経済活動のもっとも本源的かつ希少な資源と考え、その資源（カネ）の提供者のネットワークをどのようにつくるかを中心原理として企業システムがつくられるものと考えられている（つまり「資」本主義）。

それと対照的な意味で、人本主義は「人」つまりヒトを根本にして経済組織の編成を考え、ヒトとヒトとのつながり方にシステムの原理を求める考え方、だから、安定的なヒトのネットワークをつくり、維持することこそ大切、と考えるのである。

安定的なヒトのネットワークを形成し、維持・発展させていくことを経済組織の編成の原理の中核に据えようとする人本主義の原理の中でも、従業員主権は根幹をなすものである。

それは、経済全体の中のさまざまなネットワークの中で、ヒトのネットワークとして安定性がもっとも要求されるネットワークが企業組織という人間集団のネットワークであり、その企業組織の安定性のためには、従業員主権が前提としている企業に長期的にコミットするコア従業員の存在が必要とされているからである。

そしてさらに、そうした企業の人間集団の安定性がないと、人本主義の中の従業員主権以外の要素も成立しにくい。

分散シェアリングについていえば、企業の人間集団が安定的に構成されていないと、分散シェアリングの全体像は成立しにくい。分散シェアリングが想定しているような多次元での「花」のシェアリングは、長期にわたる関係がないと無理が多いだろう。短期的な清算がむずかしいからである。

組織的市場についていえば、企業と企業との間の取引関係が長期的継続的になることのメリットの大きな部分は、企業間のコミュニケーションと情報効率のよさであるが、そのメリットを実現するにはそれぞれの企業組織に働く人々が安定的にそれぞれの組織で働き続けることが、必須ではないがしかしかなり本質的に要求される。なぜなら、企業間のコミュニケーションと情報の蓄積は結局、企業に働く人々の間のコミュニケーションと情報蓄積に依存している部分が大きいからである。当然のことである。つまり、従業員主権が前提としている企業に長期的にコミットするコア従業員の存在が、分散シェアリングのためにも組織的市場のためにも、不可欠ではないが重要な要素なのである。

## 人本主義のメリットと二重がさね

人本主義が安定的な人のネットワークを大切にすることから、二つのメリットが生まれる。一つは、そのネットワークの中で人々の技能や知識の蓄積が有効に行いやすいことである。第二のメリットは、人々の間のコミュニケーションの情報効率がよいことである。つまり、学習・蓄積と情報効率。それが人本主義のメリットの根源である。

その二つのメリットは、働く人々に、取引先の企業に、参加の意欲を与え、協力を促し、長期的視野を持たせることによって生まれる。安定的な、人々のネットワークをつくることによって、人と人とのつながりと社会的な構造にきめの細かい配慮をすることによって、コミュニケーションと情報のネットワークに目を配ることによって、生まれる。

そうした仕組みができあがっていると、人々が技能を長期的に蓄積しようとするインセンティブが生まれやすくなる。人々が仲間に自分の持っている知識を教えようとする、情報を共有しようとするインセンティブも生まれやすくなる。人々が細かな言語のニュアンスと人間関係の機微を理解しやすくなって、コミュニケーションが簡単に行えるようになる。

そうしたメリットを、カネのネットワークの上に人のネットワークを二重がさねにすることによって生もうとしているのが人本主義である。市場経済と広義の資本主義の大きな枠組みの中で、カネの原理をベースの一つとしながら、それを唯一の中心原理とせず、ヒトのネットワークの原理をカネの原理の上に「二重がさね」にしてさまざまな経済組織を編成しようとしている、といってもよい。

こうした二重がさねの具体的あらわれとして、株式会社制度の中での従業員主権的企業という企業概念や、市場における経済的取引の関係の中に長期的継続的取引関係をつくろうとする組織的市場の概念、などがあげられる。株式会社制度はあくまでカネのネットワークだけを原理とする企業の概念である。市場における経済的取引も、あくまで利潤を最終的な（唯一ではないかも知れないが）判断基準とする取引である。そうしたカネのネットワークの原理にもとづく経済組織の編成というベースの上に、ヒトのネットワークの原理を生かした企業の概念や企業間関係の概念をつくるのが人本主義なのである。

二重がさねゆえにいろいろな問題が起こるが、メリットも多い。蓄積と情報効率のメリットである。その二重がさねがうまくいけば、蓄積と情報効率のメリットが生まれ、その上にカネの原理の厳しさも残る、ということになる。つまり、カネとヒトの補完というプラスをもたらす。それが二重がさねのよさである。

考えてみればあたり前の話である。企業活動とは、多くの人々が参加して、協力して、情報を交換し蓄積しあいながら行っていくものだからである。その企業で、人がもっとも大切だ、などばかばかしいほどにあたり前の考え方である。人が多様な価値観を持ち、また平等を重んじる。その対応を、シェアリングをするのが望ましい。これも、あたり前のことである。

どれもこれも、日本でしか通用しないような話ではないのである。だからこそ、日本人にしか通じない日本特殊的なことばを一切使わずに、人本主義企業システムのよさ、経済合理性を説明できたのである。その意味で、人本主義には十分に普遍性の可能性がある。

戦後の日本についていえば、二つの特徴を持った経済社会が人本主義企業システムをつくりだした。一つは、企業活動への参加者をたがいに利害の先鋭に対立する人々ととらえない経済社会。もう一つの特徴は、一部のエリート主導型でない、草の根的で多くの人々を企業活動に巻き込める経済社会。いわば、「大衆を動員できる」経済社会。つまりは、企業社会の非階層化、民主化が起きたのである。

それゆえに、働く人々は「いわれた通り、いわれた以上でも以下でもなく働く」というレベルを超えて、より積極的な関わりを企業活動に持つ可能性が出てくる。また、彼らの間の利害の対立は和らげられ、取り分の分配でのコンフリクトの解決にエネルギーを使いすぎることなく、組織全体のパイを大きくすることにエネルギーを注ぎやすくなる。そのような成長志向的な企業行動に人々が協力する仕組みができあがってくるのである。

私は、戦後の日本の企業社会が、まったく問題のない、天国のような社会をつくり上げたとは、決して思わない。無駄も、摩擦も、不公平も、差別も、閉鎖性も、さまざまに、しばしば許しがたいレベルで存在する。しかし、他の企業社会と比較したとき、この企業社会が上に述べてきたような長所も持っていることもまた事実だと思う。

しかし、資本主義という概念はパワフルな概念である。

たしかに、企業活動とは、多くの人々が参加して、協力して、情報を交換し蓄積しあいながら行っていくものである。ヒトは情報の交換と蓄積をできるが、カネ自体は情報を交換しないし、情報を蓄積も生みもしない。カネはあくまで資源移動や情報交換のシグナルであり、媒体にしかすぎない。

その媒体にすぎないカネのつながり方を、古典的資本主義は基本に据えた。パラドキシカルである。媒体にすぎないカネを経済組織の編成の基本に据えた方が、かえって直接的にヒトのつながり方を基本に据えるより経済組織は効率的になる、と古典的資本主義はいいだしたのである。その命題が真である状況もありうるであろう。カネというものの「単一性」「同質性」を考えれば、ヒトという複雑性と多様性のある存在よりは経済組織の編成の根本に据えるのに適しているという命題も、うなずけないではない。だからこそ、「資」本主義ということばがことさらに意味を持ちうるのである。だからこそ、世界に広まってきた。

しかし、この命題はつねに真であるのか。唯一の可能性であるのか。多様な人々の間の情報の交換と蓄積が低コストで可能であるような状況では、カネという媒体を経済組織の編成原理の中心にする必要はないのではないか。

安定的なヒトのネットワークをつくり維持すること、を企業や市場という経済組織の編成原理の一つの根本に据えてきた人本主義企業システムは、経済活動と情報の蓄積や交換は結局ヒトが行うだけに、長期的な有用性のあるパラダイムと思えるのである。ＩＴ革命が情報交換と蓄積の低コスト化をますます可能にしているだけに、二一世紀にも通用する企業システムの原理のように思える。

われわれはいつまで、「カネ」の原理にとらわれ続けなければいけないのか。

## 二重がさねのプラスとマイナス

答えはじつは、「いつまでも」である。ただし、「カネの原理だけとは限らないが」と、限定条件をつけて。

日本も市場経済の国である以上、カネの原理にとらわれ続ける必要がある。しかし、カネの原理「だけに」とらわれ続ける必要もない、と思える。カネの原理にヒトの原理を二重がさねにしてもいい。それが、じつは人本主義企業システムの本質である。

カネのネットワークの場合、効率性は利潤の大小を基準として測られるものである。その利潤という判断基準は、カネが持っている同質性、加算性、比較可能性のゆえに、少なくとも概念的にはきわめて単純につくりうる。経済活動の編成に関係する諸資源が貨幣評価できる限り、貨幣という単一の単位での足し算と引き算で計算できそうである。

そうしたカネのネットワークの原理をベースとしているため、古典的な資本主義では、カネの提供者が主権者に当然になり、利潤の大きい取引関係がドライに選択される。さらに、そうした貨幣評価を多少無理矢理にでもすべての資源に対してつくり上げて（つまり価格をつけて）、それをもとに判断をするという原理になるのである。

これに対して、経済活動に関連するヒトのネットワークの原理による経済活動の編成とは、二つの原則をベースにした経済活動の編成と考えればよいであろう。一つは、ヒトのネットワークの社会的安定性の追求であり、もう一つはこのネットワークに関与する多くの人々の多面的な欲求（たとえば、所属欲求、連帯欲求、自己実現欲求など）の充足である。安定的なネットワークは、情報蓄積（つまり学習）とコミュニケーションの効率のために必要であり、多面的な欲求の充足は人々の主体的参加を大きくするために必要となる。

こうした二つの原則にもとづくヒトのネットワークの原理からは、どのようなネットワークが望ましいかについて、利潤のような簡明な数量的判断基準が生まれてこない。それは、ヒトが多様性を持ち、多面的な欲求を持っているからである。単純な一元化された数値軸の上での足し算や引き算の世界ではなくなる。ネットワークの選択は、その選択の役割を負った人間たちの総合的な判断でしか行えなくなる。

**図2-1　二重がさねのイメージ**

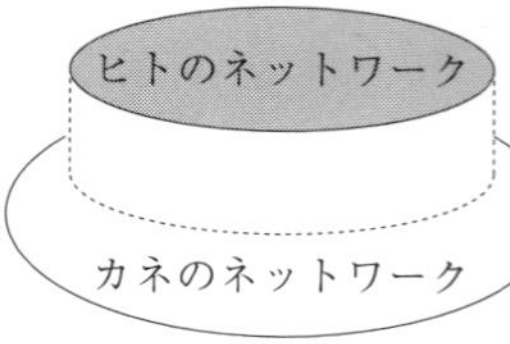


ヒトのネットワークの原理が簡明な判断基準で作動できるものではないからこそ、カネのネットワークの原理が市場経済での中心的原理になることの意義がある。そうした簡明な基準なしには、多数の利害の異なる人々の社会的連携としての企業組織の編成や取引関係の形成はスムーズにできないのである。

その意味で、人本主義はその本質的特徴として、二つのネットワークの二重がさねという特徴を持っている。その二重がさねは、ベースはカネのネットワークで、その上にヒトのネットワークがスーパーインポーズされている、という二重がさねである。注意を要するのは、この二重がさねは二つのネットワークの完全な並列ではなく、メイン・サブの役割順序を持っていることである。カネの原理のベースにヒトの原理が付加される、という順序関係があるのである。

こうした二重がさねの具体的あらわれの典型例として、株式会社制度の中での従業員主権的企業という企業概念や、市場における経済的取引の関係の中に長期的継続的取引関係をつくろうとする組織的市場の概念、などがあげられる。株式会社制度はあくまでカネのネットワークだけを原理とする企業の概念である。市場における経済的取引も、あくまで利潤を最終的な（唯一ではないかも知れないが）判断基準とする取引である。そうした、カネのネットワークの原理にもとづく経済組織の編成というベースの上に、ヒトのネットワークの原理を生かした企業の概念や企業間関係の概念をつくろうというのが人本主義なのである。

こうした二重がさねがあるからこそ、人本主義は古典的資本主義とは異なった意味の面白い経済合理性を持つ。その合理性を二重がさねのプラス効果とよべば、それは基本的に、安定的で累積可能性の高い経済組織の編成に成功することによって生まれる効果である。それが人本主義の経済合理性の主張の骨子である。このプラス効果は、カネのネットワークの上にヒトのネットワークが上乗せされ、いわばカネのネットワークがヒトのネットワークによって修正あるいは補完されることによって生まれる効果であった。

しかし、二重がさねから生まれるのは、たんにこうした補完・修正効果ばかりではない。そもそも二重がさねをしようとした意図としては、こうした「カネへのヒトからの補完」という方向性を持った効果をねらったにせよ、二重がさねをすることによって意図せざるマイナス効果が生まれる危険もある。

その危険は、たしかに日本企業で現実のものとなっている。後に第6章で従業員主権を中心にその機能不全の現実を論じる。それを克服するために、コーポレートガバナンスの多くの改革が必要とされている。しかし、従業員主権には論理的に合理性の高い部分も多い。その論理をわれわれはきちんと理解した上で、改革のあり方を考えなければならない。そうした論理を考えないと、どこかの国で行われているというだけの理由でシステムの改変を不用意に行ってしまいかねない。

この本の副題を「従業員主権企業の論理と改革」としたゆえんである。

以下、第3章から第5章まで、経済合理性、制度的有効性、社会的親和性、という三つの「社会的受容の論理」の観点から、従業員主権の論理を詳しく検討しよう。その後で、日本型コーポレートガバナンスの改革の議論が、第7章から三章にわたって続く。

# 第3章　従業員主権の経済合理性――株主主権との比較

## 1　従業員の登場しない会社法

### 素朴な二つの質問

企業の主権の問題は、かなり深刻な社会的制度の問題である。そして、それは企業という経済体の長期的健康に基本的に関わる問題である。したがって、第1章で概括的にまとめた「社会的受容の論理」の中で、経済合理性の問題から始めるのがふさわしいであろう。

従業員主権の経済合理性を考えるために、じつに素朴な質問から始めよう。

一つは、

「企業の主権者にはそもそも誰がなる資格があるのか。誰がなるのがふさわしいのか」

つまり、ふさわしいと多くの人が納得をする、という主権の社会的納得性の議論といっていい。それが、主権の公正性の問題である。

二つ目の素朴な質問は、

「従業員が主権者だと、彼らはどういう行動をとるようになるのか。株主が主権者の場合と、どう行動がちがうだろうか。それによって企業の経済効率にどういう影響が及ぶのか」

主権の経済効率性の議論といっていいだろう。

これまでもたびたび述べてきたように、企業活動にはさまざまな人々が参加する。その参加のあり方も多種多様である。株式市場で株を買いそして株価が十分上がればそれを売却する株主のように、かなり短期の関わりを持つだけの人もいる。パートで短い間、単純労働を提供する人もいる。数年間勤めることを暗黙の前提に働くOLもいる。オーナー経営者のように、自分の私財の巨額の部分を企業活動のために提供してリスクをとり、かつその事業に自分の人生の多くをコミットしている人もいる。あるいは、一つの企業にかなりの長期間働くつもりでコミットし、自分の経済生活の大半と社会生活のかなりの部分をその企業と共にする人もいる。一体、どんな人が主権者にふさわしいのか。

ここでいう主権者とは、第1章ですでに定義したように、その企業にとって基本的な重要性を持つ意思決定をする権利を持つ人、そしてその企業のあげる経済的な成果の分配を優先的に受ける権利を持った人、そして経営者の任免の権利を持つ人、のことである。

その意味での主権者となるにふさわしい条件は、三つあると思われる。一つは、その企業にとってもっとも大切かつ希少な資源を提供していること。第二は、その資源の提供をかなり長期的にし続ける意図を持っていること。第三は、その企業の事業の盛衰によって大きなリスクをこうむっていること。第一の条件は、本質的な貢献の大きさであり、第二の条件はコミットメント、第三の条件はリスク負担の大きさである。

この三つの条件に該当しそうなのは、資金をリスクを負って提供している株主と、その企業に長期的にコミットしている経営者や働く人々（この人たちをまとめて、ここではコア従業員といっている）である。その二つのグループの間での比較をすれば、本質的な貢献、コミットメント、リスク負担、そのいずれにおいても、株主よりも働く人たちのコアメンバーの方が主権者たるによりふさわしい、と思われる。それが、公正性の議論の簡単な結論である。それを第4節で詳しく議論する。

二つ目の素朴な疑問もまた、経済合理性を考える上では重要である。たとえ公正であるように見える社会的制度も、あまりに効率が悪いのであれば他の仕組みの方がよりよいということはしばしばあるからである。たとえば、直接民主制よりも間接民主制が政治の形態としてとられるのは、直接民主制が効率的に運用できにくいことが一つの大きな原因であろう。

この疑問に対する議論の焦点は、誰がどのような情報とインセンティブを持って意思決定すると企業の長期的発展につながりやすいか、ということである。

情報効率とインセンティブ効率という二つの条件に照らしあわせると、現場の情報を持ち、また事業をよりよく発展させるインセンティブを十分持っている従業員が主権を持つことが効率性が高い、というのがこの章の結論である。詳しい議論が第5節で行われる。

**会社法からの出発、しかし……**

このように、経済合理性について従業員主権と株主主権を比較するのがこの章の目的だが、その議論の出発点として、会社法という法制度の背後でどのような論理が使われて株主の権利が決められているかを考えることから始めよう。それが次節である。

そうした考察の出発の仕方をとるのは、二つの理由がある。一つは、企業の主権についての古くからの法制度としての会社法という、歴史の風雪を耐えてきた論理の構造からきちんと学んだ上で、従業員主権と株主主権の比較をすべきだと思うからである。

第二の理由は、しかし、会社法の論理が企業に対する「資金の提供者の間の」（そして資金の提供者だけの間の）権利義務関係を決める論理であって、決して「労働サービスの提供者と資金提供者を含んだ企業活動への参加者全体の中の」主権関係の論理を提供しているものではないことを、強調するためである。

たしかに、会社法が企業の主権者は株主であることを規定している、とよくいわれる。だから従業員主権は法律違反だ、といわんばかりのニュアンスが込められることも多い〔たとえば、中島（1990）〕。

しかしまず最初に確認しておくべきは、すでに序章でも述べたように、会社法には企業で働く人々の権利は表だって登場していないことである。従業員は労働債権という債権を法人である株式会社企業に対して持っている存在、として暗黙のうちに想定されている。そして、そうした存在として他の債権者と同様に処理されているのである。

企業が本来的にヒトの結合体であり、同時に資本の結合体であるという二面性を持っていることを考えると、働くヒトを他の債権者と同じ範疇で扱うということ自体、すでに問題が多い。ここではそれに深入りしないが、大切なのは、会社法は働く人々と株主の権利義務関係を明示的に定めている法律ではない、ということである。会社法は、資金を提供した人たちの間の中で（そしてその間だけで）、株式資本の提供者と債務者（つまり資金を貸した人）の間の権利義務関係を規定した法律なのである。

さらにいえば、働く人々と株主資本を拠出した人々を同じ土俵の上に並べた上で、両者の間の権利義務関係を包括的に定めた法律は、ドイツの労資共同決定法を除いて、本格的なかたちでは世界的に存在しない。もちろん、日本にもアメリカにも、ない。

つまり、会社法の論理で株主主権となるのは、従業員主権との比較をした上での話ではないのである。

したがって、会社法を論拠に、日本は株主主権の法制度を持っている、従業員主権は法律違反である、という論理は成立しない。従業員主権は、とにかく法律的には扱われていないのである。明示的には扱われていないから、従業員の権利は労働債権として処理する他はない、という法解釈があるだけである。第8章でやや詳しく紹介するが、ドイツの共同決定法はこの点に敢然と法の論理として挑戦したのである。

会社法は、どのような論理構成で、どのような比較の上で、株主を主権者と規定しているのか。その論拠を考えてみよう。そして、その論拠を今度は株主と従業員の間の主権関係のあり方に適用したら、どのような結論に論理的になるか、それを考えてみよう。

会社法からわれわれの議論を出発させるのは、いわば株主と従業員の間の比較の論理の原型をつくるためでもある。

## 2　会社法での株主主権の合理性の論拠

### 「資本拠出者の中で」の会社法の論理

会社法はたしかに、株主と債権者との比較の上では株主主権をはっきりと規定している、と解釈していいだろう。主権の内容として、政策決定権、経済的な残余分配の優先権、経営者の任免権、の三つを考えるというのが本書の立場だが、株主総会や取締役会での決議事項の規定を通して、債権者ではなく株主が企業主権を持っている、株主こそが企業の主体的存在である、と決めているのである。

だから、会社法でいう「社員」とは、株主を指すのである。

「社員」とは、社団の主体的構成員という意味で、その社団とは株主が構成する法人なのである。したがって、当然のこととして、会社法でいう社員とは、株主のことを指す。

しかし、日本の企業で社員といえば、慣用として従業員のことである。とくに、正規従業員を指すことばとして使われ、パートやアルバイトではない、という意味を込めたりする。この「社団の主体的構成員」という意味の社員ということばが、日本の企業での慣用としては従業員を指すことばとして使われるように転用されているのは、いかにも従業員主権を暗示しているようで、じつは象徴的なのである。

主権者の経済合理性の論理とは、公正性（あるいは社会的納得性）と効率性、の二つであった。この二つの論理で、資金提供者としての株主と債権者を比べてみよう。

## なぜ株主が債権者より主権者としてふさわしいのか

会社法は、資金の拠出者の結合体として企業をとらえて企業制度の原理をつくろうとしている法制度、と理解できることはすでに述べたが、株主多数決の原理を意思決定の基本原理とし、株主に利益配当請求権と残余財産分配請求権を与えることによって株主の究極的な権利を認めている。つまり、そこでは株主に主権者の立場が与えられている。

なぜ、資本の拠出者の中で、債権者ではなく株主が企業の主権者となっているのか。

会社法の基本的論理は、株主が企業の成立に果たしている本質的貢献、企業活動へのコミットメント、そして彼らが負っているリスクの大きさ、この三点についての論理であると思われる。それは、第1章で主権者の経済合理性の論理として述べた一般論（公正性）主権の経済合理性の論理の中の、「公正性」の論理の構成内容そのままである。経済の原則の通り、本質的な貢献をする希少な資源をコミットし、もっとも大きなリスクを負う人々が権力を持てる、という原理が、株主と債権者を峻別している。その結果、前者が主権者になり、後者は主権者になっていない。

株主が企業の成立に果たしている本質的貢献とは、資本の結合体として企業を見た場合、企業の成立に必要なコアとなる資本を拠出しているということに求められるだろう。その資本は「逃げない資本」と言い換えてもいい。そのコアとなる資本は企業の解散や減資以外には企業から退出しない（逃げない）ことを約束した資金である。

これに対して、債権者の提供する資金は、いわば逃げる資本である。債権者（たとえば銀行）が提供しているカネは、契約によって満期には返還することが想定されているのである。とすると、債権者も株主も同じカネという資源を提供しているのだが、株式資本の方は逃げないことを約束し、長期に（もっと厳密には会社解散まで永久的に）企業にコミットしているカネなのである。そして、そういう前提の資本があればこそ、企業のコアの部分のいわば種銭となり、債権者もまたその種銭の存在に安全性の根拠を感じて、資金を提供する意思を持てる。その意味で、本質的貢献もコミットメントも、株主の方が債権者よりも大きい。

リスクの点でも、株主の方が大きなリスクを負っている。

資金提供から生まれるリスクとは、一般に二つある。一つは、提供した資金へのリターンの大きさが不確実である、というリスク。第二に、提供した資金が返還されない、という元本についてのリスクである。株主はそのいずれでも、債権者よりも通常はリスクが大きい。

まずリターンについては、優先株のような特別の取り決めのある場合を除き、株式へのリターンとしての配当は企業があげる収益の大きさに応じて変動をするのが常である。配当請求は利子の請求よりも権利の順位が低いし、額を事前に確定させていない。確定利子と比べれば、明らかに不確実性は大きい。しかも、そもそも分配を受けられるかという意味でも、株主がリターンに関して負うリスクは債権者のそれより大きい。

元本の返還については、債権にはそうした契約はあるが、株主資本はそもそも返還を前提としない資金であることはすでに述べた。債権者の提供する資金は、債権の契約期間の満期には企業から退出することが可能である。もちろん、株主は他の株主候補者を見つけてくれれば、株式持分の譲渡という手段によって個人としては企業から退出可能である。しかし、その拠出資本そのものは企業から退出はしていない。債権者は他の債権者候補者を見つけて債権譲渡をしなくても、満期による資金そのものの退出が可能である。そうした逃げない資本として当然、株式の元本のリスクは大きい。

さらに、企業の清算時の残余財産の分配請求権についても、株主の権利は債権者より順位が低い。こうして、退出可能性と分配請求権の順位という二つの点でも、資本としてより多くのリスクを株主の方が負っているのである。

以上の議論から、公正性の観点から見ると株主の方が債権者より主権者としてふさわしい、という結論になるようなさまざまな規定を会社法はしていることが理解できたろう。

では、効率性の観点から株主と債権者を比較したら、どういう結論になるだろうか。

効率性とは、インセンティブ効率と情報効率からなる。つまり、主権者の論理としては、インセンティブ効果の大きい人、よりよい情報を持つ人が主権を持つのがよりよい意思決定と資源配分につながるだろうから合理的、という論理である。

インセンティブの観点から、成果連動型のリターンを持つ株主の方がよりよい意思決定をしようとするインセンティブをより大きく持っている。意思決定の良し悪しが自分の成果に響くからである。債権者は、元本さえ返ってくるのなら、企業としての収益が大きくなるような意思決定をするかしないかは自分へのリターンに関係ない。確定利子がリターンだからである。したがって、リスクを負い、コミットしている株主の方が、大きなインセンティブを持つ。

情報の観点からいうと、株主と債権者の間に、本質的な差はない。どちらがよりよい情報を持っているということを一般的傾向としていうことはできない。したがって、株主と債権者の情報効率は同じというべきだろう。

こうして、インセンティブ効率と情報効率を総合して効率性の観点からの主権合理性を考えると、株主の方に債権者よりも軍配があがることとなる。

以上の議論から、公正性と効率性という経済合理性の両方で、現行の会社法が株主を主権者としているのはきわめて説得的、という結論になるのである。

では、資本の提供者である株主と労働・管理サービスの提供者であるコア従業員の主権のあり方の問題に視野を広げたら、この同じ論理はどのような結論を導くだろうか。

それを考えるためには、株主と従業員がそれぞれに企業に対してどのようなサービスを提供しているのか、どんな貢献をしているのか、その特徴から説き起こす必要がある。それはつまり、ヒトとカネの企業にとってのちがい、ヒトが提供している労働サービスとカネのサービスとのちがいを議論することになるだろう。

## 3　ヒトとカネ、その拠出するもののちがい

### 労働サービスの本質として

企業組織の中で働く人々、つまり企業に労働・管理・技術のサービスを拠出している人々の中には、大別して従業員と経営者がある。経営者とは企業の経営・管理職能を担当する人々、従業員とはその人々の指揮命令のもとに実際の業務を遂行する人々である。日本の多くの企業の場合、経営者は従業員の中から選抜されている。その事実を踏まえて、ここでは経営者も従業員のうちのある特殊な職能を担当する上位者と理解して、従業員の中に含めて議論を進めよう。

従業員というヒトが企業に対して拠出しているもの、株主が提供するカネが企業に対して拠出するものの、いずれも「サービス」である。前者は労働・管理サービス、後者はカネのサービスである。その両者の対比の議論を以下でまずしてみよう。興味深い対照が見られるのである。その対比を、サービスの本質に関わるものと、市場取引の可能性・退出の可能性に関するものと、二つに大別して比較考量してみよう。

まず、サービスの本質に関わるちがいから。

第一のちがいは、ヒトの多様性、カネの同質性、というちがいである。

従業員が企業に拠出するものは、労働力であり技術であり知識であり、そして心理的エネルギーである。そうしたさまざまな「資源・サービスの束」を提供している。そうしたものが総合として整って初めて、企業の業務が円滑に進む。

多くの従業員は、ロボットのような単純な労働サービス（しかも簡単に貨幣換算できるもの）を、貨幣と引き換えに提供している存在ではないのである。彼らが提供する資源・サービスの束としての多様性は、株主が拠出する資本というものの同質性（カネは、どの部分をとってもカネである）と著しい対照をなしている。一人のある従業員が提供するものがすでに束であって多様であり、また異なった従業員が提供する束もまた異質であるという意味で多様である。そうした二重の多様性がある。

第二のちがいは、変化あるいは学習可能性のちがいである。ヒトは学習するが、カネは学習して変化することはない。

従業員の拠出する資源・サービスの束は、その内容が時や状況に応じて変化できる柔軟性を持っている。たとえば、営業職として拠出され始めたサービスが、本人の努力によって経営者としてのサービスへと変化していける。あるいは機械技術の持ち主として企業に参加した従業員が、電子技術をも仕事の過程の中で身につけて、新しい技術を提供できるようになる。つまり、従業員は学習する存在なのである。

資本は、それが生みだす利潤によって量的な拡大はできるが、質的な変化はできない。学習する存在でもない。カネはあくまでカネであり、それ以上でもそれ以下でもない。

それは、カネの同質性がもたらす本質である。ただし、その同質性ゆえに、資本はその投入場所を転換することがきわめて容易である。ある事業に投下していた資金は、そこから回収すればすぐに他の事業に振り向けられる。しかし、従業員の資源・サービスの束は、その投入場所を簡単に転換することはできない。ヒトが多様性を持ちかつ学習する存在であることとの、コインの裏側である。

第三のちがいは、ヒトのサービスの供給不確実性とカネのサービスの確実性である。

従業員の拠出するこうした多様な資源サービスの束は、じつは本当に提供されているかどうかが確かめにくいという特徴も持っている。従業員がその持てる知識やエネルギーを、約束や期待通りに実際投入しているかどうかは、極端にいえば本人以外に確かめようがないケースも多い。つまり、労働の自由裁量の余地は、相当に大きいのである。

たとえば、熟練の形成が何かの障害で遅れたり、隠れた怠業が発生したり、ということは企業組織にはつねにある。その意味で、従業員の拠出する資源サービスの束は、いったん拠出が始まった後でも供給される量や質の不確実性・変動性があり、また確認可能性も低い。

これは株主の拠出する資本と比べると、大きく異なる。資本はいったん拠出されたら、まぎれもなくその資金量だけの資本としての機能を果たすものである。カネそのものには、いったん提供された後の自由裁量の余地はない。

第四のちがいは、提供者との個人的分離可能性である。労働サービスはヒトから分離可能ではないが、資本は提供者から個人的に分離可能である。

従業員の提供する労働サービスは、ヒトに一体化されたものである。そのヒトが直接提供する他はないものである。つまり、提供者個人から分離不可能なものである。しかし、株主という株主資本の提供者にとって、自分が提供するカネは個人から分離可能である。自分が提供するカネに株主個人がつねに張り付いている必要はない。しかし、従業員は企業への労働サービスの投入を自分個人の労働と分離させるわけにはいかない。

その結果、株主は同時に複数の企業に投資できるし、その投資の限界は資本保持総量の限界でしかないが、従業員はふつう同時には一つの企業ないしはごく少数の企業にしか労働サービスを提供できない。

しかもその提供は、一日二四時間の時間と自分が持っている一つの体という限界に厳しく制約されている。

つまり、資本は分散投資ができるが、労働については分散労働は本質的にはできない。

## 市場取引と退出の可能性について

以上の四つのちがいは、サービスというもののそもそもの本質のちがいから生まれるヒトとカネのちがいであった。しかし、ヒトとカネの間にはさらに、市場取引の広がりと退出の可能性から生まれるちがいもある。

株主と従業員の拠出するものの間の第五のちがいは、代替可能性である。

資本は、その同質性ゆえに、誰の拠出するカネでも同じ意味を持っている。一億円は誰が提供しても一億円なのである。したがって、代替可能性は高い。しかし、企業組織の中に組み込まれた労働の資源・サービスの束は、代替可能性がより小さい。

しばしば指摘されるように、労働サービスはかなり企業特異的な特徴を持つものである。この技術は彼しか持っていない。あるいは他で入手できない。さらには、その技術だけを単独で他の企業に持っていっても役に立ちにくい。たとえば、ある技術者の持つノウハウと別な技術者の持つノウハウとは完全代替はできないことが多いし、現場作業者の熟練と中間管理職の管理スキルもまた代替可能ではない。

こうした代替可能の小ささは、そうした多様な労働サービスの一つひとつをきちんと取引できる労働市場の広がりが小さいことから発生している。どんなに特殊に見える技能でも、その労働サービスを取引できるほどの多様な労働市場があれば、代替可能性は増す。しかし、前項であげた労働サービスのさまざまな本質が、多くの労働サービスについての市場取引の可能性を小さくしている。そのために代替可能性が小さくなっている。

もちろん、従業員のサービスの束は多様であるから、その中には代替可能性のきわめて高いものも含まれる。単純労働がその例である。しかし、すべての労働サービスが代替可能ではないからこそ、企業間の競争上の優位差が生まれ、企業の個性が生まれるのである。従業員の拠出するサービスの代替可能性が資本よりは小さいのが、現代の多くの企業の特徴であろう。

退出可能性と退出時の対価についても、株主資本と労働サービスには面白いちがいがある。それが、第六のちがいである。

退出可能性だけについていえば、株主が拠出する資本は、退出できないことを前提として企業に参加しているのに対し、従業員は明示的な契約としては退出できないことを前提とした参加はしていない。退出可能性は、労働サービスの方が高い。

しかし、退出時の対価の支払い方がまるでちがう。株主がその企業への参加を中止する際には、資本の譲渡というかたちで、資本としては退出しなくとも個人としては退出できる。そして、その退出することへの対価を譲渡価格というかたちで受け取ることができる。自分がこれまで拠出してきたものに対する見返りが、退出時にあるのである。

従業員の場合、自分のサービスそのものを退出させることができるという意味で退出可能性があることは上に述べた通りだが、その退出に伴って対価の支払いを受けるということはない。これまで拠出してきたもの（つまり過去の労働サービスの累積）への支払いを受けることはない（退職金というのは、賃金後払いという支払いの一つの形態であるにすぎず、自分と入れ替わりに企業に働き始める人への権利の譲渡への対価ではない）。

つまり、株主は自分が投入した資源に対して配当というフローのリターンを受け取り、さらにその投資元本とそこから生まれた蓄積の合計への譲渡金を受け取ることができる。従業員は、自分が投入した労働サービスへのフローへの支払いは賃金というかたちで受けられるが、その労働サービスから生まれる蓄積（たとえば技術蓄積、熟練形成）を他人に譲渡して支払いを受けるということはできない。あるとすれば、その蓄積を他の企業で働くことによって将来生かすという道である。退出の瞬間に譲渡金が確実に支払われるわけではなく、また企業への参加の「持分」そのものを他人に売りわたすこともできない（株主の資本譲渡は企業への参加の持分の売却に当たる）。

こうして、株主主権と従業員主権との間で、経済合理性の比較の議論の準備ができた。以上のようなちがいのあるサービスを提供している従業員と株主のどちらが、主権者としてよりふさわしいのであろうか。

## 4　公正性の観点から見た従業員主権

### 貢献の本質性――競争力の源泉としてのヒト

まず、公正性の観点から見ると、どうなるか。

論理のポイントは、株主とコア従業員と、どちらの貢献がより本質的か、ということである。この場合、「より本質的」とは、どちらが競争力の源泉となる可能性が高いか、どちらがより希少性が高いか、ということになるだろう。

企業の競争力の源泉は何か、誰が担っているか、を考えてみれば、コア従業員が競争力の源泉として株主より優位にあることは、ほぼ自明であろう。企業の競争力は、その企業の技術転換能力とその効率が大本となっている。その能力は、企業が蓄積する見えざる資産が生みだしてくれるものである。技術、ノウハウ、信用などである。そうした見えざる資産は、カネで買えない、自分で蓄積する必要がある、つくるのに時間がかかる、しかしいったん蓄積できたら多重利用できる、といった特徴を持っている〔見えざる資産とその戦略的重要性については、伊丹（1984）〕。

だからこそ、見えざる資産が競争力の本質的な源泉になるのである。そして、この見えざる資産を担うのは、ヒトである。そして、見えざる資産の蓄積の背後にあるのは学習であり、情報の蓄積である。多様性を持ったヒトが、それぞれにさまざまな見えざる資産を担ってくれる。担うに足る見えざる資産を蓄積するために、学習能力を持ったヒトの存在が不可欠である。

さらに、希少性についても、代替調達可能性の大きいカネの方が代替の可能性は大きい。したがって、希少性はヒトの方が大きいといえる。さらに、企業特異性の大きいヒトがとくに競争力の源泉として意味を持つ。そうした特異性があるということは、希少性が高いということを意味する。もちろん、労働サービスの中には代替の可能性の高いサービス（つまり一般的スキル）も存在する。それを提供している従業員は、希少性も高くない。そうした部分が、パートやアウトソーシングの対象になるのである。その部分を担当する従業員は、コア従業員にはなりにくいだろう。

つまり、前節で述べた労働サービスと資本サービスの提供するもののちがいを詳細に検討して、企業の競争力への貢献の本質性という観点から考えると、コア従業員の方が株主よりも主権者としてふさわしいと思われる。

さらに、上に述べたように、労働サービスの企業特異的な熟練の部分が多ければ市場調達は容易でなく、資本よりは代替可能性は小さいであろう。とくに労働サービスの柔軟な変化・蓄積・発展の可能性と企業特異性を考えると、コアになる労働サービスはその企業が時間をかけて育成することが最大の調達方法であることも多い。そうして形成される企業の能力が競争上の優位性の最大の源泉であるなら、コア従業員の提供する労働サービスの方が企業に対する本質的貢献はこの面でも大きいといえるであろう。

さらに、現代日本の資本市場と労働市場のあり方もまた、コア従業員の方が株主よりも貢献が大きいのではないかという仮説に根拠を与える。

日本の企業金融は、戦後の長い時期にわたって、間接金融中心で株主の拠出する資本以外の資本拠出が企業成長の大部分を支えていた。また近年の金融市場の発達と金融資産の蓄積の豊富さは、企業の資金調達がじつに多様なルートで可能になっていることを意味している。つまり、資本の調達方法として株主の拠出資本以外の代替的可能性がきわめて高かったのが、日本企業を取り巻く環境だったのである。

原理的には債権者よりも株主が主権者になれる資格を持っているにもかかわらず、銀行が長く企業への大きな影響力を持ち続けたのは、こうした背景によるものであった。労働市場の状況を見ても、とくに日本の大企業の従業員のように労働市場での流動性が外国よりも低く、長期の労働慣行がコア従業員に対しては一般的となっている状況では、労働の代替調達の可能性はかなり低い。

こうして、労働サービスの企業特異性と柔軟性という労働サービスのそもそも持っている本質と、日本の労働市場と資本市場の環境状況、という二つの観点からコア従業員と株主を比べた場合、企業にとっての本質的貢献の重要度という点からはコア従業員の方が高いのが一般的である、といってよいと思われる。

### コミットメント

企業活動へのコミットメントという点で考えても、コア従業員の方がより大きなコミットメントを持っている場合が多いと思われる。

コミットメントの大きさを決める大きな要因である退出可能性については、法律的には、どちらも退出可能である。ただし、株主の方があらかじめ資本という資源を提供し、従業員はあらかじめ提供するものを持たない、という点ではコミットメントは法律的には株主の方が大きい、と考えるべきかも知れない。

しかし、いったん市場取引での退出可能性ということを考えると、実際には株主は株式市場での株式の売買を通して個人としては毎日のように参入退出をくり返せるが、従業員の場合はそれほど簡単ではない。市場の広がりと伸縮性という意味も考慮すれば、退出可能性は従業員の方が小さいというべきだろう。

退出可能性が従業員の方がじつは小さいことの本質的理由は、従業員のサービスの企業特異性がカネよりもはるかに大きいことにある。同質なカネには市場の広がりがあり、特異性の強い労働サービスには市場の広がりが小さいのである。

それは、日本に限らない。しかし、日本の労働慣行は、この企業特異性をアメリカよりもさらに大きなものとしている。そして、労働市場の流動性も日本の方が小さい。したがって、従業員の退出可能性は、日米の比較でいえば、日本の方が小さい。したがって、ヒトのコミットメントはアメリカよりも日本の方が高くなる傾向が生まれる。

さらに、日本の賃金支払いの慣行は、金銭的に退出の犠牲を大きくする方向に作用し、日本の従業員の退出可能性を小さくしている（それが企業特異的な蓄積を促進するというプラスのフィードバック効果を生んでいる）。たとえば、年功賃金、退職金、ポータブルでない企業年金、などである。こうした日本の労働市場の事情が、従業員主権をアメリカにおけるよりもより適合性の高い原理にしている。

企業活動へのコミットメントには、退出可能性を中心とした経済計算的なコミットメントばかりでなく、心理的なコミットメントも考えるべきであろう。人間のコミットメントは、時間の経過、接触の多さ、仕事への同一化、などからも生まれる。その点では、株主よりもコア従業員として働く人々のコミットメントの方が高くなるのは、無理もないことである。

## リスク負担

次にリスク負担の大きさを比べた場合、コア従業員と株主ではどういう比較になるだろうか。

企業の生みだす経済的成果の分配の請求権の順位は、コア従業員が株主より上である。従業員の固定賃金はちょうど債権の確定利子に似ている。企業の業績の如何にかかわらず、支払われるべきものである。その意味では、株主の方がリスク負担をしているといえる。

変動リターンという点では、固定給与の部分があるだけコア従業員のリターンの変動性は株主より小さい。ただし、従業員のリスク負担がないわけではない。

第一に、従業員の賃金のかなりの部分が利潤分配的な色彩を持っているときには、従業員もまた株主と同じようにリスク負担をしていることになる。日本のボーナスに利潤分配的な色彩があることや、類似の職種でも大企業と中小企業との間に賃金格差があり、また業績のいい企業と悪い企業との間にも賃金格差が生まれるのが普通であることを考えると、従業員もまたリスク負担をしているのである。

そして、従業員のリターンがマイナスの方へぶれるという意味でもリスクは小さくとも、キャピタルゲインのような有利な方への「リスク」もまた小さい。株主のリスク負担の大きさは、一方で楽しみになるプラスへの変動をも伴っていることを忘れてはならない。

第二に、従業員の最大のリスク負担は、企業の業績悪化あるいは倒産によって非自発的に企業から退出させられる（つまり解雇される）というリスク負担であろう。日本のように長期雇用の労働慣行があり、その企業にコミットする従業員の多い状況のもとでは、このリスク負担はじつに大きい。その企業に注ぎ込んだ過去の時間とエネルギーの大半が無になってしまうのである。またそうしたリスクを軽減しようとしても、分散労働（あちこちの企業で同時に働いてリスクをポートフォリオとして減らす）ができるわけではない。株主が分散投資によってリスク分散を図れるのと、大きなちがいである。

その上、先に述べたように自発的な退出の可能性はかえって株主よりも小さいことも多い。とくに株式が公開市場で売買されている企業の株主の場合、市場で売り抜けるという退出の方法が個人としてはつねに利用可能である。そこでは退出への対価の支払いも行われ、キャピタルゲインの可能性も大きい。従業員には、対価の支払いのある退出の可能性はほとんどないし、投入した資源のキャピタルゲインという可能性もない。

もちろん、株主も従業員も、自分が企業に投入した資源を超えて他者からの支払い請求に応じる必要がないという「有限責任」の原理は同じである。株主は投下資本が返ってこないリスクを持ち、従業員は投下した時間とエネルギーが無駄になるというリスクを持つ。共にそれ以上のリスクは負わなくていい、という意味で有限責任である。

会社法の枠の中で株主が債権者と比較してリスク負担が大きいと判断された理由は、分配の請求権の順位が低いことと、したがって企業の成果の変動に応じた変動リターンでありまた投入した資源が返ってこない危険があること、そして退出しないことをコミットした資本であること、その三点であった。

従業員と株主を比べた場合、分配の請求権の順位について株主よりは上であることだけが（したがって固定賃金部分はかなり保障されている）、株主の方が明らかにリスク負担が大きい点である。その他の点では従業員もまた大きなリスクを負っている。それに加えて、従業員には危険分散のオプションがあまりなく、市場での退出への代償支払いの可能性もキャピタルゲインのような有利な方への「リスク」もない。さらに労働市場の流動性が小さく、長期雇用の慣行という日本の労働市場の状況のもとでは、倒産や非自発的失業のリスクは大きい（もっとも、議論としては、にわとりが先か、卵が先か、という議論がありうる。おそらく考え方として従業員主権的な考え方があったから、労働市場のあり方がそうなってきた、という解釈も成立しうる）。

以上のような諸点を総合すると、株主よりもかえってその企業にコミットしたコア従業員の方がリスク負担は大きいという仮説が十分成立すると思われる。

## コアとノンコア

以上の公正性の三つの観点からの議論を総合判断すると、コア従業員の方が株主よりも主権者たるにふさわしい、と結論づけられるであろう。

図3-1　コアとノンコア

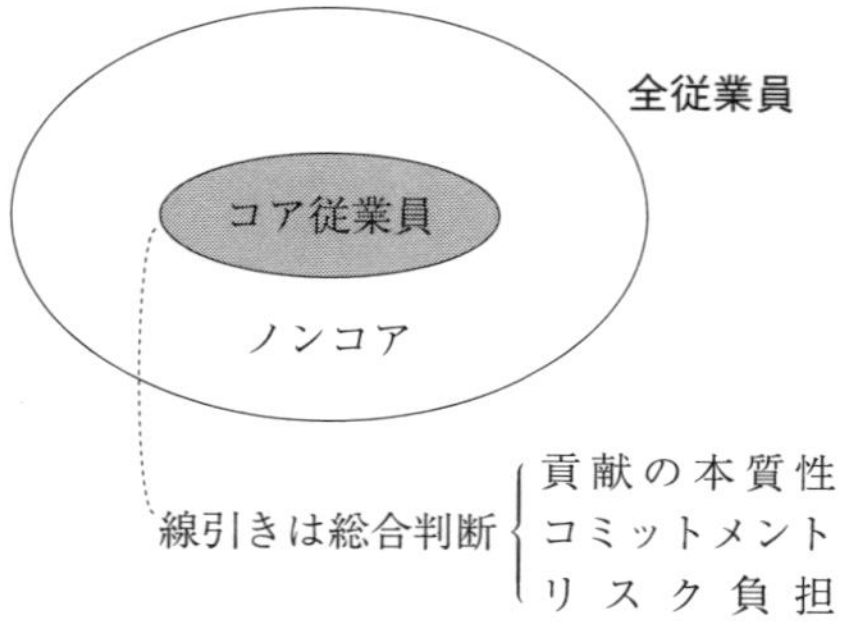


とくに株主の中でも、企業にコミットせずに株式の市場売買によってただ株券を買っただけというような株主と、コア従業員を比較した場合、それはかなり明瞭にいえると思われる。そうした株主が多数を占めるのが多くの上場企業の現状であるとすれば、大半の上場企業ではコア従業員がメインの主権者になってもなんらおかしくないのである。

その論理のもっとも基本的なポイントは、コア従業員が「企業にコミットし、希少な資源を提供し、競争力の源泉へのもっとも本質的な貢献をし、リスクを負担している」ということである。

さらにこの論理にそって考えを進めると、一つの企業に働いているヒト全員が等しく主権者になる資格を持っているわけではないことが理解できる。つまり、従業員の中のコアとノンコアの区別があり得て、主権はコア従業員のみが持つべきと思われるのである。

たとえば、パートで単純労働を提供している人は、本質的貢献からもリスクの負担からも、「コア」に入りにくい。数年でやめる可能性が大きいとすべての関係者が暗黙の了解をして働いている正社員（たとえば、ＯＬの中のかなりの部分）もコアにはなれない。「コア」の内と外との線引きは、現実には簡単ではない場合もあるだろうが、概念的には公正性の条件によってかなり明瞭にできるのである。

さらにいえば、すべてのコアメンバーの主権の間に「平等性」が必ずしもある必要はないことも理解できる。貢献の本質性、コミットメント、リスク負担、などがちがえば、主権の量がちがっても当然なのである。後述する中小企業のオーナー経営者の圧倒的実権の背後にあるのは、しばしばこうした条件のちがいによる主権の量のちがいである。

コアとノンコアの間の区別は、従業員の間にあるばかりでなく株主の間にも存在すべきであろう。そして、コア従業員がメインの主権者としてふさわしいとはいえ、株主の主権を認めるべきだと思われるような株主ももちろんいるのである。

つまり、コア株主とでもよぶべき存在である。株主の中にも機能株主、無機能株主、あるいは長期にコミットする株主などさまざまなグループが存在する。機能株主でかつ長期に企業にコミットしている株主は、まさにコア株主とよばれるにふさわしい。

そうしたさまざまな株主の存在は、とくに上場企業の場合、かなり明瞭に感じられる。たとえば、株式市場で投機的な動機だけで株を買う人がいる。この人はノンコア株主であろう。他方で、「オーナー一族」とよばれて企業の存立そのものの基盤になっているような株主もいる。コア株主の典型例であろう。株式持ち合いで取引関係へのコミットメントの象徴として株式を保有している法人株主もいる。

こうしたさまざまな株主の分類は、競馬の馬に対する投資の態度のちがいの分類とのアナロジーで考えてみるとわかりやすい。馬主的株主、馬券的株主、持ち合い型株主、という三つのタイプの株主分類である。

株主主権へのそもそもの疑問が生まれるのは、ただ馬券を買っている人と本質は変わらない株主を企業の主権者にしていいのか、という思いからである。馬主としてその馬の成長とパフォーマンスに長いコミットをしてきた馬主が主権者になることには、誰も異論は差し挟まないであろう。

馬主的株主は間違いなくコア株主である。持ち合い型株主もコア株主として位置づけていい場合がかなりあるだろう。しかし、馬券的株主の中の多くは、たんに知的投機として株式を購入している人たちである。それはノンコア株主と考えるべきであろう。

こうして株主の中にもコアとノンコアの区別をした上で、コア株主にはその主権を十分に認めることが必要だと思われる。

会社法において、株主と債権者の間の比較から株主主権という結論が生まれてくる論理は、株主の中でも企業の成立に欠くことのできないコア株主を想定した論理だと思われる。株式会社という法人が生まれた歴史的状況では、そうしたコア株主が実際にも多数だったのだろう。

しかし、現実には会社法はコア株主とノンコア株主とを区別せず、ある時点での株式保有を基準に株主の権限を基本的には規定している。だからこそ、株主権を使っての企業の買収、切り売りなどといった金融の手品のようなことが可能となるのである。したがって、この本での従業員主権の主張の骨子にある総合判断は、株主全体をあたかも均質な一つの層と見て、その中で市場取引のキャピタルゲインねらいで企業の長期的発展にはあまりコミットをしていない株主が多いと思われる現状も考慮したものなのである。

もし、従業員の場合と同じように、株主の中でもコア株主とノンコア株主とを区別できるのであれば、コア株主はコア従業員と同じような本質的貢献、コミットメント、リスク分担をしている可能性は十分ある。その時には、この章の論理にしたがえば、コア株主はコア従業員と同じ順位で主権を持つにふさわしい、という総合判断になるであろう。

**中小企業オーナー経営者の「従業員主権」**

そのコア株主の典型例が、上場企業ではないが、中小企業のオーナー経営者たち、とくに創業経営者たちである。その上彼らは、株主であると同時に、企業のコア中のコアの「働く人」である。不在地主のような株主ではない。彼らは、企業のコアメンバーの中でもその企業に対して飛び抜けた貢献と飛び抜けたリスク負担をしている人々であるのがふつうである。彼らのエネルギーと能力がなければ、そもそも企業が生まれなかったのが、多くのオーナーである。彼らは、彼らの企業が銀行借り入れをするときには、個人的な財産を担保に入れていることが多い。債務保証も入れれば、多くのオーナーは無限責任社員とさえいえる「個人的リスク」を企業に対して負っている。

こうした本質的貢献とリスク負担の両面から、「オーナー」が最大のパワーを持つ主権者たる資格が十分あることが了解できる。たしかに彼らはその企業の最大の株主でもある。しかし、彼らがオーナーとして多くの従業員の納得ずくで企業の中心に位置できるのは、株式保有のゆえではない。むしろ株式保有は、彼らの貢献とリスク負担の形式的な表現形態あるいは象徴的表現なのである。彼らは、従業員主権企業の「圧倒的に比重の大きい従業員」という意味で、「オーナーという中心人物」なのである。

彼らのエネルギーと知恵、そしてコミットメントなしには、企業そのものの存立が危ういのである。それゆえに、彼らは従業員たちの信頼を集め、彼らに企業内の主権が集中することを不思議と思わない。こうしたオーナー経営者が権力を持てるのは、彼らが過半数の株式を保有しているという事実ゆえではない。圧倒的な貢献の大きさゆえである。その権力をきちんと法的にも守る手段として、むしろ株式保有が使われている。

つまり、株式を持っているから実権があるのではなく、圧倒的貢献とリスク負担から生まれている実権の法律的表現として株式保有がある、と解釈するのが妥当であろう。したがって、ほとんど必然的にこうした中小企業は、過小資本・過大借入れという資金調達のパターンになる。資本金を小さくしておけば、オーナーとしては少ない資本金のコミットメントでも株式の過半数所有による法的実権の維持が可能になるからである。

こうした理解をすると、オーナー経営者（つまり機能資本家）とは従業員でもあり大株主でもある存在ということになるが、その本質は圧倒的に重要な代表的従業員という理解をする方がいい場合が多いように思われる。彼の行動は、資本の拠出に対するリターンを求めるという株主としての行動であるよりも、自分の組織の発展を願い、そこでの仕事に自己実現の機会を見いだしている従業員の代表としての行動と思われることが多い。

そして、従業員代表としての地位を確保するために、オーナー経営者が株式会社制度という法制度の仕組みを利用したり、株式を保有しているということの象徴的な意味を使ったりしていることは、彼を代表的従業員と理解することと矛盾しない。代表的従業員が現行の法制度を利用しているケースと考えればよいのである。

この中小企業のオーナーの例が暗示するのは、従業員主権こそが彼らの主権の大きさの本質的な論拠、ということであり、さらに「主権の量的確保のための制度」としての株式会社の意義である（この点については第7章で再びふれる）。そして、コア従業員とコア株主とが一致しているという姿が、経営と所有の分離の始まる前の多くの企業の実状であり、その状況のもとでは従業員主権と株主主権は一致している、ということである。

## 5　効率性の観点から見た従業員主権

### インセンティブ効率

企業主権の効率性の論理は、インセンティブ効率と情報効率の二つの効率性の論理からなる。

株主と債権者の間の比較を行った際には、インセンティブの観点からすると、成果連動型のリターンを持つ株主の方がよりよい意思決定をしようとするインセンティブをより大きく持つ、と考えた。しかし、コア従業員と株主の比較でいえば、成果連動型のリターンという意味では、両者にそれほど大きな差があるとは思えない。つまり、どちらが主権を持つ方が効率がいいかはこの点からはいえない。

しかし、主権を持つことによって生まれる、サービス機能の変化、あるいは現実に提供されるサービスの量と質への影響、という点では、従業員主権の方がインセンティブ効率が高いと思われる。それは、労働サービスには提供の不確実性、自由裁量の余地の大きさがあるが、カネのサービスにはそうした不確実性がないからである。平たくいえば、主権を持てば、従業員の場合は「たるめば自分にはね返る」ということをより強く意識するようになり、自由裁量の適切な使い方、つまり意思決定効率の向上が期待できるのである。カネはいったん提供されたらカネはカネであるから、こうした効果はない。

さらに、個人からのサービスの分離可能性という観点からも、インセンティブ効率は従業員主権の方が高いといえそうである。企業活動の経済効率をよくするために、さまざまな細かな努力が必要とされることが多い。そうした努力を投入できるのは、じつは個人から分離しないサービスを提供しているコア従業員である。さらにいえば、個人から分離不可能であるために、そうした努力をするとたちまち個人としての時間に食い込むとか、個人的な犠牲とのトレードオフがつねに発生している。

つまり、単純な賃金契約のレベルを超えて、個人の時間やエネルギーとのトレードオフ関係が不断に発生しているのがコア従業員なのである。株主には、コア株主といえども、カネの提供からこうした不断のトレードオフ関係が発生することはない。したがって、主権を持つことのインセンティブ効率は、この点からは従業員主権の方が高いのである。

こうしたインセンティブ効率は、「利害の一致」という概念で総括できるかも知れない。

利害の一致とは、従業員の個人的な利害と企業の組織としての利害との一致ということである。それは、コア従業員が主権者であれば、当然のことである。企業のために努力をし、企業にとってベストな意思決定をすることは、まわりまわって結局は自分のためなのである。

株主主権のもとでは、働く人々は、基本的には株主の利益に奉仕することによって報酬をもらう人々となる。そのために、彼らの個人的利害は企業のそれと異なる可能性が出てくる。ここで、労働サービスの自由裁量性と個人からの分離不可能性が顔を出す。そこで、彼らの利害を企業の方向へと向けるためのインセンティブシステム(報奨制度)が必要となる。従業員主権でも、「まわりまわって自分のため」ということを実感あるいは現実化させるためのインセンティブシステムは必要であろうが、「本来は異なった利害」を調整するためのインセンティブシステムは必要ない。その差は大きい。

基本的な利害の一致があれば、さまざまな経済効率上のメリットが生まれる。まず第一に、人々の企業活動への参加意欲は大きくなるだろう。つまり、企業活動に努力を注ぎ込みやすくなるということである。「いわれた通り、いわれた以上でも以下でもなく働く」というのではなく、積極的に企業活動に関わりを持とうとするようになる。こういった理由でもなければ、日本の企業人の企業活動への努力の注入量の大きさは、なかなか理解しにくい。

利害の一致から生まれる第二の経済効率上のメリットは、人々が長期的かつ全体的な視野を持って意思決定をしやすくなることである。目先の短期的なメリットだけを追ったり、自分の分野のことさえよければいいと思ったりすることが、株主主権よりは小さくなる可能性が強い。そんなことをすれば、いずれは自分のところにつけがまわるかも知れない。設備投資にしろ、シェア重視の行動にしろ、長期的な視野にたった行動が出てきやすい。

## 情報効率

情報効率という点でも、従業員主権は効率的である。それは、企業の基本的な意思決定に必要な情報を一体誰が持っているのか、という基本的な問題にからんでくる。

必要な情報とは、企業の中核たる見えざる資産の裏表あるいは細部に関する情報である。企業がどんな分野に進出すべきか、これからの技術蓄積の方向はどうすべきか、設備投資はどのような方針ですべきか。こういった基本的な意思決定を正しく行うために必要な情報がもっとも大切なのである。

そうした情報は、正確な伝達がじつは容易ではない。文書にしてもデータにしても、大切な部分がするりとこぼれ落ちてしまう。だから、反対から見れば、ウソの伝達もまた見破りにくい。

そうした情報の大半は、企業で現実に働いている人々だけが日常の仕事を通じて持つことができる。その意味で、情報は明らかに偏在している。多くの情報の偏在の経済学的議論が明らかにしているように、情報の偏在はその伝達でのバイアスとロスをほとんど必然とし、そのバイアスやロスを小さくするためにさまざまなインセンティブの与え方や制度的工夫が行われる。

しかし、その情報を現場感覚とともに持った人が意思決定をする主権を持つ、という風にすれば、この情報の偏在の問題は解決する。最終的なプリンシプルは、情報を持つヒトが決定をするといい、ということに落ち着くのである。そのプリンシプルをここでの議論に当てはめれば、従業員主権が情報効率がいい、ということになる。

株主主権であれば、かなり形式的とはいえ、株主の代表としての取締役会が建て前としてはこれらの意思決定をする。その人々に、微妙な情報を正確に伝えるのは、きわめてむずかしい。コミュニケーションのむずかしさである。しかも、情報を持ちそれを伝える役割を持った働く人々と情報を手に入れたい株主の代表との間には、利害の不一致がありうる。利害のからんだコミュニケーションは一層むずかしくなる。日本でも、役員会がこれらの意思決定をするのだが、彼らは実際には働く人々の中から選ばれた、働く人々の代表なのである。

ただし、情報効率との関連で従業員主権に不具合もありうる。それは従業員主権のもとでの「チェック有効性」(次章で述べる制度的有効性の一部)をどのように保ちうるか、である。逆説的にいえば、「情報を持つ人間にチェックを任せるということは、決定をする人間にチェックもさせることになる。それは泥棒に警官の役割を持たせることと同じにならないか」という疑問が生まれうるということである。しかし、一方で「情報を持たない人間が、どのようにチェックをするのか」という悩みもある。チェックメカニズムの工夫は大きな問題で、制度的有効性の確保の問題として、次章で議論しよう。

## 「出資者」としてのコア従業員

以上の議論の総合的な結論は、公正性の観点からも効率性の観点からも、従業員主権には経済合理性が十分ある、ということである。とくに日本企業のおかれた資本市場、労働市場の慣行のもとでは、従業員主権の蓋然性は高いといっていいだろう。もちろん、だからといって、従業員主権の制度化が簡単であるというつもりもないし、また従業員主権に欠陥が生まれる可能性があることも否定しない。それは本書の後の章が扱うトピックであるが、経済合理性の観点から従業員主権が十分に可能性のあるものという主張は展開できたであろう。

従業員主権のこうした論理的蓋然性に加えて、日本の年功的賃金体系と退職金制度のもとでは、従業員はさらにもう一つの主権者たりうる条件を持っている可能性がある。それは従業員が、じつは「見えざる出資」を行っているからである。同じ企業に長く働く人々は、若年の頃に自分の生産性よりも低い賃金支払いを受け、その過小支払いを高年齢期に生産性より高い賃金というかたちで還付を受ける。その間、若年時の過小支払い分は企業の内部留保として蓄積され、その資金が投資に回される。それが見えざる出資である。従業員はその出資ゆえに株主の資本と同じような性格の退出可能性の小さい資本の拠出をじつはしている、というのである〔見えざる出資については、加護野・小林（1988）を参照のこと〕。

それが、企業の内部留保のかなりの部分であろう。実際、日本企業の平均像（大企業も中小企業も平均すると）では、企業の自己資本の構成は、株主の拠出資本が半分、内部留保が半分である〔伊丹（2000）〕。そしてその内部留保のかなりの部分がこうした「見えざる出資」にあたるものならば、企業に長くコミットするコア従業員の「実質的資本拠出」は大きいといえるだろう。

とすれば、コア従業員は二重の意味で主権者たる資格を持つことになる。一つは労働サービスの提供者としての公正性と効率性の論理から。もう一つには資本の実質的拠出者として、コア株主に近い性格の部分を持つ人間として。

この章の以上のような株主主権との比較の議論の総合として、従業員主権の経済合理性は十分に高いといえるだろう。

# 第4章　従業員主権の制度的有効性

## 1　二つの制度的有効性、五つのポイント

### 現実的機能性——カネ、ヒト、法

前章では、従業員主権という原理の経済合理性を、いわば理念的正当性ともいうべき観点から詳しく論じた。しかし、第1章の概念的枠組みで論じたように、どのように理念や経済合理性の面で高い正当性や合理性を持つ概念でも、現実の世界の中で制度的に有効に機能する条件が整っていなければ、その概念が現実化し、しかも長続きすることにはならない。

つまり、現行制度の中で従業員主権は制度的に整合的である、という意味での制度的有効性、あるいは従業員主権が機能するためにはこんな制度的条件が必要だが現行制度がそれを満たしている、という意味での制度的有効性、などがなければ、概念・理論の現実的実践には至らない。

第1章で述べたように、二つの制度的有効性がある。一つは現実的機能性である。現実の条件の中で、従業員主権が企業活動の円滑な運営のために機能しなければならない。第二の制度的有効性は、チェック有効性である。従業員主権のもとで行われる企業行動、経営行動が何かの理由で（偶発的理由でもよい）機能不全を起こし不健康な状態に立ち至ったとき、それをチェックし、機能を回復させるためのメ

カニズムが存在するか、という有効性である。つまり、チェックが有効に働くようになっているか、という問題である。

こうした二つの制度的有効性について、従業員主権は株主主権と比較した場合、どのような優劣関係になるのか。それがこの章の議論の中心論点である。

比較の対象はあくまで株主主権である（もちろん、この本で従業員主権の企業という場合、従業員主権だけで株主主権を一切無視という存在でないことは、たびたび指摘している通りである。あくまで、従業員主権メイン・株主主権サブ、という姿の企業を従業員主権企業とよんでいる。したがって、比較可能にするためには、株主主権企業とは株主主権メイン・従業員主権サブという企業、と考えるべきであろう）。

従業員主権の現実的機能性には三つのポイントがあると思われる。カネ、ヒト、法、のそれぞれに関わった現実的機能性である。

カネについての従業員主権の現実的機能性とは、従業員主権の原理で企業が運営されるとして、資本が集まるか、という問題である。

企業というものを成立させるにはカネの原理もヒトの原理もともに大切、と私はいってきたが、ヒトの原理を中心とする従業員主権を企業主権のメインに据えたときに資本が集まるか、という問題は、おそらくカネの原理の側からのもっとも強力な反撃である。「資本の提供者である株主の主権をサブの地位において、誰がリスクを冒す資本を出そうというのか。カネがあればモノも買えるし、人も雇えるが、ヒトがいるだけでは資源は集められない」。

つまり、従業員主権では、現実の資本市場での資金調達を考えると、現実的具体的に機能しないかも知れない、とこの議論は警告している。本当にそうだろうか。

たしかに、カネは市場経済での交換の媒体であり、富の蓄積手段である。だからこそ、資本は重要である。その資本は当然リターンを求めて市場を動きまわる。その資本の論理に、従業員主権企業は市場経済らしく対応できるのか。その答えが肯定的でなければ、従業員主権メイン・株主主権サブという企業は資本市場との関係をうまくつくれないだろう。

ヒトについての従業員主権の現実的機能性とは、従業員主権の原理で運営される組織が窒息しないか、という問題である。

従業員主権をメインにするような企業のあり方は、組織のマネジメントにも当然影響を持つ。ヒトの結合体としての企業という側面を優先させた、企業主権の論理だからである。そこでは、カネの原理のようなドライな原理で組織が運営されていくのではなく、ヒトの原理というよりウェットな原理で組織の運営がなされる傾向が強くなるだろう。少なくとも、株主主権企業と比べた場合にはそういえる。そこに、ヒトの原理特有の危うさへの懸念が生まれる。ムラ共同体の危うさにもあらわれているように、たとえば悪平等としがらみの固まりに人々が足をとられないか、という危うさである。

その危うさへの懸念は、象徴的に次のような疑問として表現できるだろう。

「従業員主権は結局、ヒトの組織のいやらしさや窮屈さで企業とそこに働く人々を窒息させてしまうのではないか」

ヒトのしがらみ、ヒトの狭さから経済活動をかなり解放したことに、資本主義のよさのある本質的部分があったのではないか。しかし、従業員主権を原理とし、安定的なヒトのネットワークを原理にしたとたんに、そのよさがなくなり、組織が結局窒息するような状態にならないのか。

ヒトの原理の危うさは、ヒトのネットワークの持つ危うさである。それはより一般的に共同体原理の問題点といってもいいだろう。その懸念をわれわれは議論する必要がある。

法制度との関連での従業員主権の現実的機能性とは、そもそも会社法という株主主権を想定していると思われている法制度のもとで、従業員主権がどのように実現できるのか、という問題である。

それは、別なことばでいえば、株主の主権を認めた上で、その権利を実質的にサブとして扱うというような実態が株式会社制度のもとでつくりうるか、という問題である。じつは、株式持ち合いなどの手段によって、株主主権がなるべくサイレント化するような道を日本企業はとってきた。いわば、会社法をうまく使いその制度の許す範囲内で、従業員主権を実現してきたのである。それも、従業員主権が制度的有効性を法との関連で持っていたことを意味する。ただし、そうした実践が従業員主権のチェック有効性にはマイナスの作用を及ぼしたことも、以下で議論される。

ただし、ここで注意を要するのは、現実の会社法という具体的法制度は株式会社制度という理念の一つの表現型にすぎない、ということである。株式会社制度という理念的大枠を維持しつつ、しかし現行の会社法には大きな修正を加えても構わない。ドイツの共同決定法はそうした試みの一つである。

第9章で株式会社制度の枠内で現行の会社法を大きく改革する改革案を議論する。この章での制度的有効性と法制度との兼ね合いの議論は、現行の会社法の制度の中での従業員主権の現実的実現可能性を議論することである。

## チェック有効性——従業員集団へのチェック、経営者へのチェック

従業員主権のチェック有効性には、二つのポイントがある。いずれも企業関係者の「たるみ」や「機

能不全」に対して、どのような牽制や回復のためのメカニズムが用意されているか、という問題である。

第一のポイントは、従業員主権の主権者であるコア従業員集団全体が、企業という経済体を自分たちの利益の道具として使い始めるような事態が発生した場合の牽制装置の問題である。わかりやすい姿としては、お手盛りで自分たちの給料を上げ、しかし株主にはあまり分配せず、製品価格も上げて自分たちの取り分を多くしようとする、そうした従業員行動をイメージすればよい。

第二のポイントは、企業活動の統括者となる経営者へのチェックメカニズムの問題である。経営者が堕落し、自己の利害のみを追求し、しかし長期的な企業の発展のためと称してムダな出費をする、といった事態を典型例として考えてみればよい。あるいは、意図的に堕落している場合でなくとも、能力不足や努力不足による経営不振という堕落でもいい。さまざまな意味での経営の堕落・機能不全に対する歯止めが従業員主権で用意できているのか、という問題である。

第一のポイントが従業員主権の主権者集団全体の堕落・不振の問題だったのに対して、この第二のポイントはその主権者集団の付託を受けて経営に当たる経営者の堕落・不振の問題と位置づけていい。

こうして、従業員主権の制度的有効性の議論は、二つの制度的有効性、そしてそれぞれが含む合計五つのポイント、とかなり多岐にわたらざるを得ない。以下では、カネについての従業員主権の現実的機能性から順次、論じていこう。

## 2　従業員主権で資本が集まるか

### コア資本と成長資本

従業員主権で資本が集まるか、という問題には、二つの次元のちがう問題が企業の発展段階に応じて存在する。一つは、ゴーイングコンサーンとして動いている企業に、その成長に必要な資本が集まるか、という問題。つまりなんらかの理由で動き始めて成長の段階にある企業に、さらなる成長のためにカネが集まるか、という問題。

もう一つは、企業というものがそもそも成立する段階で、コア資本が従業員主権の原理のもとで集まるか、という問題である。そもそも、企業という経済体がヒトの結合体であるばかりでなくカネの結合体でもある以上、カネの結合体の中核部分に、コア資本とでもよぶべきものが存在する必要はないか。企業がそもそも生まれ、存在できるために必要なコア資本が、単純な従業員主権で集まるだろうか。それがもっとも厳しく問われるのは、企業が設立されるときである。企業誕生の際に、従業員主権で企業設立に必要な資本拠出を期待できるのか、という問題である。

第一の問題は成長資本の問題、第二の問題は設立資本あるいはコア資本の問題、といってもいい。成長の問題と発生の問題は、多くの場合本質が異なる。それは、人間にたとえて考えてみればよい。人間が誕生する（そしてそもそも受胎が起きる）ための条件と、人間が成長するための条件とは本質的に異なる部分が多いのである。したがって、企業の場合でも、「従業員主権で、資本は集まるか」という問いに対する答えは、成長の場合と発生の場合とで異なることが以下で論じられる。

## 従業員主権で成長資本が集まるか

成長資本の問題はより単純であろう。資本を拠出する見返りの経済的なリターンさえ十分に出せるなら、従業員主権企業にも資本は集まる。資本に株主主権のような主権のメインの地位を与えることは、必ずしも必要でない。

たとえば、負債による資本調達がその例である。法律的に株主主権のような保護を与えられる資本の形態をとらずにきわめて大きな資本調達が可能であることを立証してきたのは、他でもない日本企業自身である。

図4-1　コア資本と成長資本

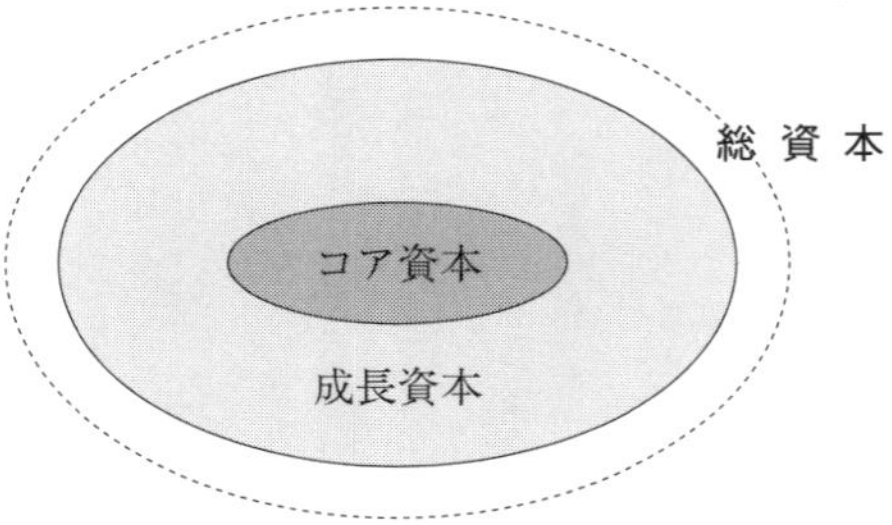


戦後の日本企業の企業金融が、長期間にわたって欧米の基準からすれば過大な銀行借入れ中心できたことがその雄弁な証拠である。たしかに、銀行は同時に大株主でもあった。だが、五%以上の株主にはなれない。その株式保有だけでは主権者としての法律的な地位はないのに、企業の負債調達に応じてきた。いざとなれば企業をコントロールできる金融的パワーを持っていることが了解されていたからであり、また資本提供へのリターンをきちんと企業が出していたからである（銀行が持ついざというときのコントロールとは、すなわち経営不振の際のチェックのことである。メインバンクがその機能を果たしていた、としばしばいわれる。その機能は、コーポレートガバナンスのうちのチェック有効性の議論である。第5節で論じられる）。

株式資本という資本調達もまた、株主の主権が完全に保証されていなければ不可能かといえば、そうでもない。株主の権利をサブに実質的においてきた日本の企業が、大なり小なり株式による資本調達もやれてきた、という事実が株式資本の調達の微妙さを物語る。

日本企業の株主は、主権的にはサブの地位に置かれていたとしても、資本へのリターンもきわめて低かったわけではない。たしかに配当によるリターンは低かったが、株価上昇によるキャピタルゲインを考えればかなり大きく報われてきた面が十分ある。一体、日本の株主の多くは企業の主権を買ったのか、あるいは企業の受益証券を買っただけなのか。どうやら、後者のようである。また、そうした資本調達の道が企業にとって可能であることを、戦後の日本の現実はわれわれに教えている。

つまり、資本に主権者の地位を与えなくても成長資本を出す人々は十分にいることを、戦後の日本の企業金融そのものが示唆しているのである。

## 従業員主権企業の資本調達コスト

じつは理論的にきちんと詰められるべきは、「資本が集まるかどうか」ではなく、従業員主権企業の方が株主主権企業よりも資本の調達コストが高くなるかどうか（もちろん他の条件はすべて等しいとして）、である。もし、資本の調達コストが従業員主権企業の方が高くなるのなら、そうした企業が存在しにくくなる可能性が高い。借り入れが従業員主権企業の資本調達の最大の部分であろうことを想定して、以下では資本調達コストを借入コストに限定して議論をしよう。

借入コストは、借入金の返済不能の危険の小ささと企業の発展可能性の大きさの二つの要素に、基本的には左右されるであろう。この二つの面で、株主主権と従業員主権はどちらが有利なのか。返済不能の危険が高ければ、それだけ借入コストは高くなる。発展可能性が高ければ、それだけでも貸倒れの危険性が減るばかりでなく、長期的な取引からのメリットを考えて貸出コストを銀行が安くする可能性も大きい。

従業員主権に前章で論じたような経済合理性が高いことを受け入れるならば、発展可能性については従業員主権企業の方が有利であろう。返済可能性については、いざとなったときの返済原資があるかどうか、が問題となろう。

返済原資については、ふつうは株主主権企業の方が有利と考えられている。「自己資本」（株主の持分資本の意味ではなく、企業の自由裁量にできる資本、という意味の自己資本）が、株主の拠出資本金というかたちで確保されやすいからである。そうした資本があれば、銀行はそれを返済原資としてあてにできる。

しかし、従業員主権企業でも、返済のリスクを銀行にとって小さくするためのさまざまな工夫を講じることができる。そのため、じつはこの「自己資本」面での株主主権企業の有利さは見かけほど大きくない。

その工夫には二種類のものがある。一つは、主権をメインの立場で要求しない株式資本を従業員主権企業が集めることが可能な場合である。その自己資本は、返済原資にたしかになる。もう一つの場合は、企業の関係者（たとえば、従業員の中の主だった人たちあるいは親企業）が、その企業のために担保提供や債務保証をする場合である。それが返済原資を確保することになる。なにも貸借対照表に計上される自己資本だけが返済原資ではない。

しかし、そんな工夫が現実に可能なのか、起きうるのか。

可能でもあるし、起きてもいる。戦後の日本企業の企業金融の歴史が、まさにその工夫の歴史であった。

主権をメインの立場で要求しない株式資本のもっともはっきりした例は、議決権のない株式である。議決権を放棄するかわりに、優先配当権を持つことが多く、日本やアメリカで制度的に許されている優先株がその例である。これは、法律的に主権をメインの立場で要求しない株式で、まさに主権の小さな受益証券である。ただし、日本にはその実例はほとんどない（その唯一と思われる例外は、従業員主権企業の典型例である出光興産が二〇〇〇年に行った優先株二三〇億円の発行である）。

しかし現実には、日本の上場企業の普通株もまた、主権をメインの立場で要求しない株式であった。議決権を実際に行使することはなく、また安定配当と称して低いが安定した配当を実際にはされている。キャピタルゲインも得られる。日本の株式資本の大半は、実際には優先株のようなものだったといってもいいだろう。さらにアメリカでは、議決権を持たない株式とか、議決権の量が株式によってちがう株式の発行とかが見られるようになっている。

担保提供や債務保証については、日本の大企業がその傘下の子会社に対して行うものがそのいい例であるし、さらに、日本の中小企業によく見られる経営者による自分の財産の担保提供などによる債務保証もまた、その例である。

日本の中小企業の経営者は、よく「無限責任」とすらいわれるほど、銀行から企業への融資への債務保証を求められている。そうした中小企業は非常にしばしば過小資本金で、銀行借入を行うためには担保提供が必要となるのである。その担保を経営者が提供する。それによって経営者は株式資本の有限責任の範囲を超えて、かなり大きな責任を持つことになる。しかし、企業としては、その債務保証のおかげで返済原資の確保が可能になり、借入コストをその分だけ低く抑えることができる。

そうした債務保証は、大株主としてのオーナーが株主としてさらに担保提供をしている、と理解すべきではない。むしろ、その企業にとって圧倒的に重要性を占める中核的従業員としての経営者が、「中核従業員として」、債務の個人保証をしていると考えられる。

株主として返済可能性の充実に貢献しようとするのであれば、そうした担保を現物出資して会社の株主資本を増やしても同じはずだが、中核従業員として返済可能性の充実に貢献しようとすれば、個人の財産を担保として提供する方がより合理的となる。なぜなら、現物出資をしてしまえばその財産は企業のものとなり、その財産の値上がりなどの利益もすべて企業のものになってしまう。さらに、担保提供ということは、その担保を必要としている借入金の満期がきたときには、その担保提供を引き揚げる可能性を確保していることになる。

つまり、銀行の提供する貸付資金が満期による企業からの引き揚げという可能性を保持していて、したがって主権を持つべき資金としてのコミットメントを持たないのとまったく同じように、担保提供ならそうしたコミットは持たない。現物出資による株式資本の増加の場合は、コミットしてしまうことになり、その資本を引き揚げる可能性はなくなってしまう。

私は前章で、日本の中小企業のオーナー経営は、従業員主権企業の中核従業員としての経営者が圧倒的な主権の保持者になっているケースと理解できる、と述べた。つまり、オーナー経営は株主主権企業の経営と解すべきでない、ということである。そうした中小企業で過小資本と経営者の担保提供という組み合わせが起きていることは、経営者が従業員主権企業の圧倒的主権者としてその主権の量にふさわしい貢献を資本調達面でもしている、と理解することができる。それは株主としてしているのではない。

では、なぜこうした圧倒的中核従業員たる経営者が、ほとんどの場合同時に圧倒的株主となっているのか。それは、現行の株式会社制度のもとで圧倒的主権を確保するには、株式の所有がもっとも手近なそしてまぎれのない法的な手段だからである。

ここにじつは、株式会社制度の一つの本質がある。中小企業の場合、株式への出資は、企業として必要な成長資本の調達のために行われているというより、「主権の量的確定」のために行われている。だから「過小資本金」で全然構わないのである。出資の絶対額の大きさが必要なのではなく、出資比率の大きさが必要だからである。主権の量の大きさを確保することが問題なのである。

どうやら従業員主権でも、株式会社制度のような主権の量的な確定のための仕組みがどうしても必要なようである。それは、ヒトの原理が一人一票的になりやすいことへの防波堤の役割を果たしているのである。一人一票では、圧倒的な中核従業員も周辺的な従業員も主権の量が同じになりかねない。それでは、貢献の大きさに応じた主権の量の確保ができなくなってしまう。この点は、株式会社制度をどう考えるかに関わる本質的な問題である。主権の量的確定の制度としての株式会社制度の意義は第7章でより詳しく論じることにして、ここではひとまずもう一つの資本調達問題に戻ろう。

## 従業員主権でコア資本が集まるか

従業員主権でも、借入資本の返済可能性を株主主権企業と同じレベルに近づける工夫が可能になることを説明してきた。そしてそれによって、借入資本を中心として従業員主権でも成長資本は集めうることが明らかにされた。ただし、銀行が資本調達に大きな役割を演じるような資本市場の構造が背後になければ、この仕組みは機能しない。戦後の日本はたしかにそうした状況にあったし、たとえばドイツも類似の状況といえるであろう。

そうはいっても、企業の資本の中核に、その企業にコミットした、容易に退出のできない資本（逃げない資本）が存在することが必要である。それがまったくなければ、銀行は企業に貸し付けを供与しない可能性も強くなる。借入資本だけでカネの結合体としての企業が成立できるとは考えがたい。そうした資本はとくに、企業という経済体が設立される際に必要となるだろう。ちょうど雨滴の形成になんらかの中核となる固形物が必要なのと同じである。その役割は、コミットした資本としての株主拠出の自己資本のようなものが果たすのであろう。

このように、企業というカネの結合体の発生に欠かせず、またその成長の際にも資本の中核たる役割を果たす拠出資本を、「コア資本」とよぶことにしよう。設立資本といってもいい。そのコア資本を出す人々は、企業の主権に対してしかるべき要求をするのが当然である。企業の生誕と継続について、それだけのコミットをし、リスクをとっているからである。成長資本の提供者とは、その点でかなりちがうといっていい。単に資本へのリターンを要求するだけでなく、企業の政策決定への参画、経営者の選任への強い影響力といった主権の内容を実質的に求めるのが、当然であろう。

したがって、そのようなコア資本は、単純に「従業員主権がメインで株主主権は徹底的にサブ」という主権のあり方にしてコア資本までもサブの立場に置かれるのであれば、集まらない恐れが大きい。したがって、コア資本を集めるためには、コア株主にきちんとした主権が与えられるような企業の制度が必要なのである。つまり、かりに従業員主権だとしても、コア株主にはコア従業員と同じような主権が与えられるような仕組みがなければならないことになる。

とすれば、そのようなコア株主が重要な役割を果たすような状況であれば、株主の主権が現実にないがしろにされずに十分に守られるはずだ、ということになるはずである。そうした状況とは、新企業の設立であり、まだ企業規模が小さく、コア資本の重要性が高いような状況である。

たしかに、大企業による新会社の設立にしろ中小企業にしろ、コア資本が重要であるような状況では、株式を保有していることが重要であると人々に意識されている。上場大企業とは大きなちがいである。

さらに、そうした状況に共通的に見られるのは、コア株主が、コア資本を出すだけでなく、中核的従業員としての知識やエネルギーをも企業に提供していることである。中小企業のオーナーはまさにそれだし、大企業が子会社を設立する例では、その中核従業員は親企業から派遣される。このような状況をもっと正確に叙述するとすれば、コア従業員になるべき人々が同時にコア株主にもなっている、というべきであろう。

つまり、単純化したいい方をすれば、コア株主とコア従業員（の中のさらに中核的部分）は同じなのである。そこでは、いわゆる所有と経営の分離は起きていない。それは別な視点から見れば、コア株主は自分が同時に中核的従業員として経営の実際にタッチできないのであれば、コア株主にはなりたがらない、ということを意味している。それはあたかも、企業というものは従業員主権になるのが自然であることを彼らが知っていて、中核従業員として主権を実質的に握れる場合にのみコア株主となることを受け入れている、かの如くである。

その場合、コア資本としては大きな額が必要なわけでもない。出資金の大きさ自体が経済的な購買力として意味を持つのではなく、コアの部分で責任を持つ資本が存在することが必要なのである。株主としての出資は、いわば責任を持つことの象徴なのである。したがって、過小資本が多くのコア資本の実態のようである。

こうしたケースを、「単純な従業員主権だけではコア資本は集まらない」と表現するのは問題かも知れない。むしろ、「コア資本には、コア従業員と同じような主権を与える必要があるが、その主権を実質的に確保するために、コア株主が同時にコア従業員になる可能性が高い」と表現すべきだろう。その意味でいえば、上場大企業は明らかにその企業の設立時とは変質し、多くの場合コア資本がとくに必要でなくなったケースといえるだろう。それほどに、主権をメインには主張しない株式資本が増えたのである。だから、従業員主権メインで構わないのである。

このようにコア株主とコア従業員の一致という傾向が広く観察されるにせよ、コア資本が集まるためには、単純な従業員主権だけではだめで、コア株主の主権を保証するような仕組みが必要である。つまり、従業員主権とコア株主主権の両立が必要なのである。その（少数の）コア株主の主権を保証するための制度として、株式会社制度は実質的な機能を日本の企業社会の中で果たしている部分があると思われる。とくに、新しい企業を生むという局面で、その役割は大きい。その上で、コア株主とコア従業員のかなりの一致という現象は、二つの主権の併存を矛盾の少ないものにしている。

## 3　従業員主権で組織が窒息しないか

### ヒトの原理の危うさ

組織が窒息するとは、企業組織の中のマネジメントがヒトのしがらみに足をとられて硬直的になること、ヒトの狭さが災いして閉鎖性の強いものになること、である。窒息状態とは、本来あるべき姿からエネルギーを奪い取られて思うように動けなくなっている状態のことである。

そうした状態が従業員主権のもとの組織マネジメントに起きかねない危うさの源泉は、じつは安定的なヒトのネットワークを建設・維持しようとする人本主義の原理そのもの、あるいはヒトの原理そのものにある。その危うさは、大別して四つある。

第一の危うさは、その企業というヒトのネットワークのソトとの連結関係についての危うさである。そこには閉鎖性の危険がある。ヒトのネットワークをつくるには、カネのネットワークより時間も手間ヒマもかかる。そしてネットワークとして機能するには、共通の理解を持つという、ある意味での同質化をメンバーの間である程度進める必要が生まれる。そうした要請が、閉鎖性をつい生んでしまう危険である。その危険が組織のマネジメントに対して持つデメリットは、閉鎖性ゆえに、流動的な資源再配置とくに企業外部との資源の入れ替えが遅くなりがちになりかねないことであろう。

第二の危うさは、悪平等の危険、第三の危うさはしがらみの拘束の危険である。いずれも、ヒトのネットワークの中での人々の間の関係についての危うさである。ウチの危うさ、といっていい。

悪平等の危険は、ヒトのネットワークの中での意見集約やパフォーマンス比較のプロセスが、個々の人間が多様でありまた相互に比較がむずかしいために、一人一票的になりかねないことから生まれる。しかし、人々は能力もちがい、知識も立場もちがう。単純な一人一票は、企業という経済組織の場合には非効率な可能性も大きい。さらに、悪平等が大きく生じると、冷徹な競争原理が組織の中では貫徹しにくくなる。組織という人間社会の調和の維持にはそれはいいことでもあるのだが、経済体としての企業にとっては重大な問題になりかねない。企業内民主主義と経済効率とのむずかしいバランスの問題がそこにある。

しがらみの拘束の危険は、人々の間の関係が複雑な社会関係になり、そこに組織としての管理や規律の必要性が負荷されることによって、不明朗な管理過剰になってしまう危険である。これらの欠点を大きく顕在化させない一つの道は、企業としての最終的な判断基準を経済合理性の世界に持つことである。そのもっとも単純で根本的なものが、「利益」という判断基準である。だから、多くの企業が透明性の高い利益といったパフォーマンス指標をベースにした管理（つまりはカネの原理を導入してヒトの危うさを補おうとする努力）をしようとする。それは一面で、従業員主権の原理のマネジメントが持ちがちなしがらみの拘束への防波堤でもある。しかし、それが利益至上主義へと暴走する危険もあることは、第6章で詳しく論じる通りである。厄介なことである。

第四の危うさは、企業というヒトのネットワークへの個人の関わり方についての危うさである。トータルコミットメントへの不安、とよんでおこう。従業員主権にして、ヒトの原理中心に企業組織をつくると、そこへのコミットメントをする人々がコアとなり主権者となる。その限りではいいのだが、そのコミットメントがつい行き過ぎる危険、トータルなコミットメントを個人としてつい要求されないか、という危険である。しがらみの拘束との関わりで、無視できない可能性が強い。個人の立場からすれば、それは企業生活以外での自由の拘束につながる危険となるだろう。日本の社会が企業中心社会すぎるという批判の背景にある、危うさの問題意識である。

カネの原理の強力さの大きな部分は、上にあげたようなヒトの原理の危うさを持たないことである。カネには閉鎖性がないし、悪平等も起きようもない。一円一票にすれば、簡単にカネをより多く提供した人間の方がパワーがあることが誰にでもわかる。カネの関係は比較可能、合算可能なごく単純な関係で、しがらみも起きない。個人としても企業にカネを出したりカネをもらったりという関係で、トータルなコミットは必要ない。カネはヒトを離れて動きまわれるからである。

したがって、「組織が窒息しないか」という点だけから従業員主権と株主主権を比べるなら、株主主権の方が原理的に有利、という結論になるだろう。

ただ、カネの原理はそれだけ単純なものであるだけに、一方では企業という複雑な経済体の主権原理として経済合理性が高いのか、という大きな疑問がつく。たとえば、カネが技術を蓄積できるのか、カネがコミュニケーションできるのか、という疑問である。私が前章で論じたのはそのことであった。

そのため、従業員主権で組織が窒息しないかという問題は、従業員主権原理の持つ経済合理性を大きく損なうまでにヒトの原理の危うさが顕在化してしまうのか、という議論になる必要がある。それは、ヒトの原理の危うさを小さくするための手段がどの程度可能なのか、という議論へとわれわれを導く。

## デジタル人本主義

ヒトの原理の危うさを完全に避けることはおそらくできない。できるのは、いかに小さくするかを考えることである。そのための基本的な考え方は二つある。

一つは、上に述べたようなカネの原理の強さを、組織のマネジメントになんとか部分的に持ち込めないかを考えることである。ヒトの結合体としての原理をメインに置きながらもカネの原理をサブに使うことである。さらに、サブどころか中心的に用いてもよいカネの原理がある。利益の原理である。利益を政策決定の最終的判断基準として使うことは、従業員主権とまったく矛盾しない。企業が経済活動体である以上、当然とさえいえる。ただし、誰のための利益かをきちんと考える必要がある。

ヒトの原理の危うさを小さくする第二の考え方は、あたり前のことだが、経営者がそうした危うさが限界を超えないようなしっかりとした経営をするようなチェックメカニズムを持つことである。マネジメントのことなのだから、組織が窒息してしまうかどうかの鍵は直接的にはやはり経営者が握っている。

こうした問題は経営者のあり方に集約されるのである。それだけに、経営者の選出とチェックのメカニズムが機能不全に陥ると、第8章で述べるような、経営者の独裁の危険が起きる。ヒエラルキーの暴走の危険である。それが、ヒトの原理の危うさをむきだしにしてしまう。組織が窒息するかどうか、結局は経営者に依存する部分が大きい。

カネの原理をサブの原理として、しかし強力にマネジメントの手段として使おうとする経営のあり方は、従業員主権のもとでも十分にありうる。それを私は、デジタル人本主義、とよんでいる（デジタル人本主義については、拙著『経営の未来を見誤るな』日本経済新聞社、二〇〇〇年、を参照）。

デジタル人本主義経営のキーワードは、経済合理性、管理会計システム、個性、の三つである。

経済合理性を経営判断の基準にするという基本原則は、企業が経済体である以上きわめて大切である。単純な利潤の大小でなくてもよいが、しかし経済合理性を最終的には求める姿勢を弱めてはならない。ヒトの原理の危うさがすぐに頭をもたげる。

第二のキーワードが管理会計システムであるとは、この経済合理性が多くの人に明らかになるように、経営システムの工夫が必要、ということである。

その経営システムの中でもとくに重要なのは、業績などをきちんと計りかつ知らせる情報システムであろう。日本の企業は大規模複雑組織の経営があまり上手でなかった。今、多くの企業がそれに苦しんでいる。そうした状態に至ってしまった大きな理由の一つが、業績などの情報システムをきちんとつくるという努力が十分ではなかったことである。事業全体の状況、他の部署の状況、そうしたことに関する正確な情報がスピーディに組織の中で共有されて初めて、大規模複雑組織の経営を人本主義でやれるようになる。

その情報システムの要になるのは、管理会計のシステムであろう。企業内の組織の各単位の、インプットを計り、アウトプットを計算し、利益を中心とした数値情報をつくり上げるシステムである。つまり、カネで計られた数値を中心とするハードな情報システムである。それがあって初めて、組織全体でのさまざまな情報共有がシステム的にできる。

もともと人本主義はカネとヒトのネットワークの二重がさねをしている、とたびたび述べてきた。したがって、従業員主権のもとの経営とは、ヒトとカネの両方の情報をきちんと共有する必要がある、情報負荷の高い経営の仕方なのである。そこで必要なカネの情報についてのシステムづくりがおろそかにされると、ヒトのしがらみばかりが前面に出てしまう。だから、管理会計システムがことさらに重要なのである。

第三のキーワードは個性である。個性を発揮できるようにことさらに配慮しないと、ヒトのしがらみとおもんぱかりに多くの個人がつぶされる。そして、組織は窒息する。個性が発揮できるような経営のスタイルを、従業員主権はことさらに求める必要がある。

個性の発揮というと、すぐに全体との調和が乱れかねない、ヒトのネットワーク全体の秩序が崩れる、と心配する向きが出てくる。ここでもヒトの原理の危うさが頭をもたげるのである。

私は、全体の調和を個々の人間が考えながらしかし個性を十分に発揮するような組織活性化のための経営のスタイルを、場のマネジメント、とよんで別な本で詳述した（拙著『場のマネジメント：新しい経営のパラダイム』ＮＴＴ出版、一九九九年）。ここでは詳しくは述べないが、個人が「全体という衣を着た個」として動き、彼らの活発な相互作用の中から自然と組織全体としての秩序が生まれることを重んじ、そのための場づくり、情報共有を重んじる経営のスタイルである。

それが、ただ周囲をおもんぱかり、個人を組織に合わせることにのみ汲々とするような個人のあり方になってしまっているのが、多くの日本企業の実状かも知れない。しかし、それは必然的にそれしか結論のありようがない、という袋小路ではない。

しがらみとおもんぱかりに個性が押しつぶされている状況は、正さなければならない。それには、経営のスタイルを根本的に見直す必要があるかも知れない。しかし、それさえやれれば、従業員主権の経営が個性を発揮させない経営になる必然性はない。事実、日本企業でも七〇年代のオイルショックでの逆境を見事にはね返していた頃の経営は、そうした経営だったように思える。

経済合理性、管理会計システム、個性、という三つのキーワードを象徴的にまとめると、「経営のデジタル」となる。道具立てやプロセスはデジタルでも、血の通った人間がつながりあっている。しかし、たがいに厳しい。それが、本当の人本主義のよさではないか。

それがデジタル人本主義である。その考えをマネジメントの基本にきちんと置けば、従業員主権の経済合理性を損なうほどにヒトの原理の危うさが顕在化することは防げるだろう。しかしそうした経営は、経営を担当する人間に高い負荷をかける、高い能力を要求するマネジメントのあり方のようでもある。

したがって、経営者へのチェック機能が十分に働くことが、従業員主権によって組織が窒息しないためには、本質的に要請されていると思われる。この問題は、以下で議論するチェック有効性の問題につながっている。

## 4　会社法のもとでの従業員主権の現実的機能性

### 未分離、分散、サイレント化、そして取締役会の内部化

従業員主権の現実的機能性の議論の第三のポイントは、法制度との関連での現実的機能性である。つまり、株主主権が機能できるような会社法という法制度を持ちながら、どのようにして現実的に従業員主権を実行できるのか、という問題である。

従業員主権を会社法のもとで現実的に機能させるには、三つのパターンがありえて、その三つがそれぞれに日本企業では使われるあるいは機能してきたと思われる。

第一のパターンは、コア株主とコア従業員が実質的に未分離で、したがって従業員主権の意思がすなわち株主主権の意思となり、会社法のもとでなんらの問題も起こさないケースである。

中小企業のオーナー経営は、たびたび上で述べてきたようにその典型である。あるいは大企業でも、創業者一族が大きな影響力を持ち続けている企業はこの傾向がある程度ある。さらに、日本ではそれほど多くないが、従業員持ち株が株式の多数を占めるような企業であれば、やはりコア株主とコア従業員は分離していないといえるであろう。

第二のパターンは、株主の分散である。株式保有がきわめて分散してしまって有力な株主のいないような企業では、株主の誰もが実質的な主権を行使できる立場になく、実質的な主権は企業の意思決定の現場を握るコア従業員（経営者を含んでいる）の手のうちに入る、というケースである。これも、現在の日本の大企業の多くに成立している条件である〔これがじつはバーリとミーンズがアメリカの一九三

〇年代の状況として指摘した状況だった。Berle=Means（1932)」。

第三のパターンは、経営者が株主のサイレント化につながるような株主構成の制御、あるいは株主の意向の聴取方法の制御をすることである。かりに法的には株主主権だとしても、その主権を自分たちの意向に反して行使しないような状態をつくれれば、従業員主権は合法的に実行できる。制御活動を行うことである。もちろん、その時は、主権を行使しない株主はその行使しないことによって不利益をこうむることがないような状況がつくられていなければ、経済行動として永続性はないであろう。たんに、騙したり脅したりして株主をサイレント化することをイメージしているわけではない。

以下に述べるように、株式持ち合いや大株主の構成のコントロールを通じて、この制御は日本企業ではかなり行われていることだと思われる。

こうした三つのパターンは、ある意味で対株主への働きかけの三つのパターンであるが、そのいずれのパターンをとっても、法的に制度化された企業の経営意思決定機関を従業員主権化することが従業員主権の現実的機能には不可欠である。

それを可能にしているのが、企業内の経営についての法的な意思決定機関である取締役会を企業内の従業員の中から選出された内部役員で構成するという、「取締役会の従業員化」である。大半の日本企業で、取締役とは企業内部の出世の最高ポストであり、取締役の大半は従業員の中から選出されている。彼らはいわば、コア従業員代表なのである。

それが、従業員主権をもっとも直接的なかたちで現実的に担保している。対株主の三つのパターンは、取締役会の内部化をしてもそれに対して株主が有効な抗議をするインセンティブや手段を持たないようにするための、三つのパターンなのである。

こうした三つのパターンのうちの株主のサイレント化という第三のパターンは、取締役会の内部化とセットになったとき、従業員主権のチェック有効性に大きな影響を及ぼす。簡単にいえば、経営者のチェックメカニズムを空洞化する恐れがある。したがって、こうした現実的機能性を従業員主権が持つことを手放しで肯定するわけにはいかないが、しかし、従業員主権が会社法のもとでなぜ現実的に可能になるかを説明する理由にはなっている。

### 株式持ち合いと大株主の制御

株主のサイレント化の大きな部分は、じつは経営者による努力の結果としてではなく、株式の分散所有という実態によって生みだされている。上場企業では、株主の大半はもともとサイレントな株主であり、その企業の株式の保有が自分の経済動機に合わないと思えばただちに株式の売却によって逃げだすのである。逃げない資本としての株式という本質にはそもそも適合しない投資動機あるいは投機動機の株主であるから、サイレント化するのは当然である。

しかし、この場合のように株主の方が自分の都合でサイレント化しているのではなく、経営の側からのサイレント化を視野に入れた働きかけが存在するのではないかと思われるケースもありうる。そのために、二つの手段がしばしば経営者によって使われると思われる。

一つは株式持ち合い、もう一つは大株主の制御である。いずれも、株主構成と株主の株式保有比率を経営者が制御することによって、株主のサイレント化を強めている。もちろん、そうした株主制御行動の目的はたんに従業員主権の現実的機能性を高めることだけではないが、こうした手段によって従業員主権の現実的機能性が高まっていることは確かだと推論できる。

株式持ち合いがどのような論理で発生し、どのような機能を果たしてきたかについては、伊藤（1993）に詳しいが、それが株主のサイレント化につながる論理は比較的簡単である。

株式持ち合いの多くは、事業上の取引関係の強化の象徴として行われるものである。つまり、株式保有から直接生まれるメリットが目的なのではなく、継続的な事業取引が行われることのメリットが目的なのである（だから、たがいに株式を保有しあうことが多い）。したがって、資本提供者としての株主として株主権を行使することはまれで、その企業との取引でメリットが生まれ続けていれば、企業経営に対して発言をするインセンティブを持たない。したがって、株主としてはサイレントになる。サイレントでなくなるとすれば、それは取引相手として取引条件の向上のための働きかけが中心になる。

ときには、最初からサイレントであることを期待していわゆる「安定株主」として株式を持ち合うこともあるだろう。その場合には、当然に株主としてはサイレント化する。それが、双方の企業の経営者の目的なのである。

株主のサイレント化の第二の手段は大株主の制御である。大株主は、分散化された小株主とはちがって、企業の経済的成果から受ける影響も大きいし、それだけに経営に介入する発言のインセンティブと法的力をともに持っている。その大株主の構成を巧みに制御することによって、彼らの発言力を減殺することが可能になりうる。完全にサイレントにできることはないであろうが、かなり発言の影響力を小さくできる可能性はある。その意味で、サイレント化である。

田中（1998）によれば、そうした大株主の制御行動には、分散、拮抗、安定的流動化、という三つのケースがあるという。

分散とは、大株主の持ち株比率を分散化させることである。たとえば、十大株主の持ち株比率を下げていって全体の中での分散化を図る、といった行動である。拮抗とは、大株主の中でも最上位の株主たちを拮抗させるような株式保有比率にして誰かが図抜けた大株主として株主の間の明瞭なリーダーになることを防ぐ、ということである。安定的流動化とは、大株主のメンバーをかなり安定的に同じ株主たちということにするが、その中での株式保有比率（そしてその順位）をある程度変動させることによって、大株主の中で抜きんでたものが固定的にならないように配慮する、ということである。

いずれも、特定の大株主が抜きんでた存在とならないように制御している、という点で共通している。特定の大株主が抜きんでてかつ長期的に同じ株主であるとなると、多くの分散株主も含めて株主の間の集結力の核になりやすくなる。そうなると株主主権を行使する機会は増える。それを経営者はある程度制御したい。それが田中の仮説で、田中はこうした経営者による制御行動が日本の大企業三〇社のデータである程度実証的に肯定できる、としている。直観的観察からも、納得できる話である。

株式持ち合いにしろ大株主制御にしろ、じつは株主の側の株式保有行動の結果として決まるはずのことである。それを経営者の側がどのように「制御」できるのか。

もちろん、株式市場での株式売買を通じて、自社の株式を保有してもらう、あるいは保有率を減らしてもらう、という要請を対象株主にすることはできるだろう。株式持ち合いの場合にはとくにそれが可能になるだろう。

しかし、もっとも現実的なのは、新株発行の際にその発行先を経営者が実質的に決められるようにすることによって、株式保有構造を経営者が制御する、というパターンである。たとえば、増資の際の第三者割当を株式持ち合いの相手や保有率を高めたい株主にする、という行動である。

日本企業には、それが法的に可能となる制度的バックアップがある。

日本の商法は一九六六年の改正で、とくに有利な価格で第三者に割り当てるのでない限り、現存の株主以外の第三者に新株引受権を与えることを取締役会の決議で行えることとした。その取締役会が内部化されているのだから、経営者の意向で株主構成比を変更することが法的に実行可能になっているのである。

もちろん、株式市場での株の売買が一方であるのだから、経営者が自分の意思一つで自由自在に株主構成を変化させられるというわけではない。しかし、この新株引受権の規定が経営者の株主制御行動をかなりの程度可能にしているのもまた、確かであろう。

以上が、従業員主権の法的な面での現実的機能性の論理である。ただし注意しなければならないのは、とくに株主の制御行動を中心に、日本の法的な制度が現実的に可能にしているのは、ある意味では「経営者主権」だということである。経営者が、株主によるコントロール、株主主権の行使からかなり自由になっていることを先の論理は示している。

その経営者主権から従業員主権へは、じつは完全につながっているわけではない。もちろん、日本企業の経営者の大半は、その企業に長く働いた人々の中から選ばれている。いわば、従業員代表として経営者になっている。しかし、いったん経営者になった後は、従業員主権の代表者として経営者が行動するというきつい縛りは、法的にも経営者の選出のメカニズムからも、ないのが実状である。

それは、経営者のチェックメカニズムの問題として、大きな問題をはらんだ現実なのである。

とくに、株主のサイレント化を一方でかなり行っていることを考えると、会社法が法的に用意した経営者へのチェックメカニズムはかなり空洞化されていると考えざるを得ない。とすれば、経営者の独走の危険をはらんだ現実を日本企業は持っているということになる。この点は、次に述べるチェック有効性の議論のみならず、さまざまなかたちでこの本の論点の一つの中心になる問題である。

## 5　チェック有効性

### コア従業員集団全体へのチェック

どのような統治機構であれ、その統治の主権者に対するチェックのメカニズムは必須である。そのメカニズムが有効でなければ、統治機構として長続きはできないだろう。

その理由は、統治の主権者がなんらかの理由やきっかけで機能不全になることがあるのが、常だからである。その機能不全にならないように日頃は牽制し、そしていざ機能不全に実際になったらそこからの回復を促進するためのメカニズムが有効に存在するかどうかは、統治機構にとって重要な問題である。

たとえば国政を考えてみればいい。国民主権の代理者たる国会議員を代理主権者の集団と考えれば、その集団には選挙での洗礼というチェックメカニズムがある。さらにその主権代理者集団の中から選ばれてリーダーとなる首相には、議会での選任そして不信任投票というチェックのメカニズムがある。

従業員主権の企業も同じことである。企業のメインの主権者集団であるコア従業員全体へのチェックメカニズムとして有効なものが必要であろうし、その主権者集団の中でリーダー役を務める経営者に対してもチェックのメカニズムが必要であろう。

従業員主権のありうべき最大の弱点は、「牽制と回復」のためのチェック有効性、ということであろう。従業員主権が濫用され、働く人々のエゴだけの企業行動を企業がとるようになり、企業としては結局効率の落ちるミスマネジメントの状態になるのをどのように牽制するのか。あるいは、企業の他の利害関係者、とくに資金の提供者の利害を基本的に損なうような、企業をくいものにするようなミスマネジメントをどうしたら牽制できるか。経営者が暴走し始めたときに、どのような牽制とチェックが可能なのか。

従業員集団全体に対するチェックは、その外部からくる必要がある。それは、基本的には市場の圧力だと思われる。そこに公的な権力によるチェック機構も考えられないわけではないが、多くの場合公的なチェックは公的な権力の濫用に終わるというのが、歴史の教訓であろう。

二つの市場からの圧力あるいは牽制行動が、コア従業員全体へのチェックメカニズムとして機能しうる。一つは、資本市場からの圧力と牽制である。もう一つは、製品市場からの圧力である。

資本市場からの圧力とは、資金提供者からの圧力ということである。ここでは、二つのタイプの資金提供者からの圧力や牽制が意味がありうる。一つは銀行である。企業が銀行からの資金供給に大きく依存している場合は、銀行は実質的に大きな圧力装置として機能しうる。また銀行は情報入手など、牽制行為をとれるだけの条件を持っていることもある。

日本企業のコーポレートガバナンスがメインバンクによって（少なくとも高度成長期は）行われてきた、という議論はこの種のチェックメカニズムの有効性を主張する議論である。ただし、コーポレートガバナンス全体がメインバンクによって行われていたというのは言い過ぎで、従業員主権のチェック有効性のメカニズムをメインバンクが提供できていた、というべきであろう。

資本市場からの第二の圧力は、株式市場からの圧力である。必ずしも株主主権がメインではなく、あくまでサブの主権であっても、株式市場は資金供給の場としても機能しうる。さらに、企業業績を評価するスコアカードを供給する場としても機能する。利益分配権の証券としての株式の売買市場であることによって、株価が企業の将来の収益力の一つの評価をしている。それが、コア従業員全体あるいは経営者の実績のスコアカードとして機能するからである。スコアカードが多くの外部者によってある意味で客観的につけられれば、人間は自然その評価に敏感になるのが常である。従業員主権に溺れてミスマネジメントをすれば、株価がそれを反映してしまう可能性は十分ある。

ここでいっている株式市場からの圧力は、経営者が前節で述べたような株主構成の制御行動をしようがしまいが、関係なく有効に機能しうるものである。株式の売買が結局、圧力の源泉だからである。

コア従業員に対して圧力をかけるもう一つの市場は、製品市場である。企業が収入を得ている市場である。そこでの市場競争が、コア従業員のたるみを罰するであろう。経営者の専横の結果を罰するであろう。いずれも、製品が競争に負けるというかたちでのペナルティである。働く人々のエゴだけの企業行動をとっていたのでは、企業はいずれ市場競争に勝てなくなる。そうなれば、企業の未来は暗くなる。その恐れが、現在の経営を牽制する。

このチェックが有効に機能するためには、製品市場での競争が激しい必要がある。規制に守られたりして競争のゆるい市場では、このチェックメカニズムは有効には機能しない。日本の市場が「過当競争」といわれるほどに競争が激しいのは、その意味ではきわめて有益なことなのである。

したがって、規制型産業で製品市場の競争のゆるい産業で従業員への過剰ともいえる厚遇が多いのは、当然の成り行きであろう。あるいは、労働者自主管理企業という従業員主権に似た考え方を国全体で法制化した旧ユーゴスラビアで結局、従業員が甘やかされ企業としての経済効率が悪くなっていったのは、市場競争がほとんどないという計画経済のゆえであった。

## 経営者の選出とチェック

先の議論で、コア従業員集団全体へのチェック有効性は、外部からの市場の圧力がかなり有効に機能していることが論じられた。いわば、政党への選挙のようなメカニズムが、市場での投票というかたちで行われているのである。

では、その主権者集団を代表して経営にあたる経営者へのチェック有効性は、どのように担保されているのか。

もちろん、前項で述べたコア従業員全体へのチェックメカニズムは、当然その集団の代表者たる経営者にも適用される。その意味では、経営者へのチェックの有効性はある程度ある。しかし、従業員主権の主権者集団の中で、その代表者へのチェックメカニズムが首相の任免メカニズムのようにあるかといえば、じつは、それが随分と怪しい。メインの主権者集団であるコア従業員からのチェックメカニズムは、制度的にはないのである。

もちろん、コア従業員の中から経営者への抗議の発言が生まれたり、不満の退職をしたりすることは、一応チェックメカニズムとして機能しうる。そうして生まれるコア従業員たちの世論が経営者の任免に大きな影響を持つこともありうるだろう。しかし、チェック有効性の議論の基本が「機能不全への対応」にあるとすれば、経営者が機能不全に陥ってしまったときに、制度的に警告を発したり罷免をしたりするメカニズムはコア従業員には用意されていない。

それは、原理的に、従業員主権をメインと考えるなら、大きな欠陥である。さらにまずいことに、サブの主権者である株主集団が制度的に持っている経営者へのチェックメカニズムを空洞化する方向へ、現実の経営者による株主サイレント化行動が起きてしまっている。とすると、メインの主権者たるコア従業員集団には制度的に経営者へのチェック有効性がなく、サブの主権者たる株主のチェック有効性は実質的に阻害されている、ということになる。

経営者の選出とチェックという点では、日本のコーポレートガバナンスは大きな欠陥を持っているのである。

経営者の選出とチェックの問題は、やや抽象的にいえば、じつは組織内のパワーの正当性の源泉をどこに求めるのか、という問題でもある。組織はその管理のための効率上の必要から、ヒエラルキーを用いる。それは、ある意味で、一人一票的なパワーの分布にならないようにするための、パワーの非均等配分の仕組みでもある。したがってその時、そのパワーは経営者にかなり集中することになるのだが、その正当性の源泉を従業員主権のもとではどこに求めるのだろうか。なぜ、人は誰かのパワーにしたがうことを正当と思えるのか。

株主主権なら、パワーの源泉は従業員集団のソトにある。株主集団にある。株主に選ばれ経営を委託されているという意味で、経営者にはパワーの正当性がある。企業に働く人々にとっては、そうしたパワーを正当と受け入れるのが、株主主権企業に働くときの基本的な了解だったはずである。しかし、従業員主権をメインにするとなると、組織内のパワーの正当性の源泉はどこに求められるのか。

それは、民主主義の国での統治者の正当性の議論と同じである。そこでは、被統治者が統治者の選出に参加していることが、正当性の大きな源泉なのである。従業員主権であれば、経営者の選出に従業員たちが参加しているということが、正当性の大きな源泉になるはずである。

したがって、従業員主権のチェック有効性の大きな部分は、経営者の任免に従業員がどのように参加できるか、に依存することとなる。そこが制度化されていないのが、日本のコーポレートガバナンスの大きな弱点なのである。

しかし、弱点といっても、その対応策は簡単ではない。だからこそ、問題が放置されてきたのである。たとえば、コア従業員が経営の任免に参加するといっても、その参加の仕方には、かなりの工夫を要する。たんに全コア従業員による経営者の選挙を行えばいいのか、となると、そうは簡単にはいかない。

まず第一に、経営者選出への参加の仕方を工夫しないと、また悪平等の一人一票になってしまう。ときには、ある一部の人々がコア従業員たちの「意を汲んで」あるいは「声なき声に耳を傾けて」経営者を選ぶ、というやり方がもっとも機能するかも知れない。形式的には「選挙」はないのだが、組織内の「世論」の声を通しての従業員の参加がある。しかし、この種のやり方は、実質的には有効でも、透明性に欠けて納得性が小さかったり、世論の偏った解釈といった問題も出てきうる。もう少し形式的にも整った有効な選出方法があれば、その方がいいだろう。

第二に、この章の第2節で述べたように、コア株主とでもよぶべきコア資本の提供者にも企業の主権が与えられる必要がある。その人々の経営者選出への参加を、きちんと組み込む必要がある。それゆえ、コア従業員による選挙だけでは、不十分である。

第三に、コア従業員の中でも、経営者として適格な人を判断するのに必要なある程度の情報や真剣な動機をきちんと持っている人は限られている場合が多いだろう。したがって、そうした人々に限定してトップの選出に参加するのが適当であろう。だから、全員参加は必ずしも望ましくない。政治の世界の民主的選挙でも、成人を中心としてその国の市民権を持つ人々だけに選挙権が与えられるのであって、子供も含めた全員参加でもなく、居住外国人で市民権を持たないものにも選挙権はない。

## 制度的有効性の総合判断と株式会社制度

以上で現実的機能性とチェック有効性について、五つのポイントにわたって議論をしてきた。その総合判断としては、次のようになるだろう。

- カネが集まるかという問題はかなり解決できる。
- ヒトのしがらみの問題は日本企業は十分に解決してきたとはいいがたい。
- チェック有効性は、ある程度機能してきた。しかし、経営者のチェックに関しては、空洞化の危険も大きい。

つまり、かなり制度的有効性はあるが、とくにヒトがらみの部分で、かなり改善改革の余地があるのが、日本企業の従業員主権の制度的有効性の総合判断、ということになりそうである。

しかし、制度的有効性のある部分で弱点を持っているとはいっても、前章で述べたような経済合理性があるのであれば、この主権原理は十分な総合的よさを持っているといえると私は思う。この本では第7章以降に三章にわたって日本のコーポレートガバナンスの改革の必要性の論議を深めるが、それは日本型コーポレートガバナンスが経済的に合理性がなく、制度的有効性も小さいから改革が必要である、という結論ではない。日本企業のコーポレートガバナンスの将来は、従業員主権の大枠を守ることが基本線になって差し支えない、と私には思える。

しかし同時に、株式会社制度の柔軟性と大切さもまた、この章の議論から明らかになったであろう。パラドキシカルではあるが、従業員主権が健全に機能するには、株式会社制度の大枠が必要なのかも知れない。少なくとも、株主の役割は十分意味があるのである。企業がカネの結合体でもあり、しかしヒトの結合体でもあるという二面性がある以上、コア資本の拠出のためにはどうしても株式会社制度が必要である。

現行会社法のもとでは、株主は利益分配権と議決権を持っている。資金の中ではリスクをもっとも負った株主資本を提供している以上、成果に応じた分配としての利益分配権を持つのは当然のことだろう。その株主が利益分配権だけでなく、議決権も与えられているのは、利益分配を経営者の恣意・堕落から守って自分たちへの分配権を保証するためと考えられる。それもまた、一面では当然であろう。

しかし、議決権という企業の主権のもっとも中心的な権利を、株主だけが専有するのが本当に妥当か。従業員主権の考え方が挑戦しているのは、この点かと思われる。

従業員主権は、株主の利益分配権まで否定するのではない。株主が企業の基本的意思決定を行う権利を専有するのに抵抗しているのである。「ミスマネジメントへの保証あるいは牽制」にしては、株主に与えられた権利が大きすぎはしないか。

日本の企業の株主総会は形骸化しているとよくいわれる。取締役会も株主代表がほとんどいないと批判の対象になる。しかし、そうした現実を、私は決して「企業の堕落」と「株主の不当な軽視」だけの表象だとは思わない。会社法という法律の制度の建て前の中での、企業の、働く人々の、抵抗のあらわれであり、従業員主権の密やかなる主張と私には見える。また、企業が「安定株主」をつくり、「株式の持ち合い」を行うのも、「あまり主権を主張しない」株主を多くして、実質的に従業員主権にしようとする行動とも解釈できる。さらに、企業が内部留保を積み上げてそれを資金源にすることを「健全な財務体質」と考え、また内部留保と資本金の合計を「自己資本」とよんで、「株主資本」とよぶことに抵抗を感じるのも、「内部留保は自分たちのカネ」という意識がどこかに色濃くあるからだと、私は思う。

おそらく、株主はオールマイティの主権者とならずに、サイレントパートナーとなって最後のボイスを持つのが一つの最適解である可能性が十分ある。そのためには、法律的には株主主権を十分に認めた上で、しかし株主の主権が容易には発動できないような仕組みをつくるのが、一つのありうる現実的な道である。その上で、法律上の株主の議決権の存在は、ある意味では、従業員主権に対する牽制装置として必要なのかも知れない。従業員主権が衆愚政治にならないために、経営者の独裁にならないために、その歯止めとしての機能は十分ありうる。

日本の現実はそのような仕組みを可能にしてきた。だからこそ、従業員主権という原理が、大きな弊害や障害なしに現実化し得たのであろう。

しかし、建て前と本音の使い分けで、いつまでもつのだろうか。そこに日本型コーポレートガバナンスの改革の大きなポイントがありそうである。

# 第5章　従業員主権の発生と定着——歴史的状況と社会的親和性

## 1　発生と定着のプロセス

### なぜ戦後日本に発生し、定着したか

私は第3章と第4章で、従業員主権という考え方の経済合理性と制度的有効性を論じてきたが、そもそもなぜ従業員主権という考え方を企業経営の基本にしようという考え方が一般的に日本の企業社会に広まったのだろうか。

その答えは、この考え方が発生し広まった頃の戦後の日本社会の歴史的状況と日本社会の社会通念（あるいは社会常識）が、従業員主権の考え方に親和的だった、というものである。

従業員主権という考え方は、じつは株式会社制度という法制度のもとではそう自然には出てきそうにない。しかし、それでも従業員主権の概念が日本の企業社会一般の平均像として発生し、広まり、そして定着してきたプロセスの背後には、発生と定着の当時の歴史的状況が大きく作用していた。そしてさらに、そうしていったんは広まった概念が社会全体にかなり定着してきたのは、従業員主権の考え方が日本社会が長く持ってきた社会常識と意外に親和的だったからである。だから、異物の如くいつの間にか排除されることがなかった。

従業員主権に限らずどのような企業主権の概念であれ、それがある国の社会に長く受容されるためには、そうした社会的親和性が必要である。第1章で述べた、主権概念の受容のための三つの論理のうちの第三番目の論理である（第一は経済合理性、第二は制度的有効性）。たとえば、アメリカ社会には株主主権を当然と受け止める歴史的状況と社会的親和性があったからこそ、アメリカ社会には株主主権が定着したのであろう。

日本社会に従業員主権の考え方が発生し広まったのは、第二次世界大戦の後だと思われる。戦前の日本は、株主主権の考え方が戦後よりははるかに強かったというのが、専門家の間の一般的な観察である〔たとえば、岡崎（1993）〕。そして、従業員主権の概念は戦後の混乱期に本格的に発生し、定着していったのが一九五〇年代から六〇年代にかけての高度成長期、というのが従業員主権の発生と定着のシンプルなプロセスであろう。二〇年以上かかった長い歴史のプロセスである。

しかしそのプロセスは、従業員主権の概念を誰かが発案して、それを社会に呼びかけて広まった、というものではなさそうだ。そうした「発案者・普及者」にもっとも近い役割を果したのは、後に見るように経済同友会であろうが、しかし従業員主権の発生と定着は何よりも多くの人々がいわば無意識のうちに試行錯誤をくり返している内に一つの流れが出てきた、と表現されるべきプロセスであったろう。そして、今でも、従業員主権というかたちで明示的に議論されることはあまりないままにそうした実態が継続している、というべきものであろう。

こうした時間をかけた社会的プロセスが従業員主権という一つの概念を生みだし、定着させるためには、次の四つの条件が社会全体にそろっていることが必要だったように思われる。いずれも、「従業員主権が望ましい」と人々につい思わせるような、状況的条件である。

(1)経済状況
(2)制度基盤
(3)時代思潮
(4)社会通念

後に見るように、この四つの条件のいずれもが従業員主権の発生と定着には必要だった。どれか一つが欠けても、従業員主権という概念は定着にまで至らなかった可能性が高いように思われる。こうした四つの条件が偶然にもそろっていたのが、第二次大戦後の日本社会だった。そして、社会通念を除く三つの条件は戦争とそこでの日本の敗北が生みだした条件だった。だから、戦後の日本社会にこうした概念が生まれたのである。

しかし、こうした歴史的状況と社会的な親和性を私が強調するからといって、その歴史的社会的状況の中から生まれてきた従業員主権という概念が戦後のある時期の日本にだけ通用する特殊なものである、と私が判断しているわけではない。すでに前二章で述べてきた通り、従業員主権の経済合理性も制度的有効性もかなり高いと思われる。したがって、とくに制度的有効性を確保できるような社会状況であれば、戦後の日本社会以外の社会でもかなり普遍性を持って通用するはずの概念である。

それはちょうど、近世ヨーロッパにその歴史的な最初の発生事例を見る株式会社という概念が、世界的な普遍性、時代を超えた普遍性を持っているのと同じことである。

## 全体のストーリー

この章では、従業員主権の発生と定着のプロセスを、経済状況、制度基盤、時代思潮、社会通念、という四つの面からそれぞれを説明していくが、その全体のストーリーをあらかじめ総合的かつ印象論風に述べておくと、次のようになるであろう。

戦後の、とくに昭和二〇年代の前半の日本経済は、戦争による破壊と混乱の中で危機的状況にあった。そこに進駐軍による財閥解体、農地改革、労働運動の奨励、共産党の勃興と弾圧、公職追放、その他の経済の民主化、などのさまざまな事件が群がり起こった。これほどの規模と数の制度改革が集中した例は近代史にも珍しいのではないか。その後、朝鮮特需をきっかけに経済は復興に向かい信じられないような高度成長が始まる。そうした昭和二〇年代から三〇年代の初めにかけて、従業員主権を中心とする人本主義企業システムが自然発生的に、あるいは暗黙のうちに、資本主義的な市場経済の大枠の中で生まれてきた。

戦争直後の日本は、瓦礫の国土という切迫した経済事情のもとで、進駐軍によるきわめて大規模な民主的改革が行われた。政治の改革ばかりでなく、経済民主化のための改革が次から次へと打たれ、また民主化行動が経営者の側からもとられた。大塚萬丈らを中心とする経済同友会の打ちだした「経済民主主義」の考え方の与えた影響は大きかった。そこへ、戦前までの抑圧への民衆の反発と民主主義への願望が加わる。労働組合の結成が積極的に奨励され、結果として、かなり過激な行動もとられ、「資本対労働」という図式のもとの労使紛争が大規模に頻発した。

こうした極限状況での対立の経験は、たんに労資双方が利己的な行動、利害の対立をくり返していては、企業そのものがだめになり、働く人々すべてが路頭に迷うという認識を生んだ。そしてそれが、深い教訓として残った。さらに、財閥解体などのために、日本から急速にいわゆる「資本家」が消えていき、経営者と労働者だけが企業の積極的当事者として残った。その上、パージで戦前からの経営者の大半が追放され、多くの企業の経営者はきのうまで中堅幹部で現場に近いところで苦労をしていた人たちがなっていた。彼らは、現場の仲間だったのだ。

そういう状況の中で、企業は働く人たちのもの、という認識が生まれるのはごく自然であった。

その上、時代は混乱していた。まさに混乱の中から新しい秩序が生まれる条件もそろっていた。その条件とは、混乱の大きさが十分に大きいことと、改革や混乱が短い時間に目まぐるしく起こることである。労働組合の結成にしろ、財閥解体にしろ、農地改革にしろ、その他の経済改革にしろ、とにかく短期間に多くのことが、駐留軍のきわめて理想主義的な民主改革の情熱を持ってひき起こされた。こうした混乱のゆえに、戦前の制度の持つ拘束から人々は解き放たれた。「古いものを壊す」必要はもはやあまりなく、新しいものをつくり上げることに専心できる、いわば自由な状態になっていたのである。

こうした危機と混乱と民主主義のエネルギーの爆発の中で、日本の企業は企業活動を通しての社会の非階層化をなしとげたように思われる。それが、戦後の人本主義企業システム、従業員主権の発生のエッセンスではないか。

そして、そうして発生してきた従業員主権の概念が、戦後の混乱期を超えて高度成長期に定着していった。そこには、高度成長という経済条件が従業員主権の持つ成長志向と合致したという事情があった。さらには高度成長期に資本の自由化が必至となり、それが外国資本による企業買収の脅威の念を呼び起こし、そのために安定株主工作として株式持ち合いが一九六〇年代に始まる。それが、サイレントな株主を多くし、従業員主権の定着に大きな貢献をすることになる。

さらに、日本社会に昔から存在した共同体感覚と権力の正当性についての社会通念（誰が権力を持つことを正当と人々が思うか）が、企業の現場で働く人々こそ実権を持つにふさわしいという考え方を受容させたのである。株主による「所有」にもとづく権力の正当性でなく、コア従業員による「貢献とコミットメント」にもとづく権力の正当性が受け入れられやすかったのである。だからこそ、従業員主権は高度成長期を経て長い間定着することになる。

## 2 危機的状況と成長志向——経済状況というドライビングフォース

### 荒廃の中の激しい労使紛争

従業員主権を戦後の混乱期の日本で発生させたもっとも大きな力は、経済状況だったであろう。従業員主権というような「従業員を主役とする」原則で企業経営を行わないことには、企業がもたない、企業が発展できないということを人々がいやというほど知る経済状況があったのである。

それは、戦後の混乱期に多発した大規模な労使紛争である。

高度成長期以降の日本は、労使協調が円滑で労使紛争のきわめて少ない国として、国際的にもまれな例として知られている。しかし、戦争直後の日本、それも一九五〇年代前半までの日本は、決してそうではなかった。トヨタ、日産、東芝、電産、三井鉱山など、枚挙にいとまがないほど多くの企業で大争議が続発した。

それがしかも、戦後の荒廃の中で起きた。労使紛争はしばしば企業の生みだすパイの分配をめぐっての資本と労働の対立と図式化されるが、戦争直後の日本での労使紛争はむしろ雇用の確保をめぐっての紛争であり、その確保のためにはそもそも企業の付加価値というパイをとにかく確保することがまず必要だった。資本も労働もなく、分配原資となるパイの確保を共同で行うことがまず先決だったのである。

次節に述べる進駐軍の制度改革のおかげで、労働組合運動はきわめて活発だった。その活発さは不幸にして労働組合と経営者との対立を多数ひき起こした。その時の対立は、図式的にいえば、マルクス経済学さながらに「資本対労働」という図式であった。しかし、現実には、これも次節で述べる戦後改革のために顔の見える資本家が日本の産業から消えていたこともあって、紛争の実態は労働者と経営者の間の意見の対立であった。

立場こそちがえ、共に企業の内部で働いている労働者と経営者の間の、いわば企業のパイを確保するための舵取りのあり方をめぐっての対立であった。その対立がたんに自己の利害だけを主張する利己的な対立となってしまっては不毛であり、じつは労働者も経営者も同じ企業という船に乗っているのだ、という感覚が生まれるのはそれほど不自然なことではなかった。

その上、分配の原資たる付加価値というパイを生みだすのは、資本ではなく現場の生産活動であり販売活動である。その活動の主役が経営者も含めた働く人々であることもまた、自明であった。そのパイをとにかく確保しなければ経営者も労働者も飢えるという危機的状況では、両者の間に運命共同体という意識が生まれるのに大きな障害はなかった。労使協調が、両者の生存のために必要だったのである。しかも、パイの確保のために必要な運転資金、成長資金は銀行が供給するという間接金融体制がとられていた。資金供給側で、株主が大きな存在とならなくても済む状況だったのである。

その時、企業は一体誰のものと意識されて労使協調が成立するのか。

当然、協調してパイを確保している当事者たちのもの、と当事者たちである労働者も経営者も思うのは自然である。そして、労使協調は、あくまで労「使」の間の協調であり（労「資」ではない）、資本の提供者としての資本家と労働者の間の協調が具体的現実ではなかったのである。

こうして、企業はじつは働く人々のために存在するという感覚が生まれるのがごく自然の流れとなるような、経済状況だったのである。

もっとも、そうした自然の流れと後世には見える事態が現実化するためには、多くの犠牲がいわば反省の源泉として必要だったようである。労使紛争の頻発とその中での労使双方の苦しみが見せしめとなって人々に反省を迫り、人々は労使協調の重要性を痛感して労働者と経営者の間に運命共同体意識が生まれるに至るのである。実際、ストのために企業が倒産した例が多く発生した。

こうして、いったんは混乱した労使関係と危機的状況とが、経営者と労働者の間に「企業は人なり」という共通感覚を強くかつ素早く生んだのである。それが、経営者を重要な構成員とする従業員主権企業という概念を暗黙のうちに生み、広めていった。

## 成長と外国資本の脅威

戦後の混乱期の危機的状況が「生きていくための」経済危機というものであったとすれば、日本の復興が成功し高度成長が始まったあとに従業員主権の定着に貢献した経済状況は、「企業の成長志向と外国資本の脅威」と要約できるであろう。

一九六〇年という年は、戦後の発展の歴史の中の大きなエポックの年であった。この年、最後の大型労使紛争となった三井三池闘争が、政治色の強かった労働組合側の敗北に終わった。そして、同じ年のこれはまさに政治的問題であった日米安保闘争が、政府側の意図の通りに日米安全保障条約の改定というかたちで決着をみた。

この闘争で岸内閣は退陣し、池田内閣が誕生する。新しい内閣は国民所得倍増計画を打ちだし、高度成長路線が大きく動きだす。戦後の混乱の政治の季節が終わり、日本は高度成長一本槍の経済の季節に入ったのである。

経済成長とそれによるアメリカへのキャッチアップが、国民的コンセンサスとなった。その成長とキャッチアップのためには、企業の競争力の強化が必至であり、そのためのもっとも重要な要因は人々の技能の熟練、技術の蓄積であった。働く人々の努力が、企業の生みだすパイを高度成長させるための基本的要素であることを誰もがわかる状況に再びなったのである。

成長に必要な資金は、相変わらず銀行が中心になって供給する体制であった。株主という存在が大きな存在であることはなかった。したがって、労使協調路線が維持されている限り、従業員主権という考え方で企業の舵取りを行っていくことが合理性の高い経済状況だったのである。それは、すでに広まっていた従業員主権という考え方を定着させるに好適な経済状況だった。

こうして発展していく日本の産業にとって、大きな脅威は経済の自由化であった。IMF八条国への移行に伴う貿易の自由化と資本の自由化に日本企業が耐えられるか、という脅威であった。とくに、資本の自由化は巨大なアメリカ資本を前にして大きな脅威であった。

その脅威は、外資の上陸という脅威だけでなく、外資による日本企業の敵対的買収の脅威も強く意識されていた。それは、株主主権をむきだしにした外資が日本企業を乗っ取る、という図柄であった。その脅威に備えて、安定株主工作が多くの企業で広く行われるようになった。その結果、個人の持ち株比率は下がり、企業間の株式持ち合いが急速に広まり、法人株主が増えていった。企業がたがいに安定株主となったのである。つまり、経営者にとって、たがいにサイレントであるような株主関係が多くなったのである。それは、株主の発言をますます弱め、従業員主権を定着させるのに貢献した。

いわば、株主主権の外資の脅威という経済状況が、かえって従業員主権を定着させるのに好適な経済状況をつくりだしていたのである。

## 3　戦中の日本政府、戦後の進駐軍による経済改革――二つの制度基盤整備

### 戦時体制下の企業改革

従業員主権の考え方が戦後の混乱期に生まれ広まったのは、たんに経済状況がそれを強いたことだけが理由ではなかった。戦時中の軍主導の日本政府、戦後の進駐軍、という「二つの軍政」のもとでの経済改革、企業改革も、従業員主権の発生と定着の制度基盤をつくっていた。面白いもので、いわば日本軍とアメリカ軍が共同して日本企業の従業員主権の基盤をつくった格好になっている。

戦時体制のもとで、軍部主導の日本政府が戦争遂行のための資源動員対策として行った数々の制度改革の中に、いわば戦中からの遺産として戦後の従業員主権につながっていくものがかなりあった。

この点を最初に明らかにした岡崎（1993）がそのことについて詳しい。主な制度改革と私が考えるものを三つここであげておけば、産業報国会制度（一九三八年）、「経済新体制」構想（一九四〇年）、軍需会社法（一九四三年）、である。

内務省と厚生省によってつくられた産業報国会は、事業所ごとに設置された労使の懇談と福利厚生を主な役割とする組織である。労使関係の改善を意図してつくられたもので、この制度によって企業別労働組合の基礎がつくられたことになり、また従業員の経営に対する発言機会が制度化されたことになった。

企画院を中心母体とする経済新体制構想の一つの核心は全面的な企業改革で、戦争への資源動員のための価格統制のもとで企業が生産動機を維持できるように、利潤動機から企業を解放することを意図した。そのために、株主のコントロールから経営者をかなり自由にしようとしたのである。具体的例としては、配当制限が行われたり、役員賞与の制限が行われた。さらに、経営陣の内部化（つまり内部昇進者による株主代表経営陣との入れ替え）などが実際に起きた。

軍需会社法は、この法律によって指定された企業の経営について商法によって定められている株主権限を明示的に制限した。生産責任者とよばれる社長の任免を政府の許認可事項とし、社長は株主総会の決議を経ずして多くのことを決定できるとした。さらに、この法律の施行プロセスで、従業員に対して生産性向上への報奨制度をつくるなど、利潤を株主のインセンティブというより従業員のインセンティブとする制度が採用されたりした。

こうした一連の改革の基本的流れは、企業体の中での従業員と経営者の地位の向上であり、株主主権の制約である。そうした改革の背後で、新しい企業理念とでもいうべきものを当時の官僚たちが明瞭に持っていたことも明らかである。それは、「産業は、事業者従業員各自の職分によって結ばれた有機的組織体」と考え、「企業を資本、経営、労務の有機的一体」あるいは「人的結合体」として認識する考え方であった〔岡崎（1993）〕。そこでは、株主の存在が商法の規定よりはるかに弱められている。

こうした状況を知日派の外国の学者も注目し、この当時の日本の若い官僚たちが反資本主義的態度を持っていたこと、そして日本が学んだと思われるドイツの国家社会主義よりもさらに社会主義的なスタンスを持っていたこと、そうした指導理念のもとに戦時下の資源総動員が行われたこと、を指摘し、それが戦後の日本的な企業システムの成立まで理念的に残っていったという〔Dore, Lazonick, O'Sullivan

〔(1999)〕。そのドイツが労資共同決定体制の社会的市場経済へ、日本が従業員主権の人本主義企業システムへと戦後に動いていったのは、戦前からの遺産の継承という側面もあったといえそうである。

当時の日本の若い官僚たちが持っていた反株主主権の理念をあざやかに平たいことばで表現しているのが、岡崎（1993）に引用されている次のような内務省事務官の一九三八年の論文の一部である。まるで、二〇〇〇年の今、グローバル資本主義のもとでの株主重視経営のスローガンに食傷している人々の声のようなので、長いがここに引用しておこう。

「会社の株主は株の値が上がれば売って儲け、株が値下がりしさうになれば売って逃げ、自ら労することなくしてただ配当の多からんことのみを願って居るのが、大多数の株主心理である。その株主によって会社の幹部が左右され、経営方針が定まり会社の利潤がかき浚われるとすれば、株式会社制度には甚だしき欠陥がある。（中略）会社の成績を決定する点は製品の良否と価格の高低に在るのであるが、それは工場従業員の製品の改良、生産費減少への努力に負う処少なくないのであって、会社の利潤の高下に就ては会社に顔を出したこともない株主よりも、工場従業員は遥かに利害の深いものであり、責任も多いものである」〔鈴木（1938)〕。

## 進駐軍の戦後経済改革

こうした戦時下の企業改革の動きは、企業経営者の意図に反して行われたというより、彼らも理念的にはかなり賛成しながら実行されたという〔岡崎（1993)〕。

そうした戦争終了直前のさまざまな動きの果てに、日本は戦争に敗れ、進駐軍が巨大な経済改革に乗りだす。その改革の精神は、基本的に経済民主主義を実現しようとするものであった。それが、株主主権から従業員主権へと日本の企業の内実を変えるのに、大きく貢献した。

こうした歴史の流れを、歴史の皮肉というべきか、あるいは歴史の連続というべきか。民主的な企業システムとくに従業員主権の成立のための制度的基盤の整備を、戦時中の日本政府が下準備をし、進駐軍が本格的展開をした、とでもいえそうな歴史的経緯だったのである。

進駐軍の戦後日本の改革はじつに広範にわたるものだったが〔たとえば、正村（1985）が詳しい〕、その中でも企業の主権に深く関連するものとして二つの改革をあげておこう。財閥解体（とパージ）と労働組合の育成である。

三井、三菱、住友、安田の四大財閥に代表される日本の財閥あるいは持ち株関係で密接に結びついて大企業群の解体を進めることは、農地改革と並んで進駐軍の経済民主化政策の眼目であった。「独占力をもつ経済勢力を破砕して、日本の軍国主義再建を不可能にする」とする進駐軍総司令部（GHQ）の声明は、その政策目的を明瞭に述べている〔正村（1985）〕。

その政策目的は徹底して遂行された。財閥解体の実務は、二つあった。一つは、財閥本社のような持ち株会社を中心とする持ち株による支配機構の破壊である。もう一つは、財閥などの大企業の経営陣の追放（パージ）であった。株式所有と人的結合の両面から、「独占力をもつ経済勢力」を破砕しようとしたのである。

資本による支配の破砕は、一九四六年八月につくられた持株会社整理委員会の仕事だった。この委員会による財閥解体は、持ち株会社と同委員会が指定した会社の株式とその持ち株を強制的に譲り受け、それを処分する、というかたちで行われた。持ち株会社として指定され、「財閥解体」と一般に称される持ち株整理の対象になったのは、決していわゆる十大財閥のような典型的な企業集団ばかりではなかった。持ち株指定は五大財閥をまず指定した第一次指定（一九四六年）から最後の第四次（一九四七年）まで、六七社に及んだのである。そのうち、会社を解散したものが四二社にのぼった。存続した会社も、その持ち株を委員会へ譲渡することにより系列企業への資本支配力を奪われた。

財閥本社のような純然たる持ち株会社は解散させられたが、持ち株会社が持っていた事業会社や金融企業の株式は、いったん委員会の管理のもとにおかれ、いわば短期的には国有化されたことと同じことになった。その株式はさらに放出というかたちで民間に売却されていった。その際、個人株主を中心とする株式所有構造をつくろうとしたＧＨＱの証券民主化政策によって、財閥解体放出株の処分先優先順位は、当該企業の従業員、地域住民、一般公衆、という順位が定められたのである。ただし、こうした処分の際に、実際には安定株主をつくろうとするさまざまな動きが持株会社整理委員会も納得の上で存在したことも、明らかになっている〔宮島（1995）〕。

つまり、財閥解体という進駐軍の政策の中心は、株式所有の分散化、民主化だったのである。それは、持ち株による企業支配を破壊することに重点を置いたもの、所有の集中を排除しようとしたもの、と理解できる。その点で、土地所有の集中の排除を意図した農地改革とともに経済民主化政策の眼目だった〔玉城哲（1975）〕。それと同時に、従業員持ち株を最優先処分先にしたことにあらわれているように、従業員主権への理念的・制度的基盤を結果的に用意するものにもなっていた。

一方、財閥を中心とする大企業群の資本家・経営者の追放は、ＧＨＱの命令というかたちで行われた。一九四六年一二月にまず、財閥家族の五六人を事業上の責任ある地位から追放、四七年一月には大企業二四五社の重要な地位にあったもの約一五〇〇人が公職追放の指定を受けた。さらに、四八年一月の「財閥同族支配力排除法」によって、財閥企業約一六〇〇社の役員のうち約二二〇〇人がその職を追われた〔正村（1985)〕。

株式所有と経営者の両面からの財閥解体政策のインパクトは大きかった。株主の面からいえば、「資本家階級」が一夜にして日本からいなくなってしまった。その上、存続する企業の経営を任されたのは、昨日まで工場や事務所の現場で従業員たちと一緒に仕事をしていた、現場の部長や若い役員たちだったのである。

つまり、株主・資本家の存在が一気に希薄になり、経営者と労働者だけが企業の積極的当事者として残った。そして、その経営者は中堅幹部で現場に近いところで苦労をしていた人たち、いわば現場の仲間であった。労使協調と従業員主権的な考え方を生みだすための絶好の制度的基盤を、財閥解体政策はつくっていたのである。それが、通常の意味の財閥をはるかに超える広範な企業群で、しかも日本経済の根幹をなすような企業群で一気に起こったのである。

進駐軍のもう一つの大きな制度基盤整備は、労働組合の育成であった。

その動きは早かった。一九四五年一二月には労働組合法が制定され、日本で歴史上初めて労働組合結成の自由、団結の権利が公認された。進駐軍は、強力で健全な労働組合は平和と民主主義を守る有力な勢力になると期待したものと思われる。労働組合は急速に広まった。四六年一二月末には、全国で一万二二六組合、四九三万人が組織され、推定組織率は三九・五％にも達した。すさまじい勢いである。それらの組合は、基本的に企業別組合であった〔次のパラグラフの叙述も含め、正村（1985)〕。

その勢いのすさまじさと基本単位が企業別であるという事実の背景には、戦前の産業報国会が大きな影を落としていた。すでに上で述べたように、三八年につくられた産業報国会と制度では、事業所ごとに労職一体の組織をつくった。その経験は戦後に生かされ、産業報国会組織を母体として多くの労働組合が生まれた。そこでは、事業所ごとに事務・管理部門の職員と現場労働者の両方を包摂する単組が生まれ、単組が企業ごとに連合体をつくって企業別労働組合となり、それが産業別に連合する（単産）というかたちをとったのである。

こうした労働組合の急速な発展は、ある意味でオーバーランもし、労働者の権利の主張がさらに先鋭に政治化し、政治的色彩を持った労働争議を頻発させる原因にもなった。そうした争議が戦後の荒廃の中で起きたことが、経済的条件として労使協調から従業員主権への流れをつくる基礎の一つとなったことは、すでに右で述べた。労働組合の育成という基盤整備は、その意味でも従業員主権への流れをつくったのである。

行き過ぎた労働運動へのGHQと日本政府の一つの対応が、経営協議会の設置へのよびかけであった。早くも四六年、当時の労働組合の主要争議戦術となっていた生産管理闘争（生産管理を組合の支配下に置く闘争）に対する対応策として、GHQの指示のもとに日本政府は企業別に経営協議会を設けてそうした極端な労働者管理からの回復を求めた。「企業者は協議会に対して企業の全般的な計画や経理状況を報告説明し、人事の一般方針等も相談して、労働者側の正しい希望はこれをできるだけ企業経営の各方面にとり入れて行くべきである」としたのである〔岡崎（1993）〕。労働者自主管理にまで振れすぎていた振り子を、労使の協議へと振り戻そうとする動きである。

この制度にもまた、産業報国会の名残りが見られる。企業別の従業員経営参加の制度は、産業報国会時代からの遺産でもあったのである。それがまた、「一つの企業にまとまって」経営者と従業員が共にその企業の経営を考える制度となった。

こうして、労働組合の育成という進駐軍による制度整備は、二重三重の意味で、一つの企業としてのまとまりを持った従業員主権の実質化のための基盤整備となったのである。しかもそれが戦前の日本軍主導の産業報国会の制度の延長線上で実質化されていったのは、戦争を挟んで二つの軍政府の対応がたがいに呼応しているようで、そこが歴史の面白さである。

## 4　経済民主化への社会的エネルギー――時代の思潮

### 戦前の抑圧からの解放、世界的な思潮

進駐軍の経済民主化政策は、かなり広範囲に日本の国民に支持されたと思われる。だからこそ、財閥解体にしろ労働組合の育成にしろ、驚くような速さとスムーズさで戦後の日本社会に急速に受け入れられたのである。

そこには、経済民主化を支持し、それを推し進めようとする社会的エネルギーが存在したかの如くである。たしかに、戦前からの日本社会の経験と世界の思潮の流れの両方が、広い意味での経済民主化へのエネルギー源になっていたようである。

戦前の日本社会は、一般民衆からすれば抑圧された社会という側面も持っていた。その側面が、戦中の経験からより強く意識され、それが戦後になって平等への欲求のエネルギーとして爆発し、民主主義への願望が一気に強まったと思われる。

それをきわめて象徴的に示しているのが、海軍の戦闘機乗りとしてゼロ戦のエースと称された、坂井三郎のことばである。小池和男（1975）が「戦時経済の『遺産』」と題した論文の中で、坂井の著書『大空のエース』からじつに印象深く引いている。長くなるが、小池の文章を坂井からの引用も含めて、

すべて引用したい。小池は坂井の本を引用して、こう書く。

「『私たちパイロットたちは……上官たちを尊敬し、そして信じて全力で戦ったが、最後まで私が納得がいかないことが一つだけあった。それは海軍のなかにおける制度であり、われわれ下士官に対する待遇があまりにも差別が甚だしいことであった。……ろくに戦闘機の操縦もできないような若い士官たちが、何機何十機と敵機をたたき墜したベテランの兵士たちとは、比べものにならないような待遇の宿舎生活をしていることにがまんができなかった。……』

そして、かれはこの二段組七五〇ページの大著を、かれがラバウルの基地で後輩の下士官パイロットたちに語ったことばでしめくくるのである。『俺達は戦闘機パイロットだ。俺たち下士官も一人なら、士官もたった一人で操縦し戦うんだ。われわれにとって時は今なのだ。……日頃から押さえつけられてきた俺達が、絶対劣っていないということを見せてやるのはいまなんだ。実力だけがものをいうこのラバウルで、俺達の海軍における地位をひきあげるのだ。いまがその時なのだ。それが下士官操縦員の意地というものだ』と。

工場社会にひきなおせば、まさに労職格差への、そして一般社会にひきなおせば、社会階層差への、激しい憤りである。同じく一人で操縦する戦闘機乗りであるがゆえに、すなわち全く同一の仕事をし、しかも成果や機能が目にみえるものであるだけに、その怒りは強い。こうした怒りは、戦闘機乗りに限らず、広くみられるであろう。この怒りを見逃して、敗戦後の社会を論ずることはできまい」〔小池(1975)〕

小池は正しい。戦後の民主化へのエネルギーの大きさの背後には、こうした憤りと戦前からの抑圧から解放されたいという人々の切なる願いがあったと考えるべきであろう。それがなければ、敗戦後ただちに進駐軍の民主化政策を多くの国民がむしろ歓迎した事実は、理解しにくい。それが、敗戦国日本の時代の思潮であった。

それと同時に、世界的にも経済民主化への思潮があった。

戦勝国であるアメリカの進駐軍が、本国よりも徹底した経済民主化政策を日本でとろうとした背景には、たんに日本の軍国主義の復活を恐れるという占領政策があったばかりでなく、進駐軍のスタッフの間に広く反映されていた世界の思潮があったものと思われる。その世界の思潮は、進駐軍を動かしただけでなく、その政策を受け止める日本社会の言論と思想にも大きな影響を与えていた。

それは、社会主義思想の世界のインテリ層への浸透である。

第二次世界大戦の終了後、ソ連は中部ヨーロッパを中心に衛星国をつくり、その社会主義体制をつくっていった。西欧諸国でも社会主義の理念を少なくとも一部は入れようとした、しかし共産主義体制やソ連の体制から距離を置こうとする社会民主主義の政党も、大きな勢力となっていた。中国では共産党政府が誕生し、インドなどの第三世界にも社会主義の理念は浸透していった。

そうした時代の思潮の中で、資本主義国の中でも人々は社会主義の理念を取り入れた新しい修正資本主義のあり方を考え始めるようになっていた。後に述べるように、日本の経営者の団体である経済同友会に、日本における修正資本主義の議論の一つの中心となっていった。

社会主義国がじつは非民主的な政治体制をつくり上げていったその後の歴史を知っている二一世紀初頭のわれわれの目は、社会主義にもっと冷たいかも知れない。しかし、第二次世界大戦が終わった直後の世界では、社会主義の理念が善として受け入れられるような思潮があったのである。

企業家精神やイノベーションの議論で名高い経済学者シュンペーターが、その大著『資本主義・社会主義・民主主義』の中で、彼自身は全幅の信頼を置いてはいないにしても、社会主義が資本主義にとって変わることが歴史の不可避であると予言したのは、戦後間もない頃のことであった。彼ほどの経済学者ならずとも、多くのインテリたちが類似の予想をし、あるいは資本主義体制を守るべきだと考えていた人々も社会主義の理念をその中に生かすことを真剣に考えたのである。

こうして、戦後の日本の特殊な事情と戦後の世界全体の思潮とが、日本の時代の思潮をつくっていた。それは経済民主化の徹底を願う思潮であった。そうした思潮の中で、従業員主権の考え方はじつに自然に人々の頭と心に浸透していったのであろう。

従業員主権の考え方は、あくまでも広い意味での資本主義の枠の中の企業概念であり、市場経済や私有経済の枠の中での企業の主権の考え方である。それは、社会主義思想とは異なる。しかし、「働く人々を中心に考える」という意味では、理念の底で共鳴するものであったのである。

## 経済同友会の理念的な貢献

そうした共鳴は、経営者たちの中にもかなりの規模で存在した。その経営者たちの多くは、大正デモクラシーの薫陶を大学時代に受けた人々で、彼らが戦後のパージの後で若い世代の経営者として台頭してくるのである。

このような進歩的な経営者たちの集団としてもっとも活発に活動していた団体が、戦争直後に若い経営者たちの個人的団体として結成された経済同友会である。彼らの社会に向けてのあるいは経営者層に向けての主張が、経済民主化への時代の思潮を盛り上げるのに大きな理念的貢献をした。

菅山真次（1996）は、『戦後日本経済と経済同友会』と題する共著の本の第一章「経済復興と市場経済への移行」の出だしの節を企業民主化というトピックに充て、次のような文章で始めている。戦後日本の経済民主化に果たした経済同友会の役割がコンパクトにうまくまとめられているので、引用したい。

「一九四六（昭和二一）年四月三〇日、メーデーの前日に設立総会を開催した経済同友会は、その規約の中で自ら『進歩的』な経営者を標榜し、『経済人としての職能的立場から、日本経済の民主化並びにその平和的再建に寄与』することを目的として掲げた。こうした同友会のスタンスをもっともラディカルな形で体系化し、大きな反響を呼んだのが四七年九月に発表された『企業民主化試案』であることはよく知られている。〈資本と経営の分離〉論を理論的支柱として、修正資本主義の構想を大胆に打ち出したこの試案は、その妥協のない徹底した論理の追求のゆえに同友会内部からも強い批判にさらされ、同友会の公式の見解としては採用されず、結局経済民主化研究会の名で公表されるにとどまった。にもかかわらず、この提案が、進歩的な経営者団体としての経済同友会のイメージを定着させるうえで、果たした役割は決定的であった。それは、『思想形成のよりどころ』（山下静一）として同友会のその後の活動にも大きな影響を与え、〈企業の社会的責任〉論をはじめとする多くのユニークな提言の思想的源泉となった」〔菅山真次（1996）〕。

経済同友会結成から半年後の四六年一二月に早くも、総同盟、日本労働会議という労働組合全国団体と経済同友会との共催で経済復興会議結成準備大会が開かれ、経済同友会は経済民主化の経営者側の代表的な存在となる。この会議では、日本経済の民主化の徹底、経済施策の民主化ならびに強力なる推進、国民生活の安定確保と賃金制度の改革、などが基本方針として報告された。とくに、経済協議会による労使の協議および共同決定の必要が強調された〔正村（1985）〕。

こうした経済同友会の活動を象徴する経営者は、設立メンバーであり後に住友銀行頭取となる堀田庄三とともに第二代代表幹事を務めた大塚萬丈（日本特殊鋼管社長）であろう。彼が中心となってまとめた『企業民主化試案――修正資本主義の構想』は、現在の目から見ても革新的で、「経営者及び労働者もそれぞれ経営または労働という生産要素を提供しているという意味において、企業はこれを経・労・資三者の共有とする」〔経済同友会企業民主化委員会編（1947）〕という構想が基本にあった。その構想にもとづき、企業の最高議決機関を株主総会でなく企業総会とし、それは株主総会、労働者総会、経営者総会それぞれの代表者から構成されるという、法律論的な準備もなされている。

大塚は経済民主化とは産業の運営にすべての関係者を参画させることと定義し、そのためには企業の概念を上のように構成し直すべきだという結論に至るのである。彼は、企業でのすべての関係者の参画の原点を経営協議会に求める。そして、経営協議会の普及がなぜ遅れているかを問い、その原因が資本と経営の分離が不十分であり、経営者という職能の重要性と労働者の権利が十分に認められていないことであるという。

たとえば、次のような大塚の発言には、今でも共鳴する人が多いであろう。

「資本と経営を分離すべしといふことは、決して資本と経営を完全に遮断すべしといふことではないからである。資本家と雖も自らの資本を防衛することはこれを認められねばならないのであり、唯許し難いのは資本家が一方的意思によって、社会的生産の場たる企業を利潤追求の場たらしめることである」

さらに大塚は、資本主義企業の欠陥と社会主義の将来について、次のようにいう。「資本主義企業の本質的欠陥は労働が本原的生産要素であるにも拘わらず、資本のみが企業の所有者であり、従って生産の果実即ち企業利潤が資本家によって独占せられるという点に存する。これは何といっても資本主義の致命的缺陥であって、資本主義が社會主義の攻勢に押されて既に危殆に瀕しているのはむしろ當然といはなければならない。資本主義がこの缺陥を是正しない限り、社會主義の怒濤に呑まれてしまうのは最早時間の問題であり、……。しかし資本主義のアンチテーゼとしての社會主義には、資本主義の缺陥はないが、長所も亦失なはれている。社會主義を純粋な形で実現することが出来ず、必ず資本主義に近い線迄後退せざるを得ないのはこれ故である」

この発言は、修正資本主義の必要性の強い主張の原点であると同時に、この時代の時代思潮と社会主義の将来についての洞察として傾聴に値する。おそらくこうした洞察ゆえに、大塚の理念は広く共感を得たのであろう。

しかし、この試案は制度的には実施されなかった。具体的制度化への議論が広く行われた形跡すらない。資本の蓄積を重要と考える人々からすれば、労働者への配慮をしすぎなのである。しかも、政治化していた労働運動への警戒心が時代背景にあった。その中で、経営の安定性、独自性を守りたい経営者が、ここまでラディカルな修正資本主義の制度化に強い警戒心を持ったのも、また当然でもあったというべきであろう。

おそらく、こうした経済民主化の社会的エネルギーが従業員主権のような考え方を生むと同時に、時代の振り子は従業員の権利の過大な要求へと振れてしまったのかも知れない。それが、前述の生産管理闘争やさらにその後のドッジラインのもとでの厳しい日本経済の状況の中での頻発する労働争議へとつながっていく。

その争議の厳しさが、従業員と経営者に学習と反省を迫り、振り子を少し振り戻させ、過激な部分が落とされていく。その結果、理念としては労使協調、実質的には従業員主権的な経営、しかし資本の利益も一方で守る、という日本型コーポレートガバナンスの成立につながっていく。

しかし、振り子が戻った部分があるからといって、従業員主権の理念的な源流の一つが経済同友会を一つの核とする戦後の経済民主化の時代思潮にあったことは忘れられるべきでない。

## 5　共同体感覚と権力の正当性——社会通念との親和性

### 長い歴史の中の本卦がえり

以上に述べてきた三つの状況的条件（経済状況、制度基盤、時代思潮）は、いずれも第二次世界大戦とその敗北の遺産である。そうした状況的条件の結果として、従業員主権の考え方が日本社会の中にいわば自然発生的に生まれたとしても、それが高度成長期を経て日本の企業社会の中に定着していくためには、さらに二つの条件が必要だったと思われる。

その一つは、いうまでもなく、経済合理性である。すでに第3章で述べたように、従業員主権にはそれなりのきちんとした経済合理性がある。それは、高度成長期にはますます現実のものとなりやすい経済合理性であったであろう。

しかし経済合理性だけならば、株主主権もまた別な論理構造の合理性を持っている。それにもかかわらず、戦前のような株主主権の社会に回帰せずに従業員主権が定着していったのは、日本社会に伝統的にあった社会通念と従業員主権の考え方の間に親和性があったからだと思われる。つまり、日本社会の長い伝統を持った社会通念が、従業員主権の受容と定着の背後に存在していた。そうした伝統からすると、明治維新以降、第二次世界大戦までの日本社会は、その伝統から離れた部分、無理をした西欧化の部分があったのではないかと思われる。戦後の日本の企業社会は、戦前の株主主権といういわば無理をした状態から本卦がえりしたと理解できる部分もある。それが、「長い歴史の中で」ということの意味である。

本卦がえりは、少なくとも二つの意味であったようである。

一つは、「企業を所有する」ということがどのような意味を持つものと考えるか、という社会通念での本卦がえりである。第二の本卦がえりは、企業組織における権力の正当性、とくに経営者の権力の正当性についての本卦がえりである。企業組織の中で、誰がそのメンバーの命運を左右するような権力を持つことを、どのような理由によって正当化されるのか。

共に、株式という財産を所有することの意味、株式所有がもたらす権力の正当性、という二つの根本的な問題についての社会通念に関わっている。それは、企業の主権を誰が持つことが社会的に正当なのか、という議論につながり、さらには株式という財産（証券）を所有することが企業組織の中での権力をどのような理由で正当化できるのか、という問題につながる。

この二つの点で、私は戦後の日本社会が、「所有」がもたらす影響力の範囲を制限的に考え、経営権力の正当性を株式所有以外にも求める、という意味での本卦がえりをしたと考えている。それは、江戸時代以来の日本社会の通念の伝統により忠実な考え方に戻った、といっていいと思われる。

それを以下で説明するが、日本型コーポレートガバナンスの成立と定着を人々の「意識」（この章のことばでいえば、社会通念）との関わりで長い歴史の中で考えようとする見方は、経済史・経営史の専門家の間で根強い考え方である。私もまた、それに賛成したい。たとえば、宮本又郎は「総有システムと所有者主権の制限――三井の大元方」と題する論文で次のようにいう。

「今日の日本型ガバナンスの大きな特徴といわれる株主主権の制限や従業員主権の伸張といったことにかかわる諸制度は、所有権をどう考えるか、企業は誰のものかといった、いわば人々の『意識』と深くかかわるものであると思われ、『意識』と親和性をもたないかぎり、定着しえないのではないだろうか。江戸時代の商家以来、所有者と雇用経営者との関係、従業員を経営体のなかでどのように位置づけるかは、常に大きな経営問題であってきた」〔宮本（1998）〕。

## 共同体による「総有」

江戸時代の商家以来、事業や企業の所有について、近世西欧で生まれた所有権の考え方とは少し異なり、その企業に関わる共同体関係者による「総有」という概念で表現されるものがむしろ社会通念だった、というのが経済史・経営史の専門家たちの間では通説となっている〔武田（1999）〕。

その所有概念に近いものに、戦後に本卦がえりした。だから日本企業は企業という共同体の構成メンバーの「総有」という意識に親和的な慣行を生みだし、従業員主権がメイン、株主主権がサブ、と暗黙のうちに考えることに多くの人が違和感を抱かなかった。

「総有」とは、江戸時代の商家に源を発する日本の財閥の所有構造を研究する学者たちの間で通説となっている考え方である。この説の提唱者である安岡重明（1998）によれば、この概念はゲルマン社会の村落共同体の所有形態からヒントを得た概念である。

「ゲルマンの村落共同体は、村民がその個たる地位を失わずにそのまま全一体として結合した団体であり、実在的総合人だといわれる。そのため、村落共同体の所有物の管理権能は、村落そのものに帰属し、村落共同体を規律する社会規範によって規律され、収益権能だけが村落の各住民に分属した。総有における共同所有者の権利は、たんなる収益権であって、近代法における所有権ではない」〔安岡(1998)〕。

ここでいう近代法における所有権とは、収益権能と財産処分権能を併せ持った権能のことであるが、総有という概念では、収益権能はあるものの自由な財産処分権能を持たないという意味で、所有権の制限が行われている。そうした形態が江戸時代の大商家として長く続いた商家には普遍的であったと宮本(1998)はいい、その典型例が三井財閥のもととなった三井家の大元方制度とそこでの三井同苗九家の持分の権限だという(以下の歴史的事実は宮本による。ただし解釈は伊丹の責任で行われている)。

大元方とは、三井家の家産管理と事業統括の総本部のようなものである。その大元方の管理のもとにすべての事業財産が置かれ、その財産全体の持分を三井家の家憲では三井同苗(九家)の間で一定の比率で配分はしたものの、その持分の処分権は認めなかった。あくまで同苗が一致して事業を守ることが、「身上一致」という原則として決められていたのである。つまり、財産処分権能のない、しかし収益権能はある持分所有権という意味で、総有の概念に該当するのである。この原則は、戦後の三井財閥の解体まで維持された。

所有権の制限が共同体の総有という概念の一つのポイントだったとすれば、もう一つのポイントは共同体のメンバーを誰と考えるかという問題である。総有の参加者、といってもいい。ゲルマンの村落共同体の場合は、総有の参加者は村民というまぎれのないかたちで存在している。しかし、三井家の事業の場合、たしかに同苗の三井同族一門がその事業の共同体のメンバーであることには疑問はないが、事業を実際に切り盛りしている非同族の雇用経営者やその他の従業員は共同体メンバーになるのかどうか、という点では解釈の余地がある。そもそも大元方の経営には、三井同苗はほとんどタッチしていなかったのである。

共同体のメンバーシップの問題は、企業という共同体の場合は企業市民権を誰が持つのかという問題と同じである。三井家の歴史を考えれば、共同体は同族の家族構成員に限るという考え方もある。しかし、事業のコアとなる大元方などで働くコア従業員もまた共同体メンバーであるという考え方も十分ありうる。

三井家は長い歴史を持ってはいるが、明治維新の混乱を乗り切り三井財閥の基礎をつくったのは、明治維新期の改革の中心人物だった三野村利左衛門であった。彼は非同族の人間であったが、コア従業員もまた三井共同体のメンバーだと考えた。彼は、大元方の財産全体は同苗と使用人との「主従持合の身代」であると明確に表現し、三井家の事業の共同体のメンバーに使用人も入ると考えたのである。

それを具体的に示した象徴的な例が、江戸末期に三井組を改組して株式会社三井銀行を設立した際の資本金の拠出分担である。彼は、旧大元方から一〇〇万円、同苗から五〇万円、使用人から五〇万円を拠出すると定めた。そして、「三井銀行創立之大意」という設立趣意書で次のように書いている。

「今三井組ノ名ヲ廃シ、其業ヲ継キ更ニ私立三井銀行ト称シ、家長雇人の義ヲ絶チ改メテ共ニ社友トナリ、同心尽力シテ以テ各自ノ利益ヲ分チ永ク其ノ悦ヲ共ニセント欲ス、是此創立ノ大意ナリ」

丸善とならんで日本最初の株式会社といわれる三井銀行は、じつは従業員持ち株比率が四分の一となる株式会社だったのである。いや、そもそも大元方自体が「主従持合」であると考える三野村の論理を徹底すれば、従業員の出資比率は二分の一というべきかも知れない。その上、家長も雇人も、「家長雇人の義ヲ絶チ改メテ共ニ社友トナリ」と、等しく共同体の一員となることが高らかに宣言されている。

三野村の考えは、同苗に限定した総有という江戸時代の考え方からは逸脱するものだったが、事業の実態には合っていた。そこで彼は、江戸時代からの家法を変更して、実態に家法を合わせる改革を行ったのである。従業員主権が会社法の条文に合わないといって現実を変えて法律に合わせようとする議論の多い現代からすれば、合理的な実態に家法を合わすべく改革するという異例の行動に見えるであろうか。

三野村のこの改革は、同苗の抵抗に遭う。彼らの権益が侵されるからである。そのため、三野村の死後、大元方の財産は「三井一族の共有物」と書き改められ、三井銀行の同苗出資金が一〇〇万円に増額された。株主の権利の侵害に反対する現代の株主に似ている。

三野村が行った他の多くの改革は成功したが、この同苗の取り扱いについては結局は永続性を持てなかった。その理由はわかりやすい。しかしわれわれが深く考えるべきは、なぜ三野村の試みが失敗したかではなく、なぜ三野村がこうした試みを発想し、そしてなぜいったんは受け入れられたのか、である。

その答えの少なくとも一部は、共同体の総有という感覚の中での共同体メンバーとして、当時の人々の多くがとくに使用人たちが、使用人の中核もメンバーなのだという意識を持っていたことであろう。だからこそ、三野村の発想は奇想天外なものではなく、利害が異なる同苗は抵抗してもそれ以外の多くの人が受け入れたのであろう。

ここでゼロ戦のエース坂井の言葉を思い出す。使用人としての三野村の心情もまた、下士官としての坂井の意識と似たものではなかったのか。その心情が、明治維新という時期をとらえての主従関係改革へと彼を走らせたのではないか。坂井の心情が社会通念として戦後の日本で広く共有されていたと思われるのと同様に、江戸末期の人々の間にも三野村の思いは社会通念としてかなり共有されていたのであろう。

働く人々こそ事業の核、事業は人なり、と今でもよくいう。同じように、この時代の人々も考えていたのであろう。江戸末期の商人哲学者である石田梅岩の哲学にもその考えはうかがえる。それは、従業員主権と親和性の高い社会通念である。それが、日本社会には永く生きてきていると思われる。

## 権力の正当性

企業組織の経営とは、その組織が所有する物的財産を自由に左右することばかりでなく、その組織の中で働く人々の運命を左右するような決定をしばしば行うことである。つまり、組織に所属するモノとヒトの運命を左右することにつながるのである。その意味で、経営とは大きな権力を持つことに等しくなる面がある。

その権力は何によって正当化されるのか。なぜ、人々は、経営者という特定の人間集団が企業のモノとヒトの運命を左右する権力を持つことを許すのか。

問題の本質は、一国の政治の世界での権力の正当性の問題と同じである。一国の政治は、その国の中のモノとヒトの運命を左右することを決めることがしばしばある。戦争を起こすことがそのもっとも激しい例である。その権力を為政者という一部の人間集団が持つことがなぜ正当化できるのか。

中世の王権神授説では、王権を神から授かったから王に権力があるとする。民主国家の権力の正当性は、為政者が民衆によって選ばれているから権力があると正当化する。ソ連などの共産主義国家では、民主集中制と称して、「プロレタリア階級の勝利のために」その階級の代表者たる共産党が集中的に権力を持つことが正当化された（ただし、多くの人は信じなかったであろうが）。

企業組織での従業員主権の権力の正当性は、民主国家の例と同じでわかりやすい。コア従業員が企業共同体のメンバーであるとすれば、企業への貢献とコミットメントをしている彼らが、権力の基盤となる。経営者は彼らに選ばれあるいは付託を受けている場合に、経営権力を正当化できる。

株主主権の権力の正当性を説明するには、株式持分という財産権を持っていることが権力を正当化するという論理をつくらなければならない。会社法の規定で株主主権と決まっているから、という答えは正当化の理由にはまだなっていない。さらに一段踏み込んで、なぜ会社法の規定そのものが正当化できるのか、が問われなければならない。それはことばを変えれば、財産の所有権が「経営権力の正当性」の源泉になりうるか、という問題である。

株主主権の考えがもっとも強いと思われるアングロサクソンの祖国であるイギリスには、財産の所有権が権力につながると考えやすい社会通念が七〇〇年以上の昔から存在してきたようである。それがアメリカにも伝わった。だから、アングロサクソンは株主主権を簡単に受け入れられる。社会通念との親和性が高いからである。

それは、土地という、財産のもっとも根幹的なものの所有権と政治権力とのつながり方での社会通念である。水谷三公は、近世イギリスでは土地所有が政治権力構造と密着していたこと、そして江戸時代以来の日本では土地所有が政治権力とは結びついていなかったことを、雄弁に語っている。そして、それを象徴するようなことわざがイギリスにはあるという〔水谷（1992）〕。曰く、

「土地の所有者は政権の所有者なり」

つまり、イギリスには土地所有という財産所有が政治権力の源泉にストレートにつながる社会的伝統があったのである。土地を株式に、政治を企業に置き換えてみれば、株主主権の考え方との親和性が高い社会通念になりやすいことが理解できる。

「株式の所有者は企業権力の所有者なり」

水谷によれば、ヨーロッパとくにイギリスでは、貴族支配階級の土地の集中所有が中世末期から顕著になっていた。明治維新よりも後の一九世紀末ですら、わずか一六八八家族でイギリス国土の四一・二％を所有していた。そして、これら少数の家族のさらに中心部分だけが貴族院入りし、土地と権勢は密接不可分で、現代ですら経済的に成功した人々は田舎に土地を求めカントリーハウスを持つことを名誉と考えている。

水谷はさらにこう書いている。

「土地の所有は政治秩序の維持や形態を決める基本的要素で、……権力財とでも呼べるような性格を濃厚に帯びていました。……

江戸時代の日本では、土地を所有したのは農民や町人で、これら『所有階級』は少なくとも公式には権力から切れていました。他方、武士は土地所有から切り離され、藩や幕府という公的権力組織に帰属することによって、権力や権威を保証されるという仕組みをとってきました」〔水谷（1992）〕

封建制を水谷のいうように、

「ある社会を公的に支配する集団や階層の権力基盤が、主に土地の所有や直接的な支配にある状態」

と定義すれば、一九世紀末のイギリスはまだ封建制であり、江戸日本はすでに封建制を脱却していたことになる。財産所有が権力の源泉になる状況から、日本は早く抜け出ていたのである。

財産の所有が権力につながるという意識が濃厚にある社会では、土地以外の財産でもその財産に付随するモノやヒトへの権力をその財産の所有者が持つという常識が生まれるのは不思議ではない。土地のみならず株式についても、所有権を持つことが主権を持つことにつながる、という常識がこうして生まれ、それが株主主権の正当性に常識的バックアップを与えたのだと思われる。

### 「株式封建制」から抜け出た従業員主権

水谷の封建制の定義で、土地を株式、社会を企業と置き換えて読んでみれば、まさに株主主権の定義がストレートに出てくる。

「ある企業を公的に支配する集団や階層の権力基盤が、主に株式の所有や直接的な支配にある状態」

その意味では、株主主権は「株式封建制」というべきなのかも知れない。

それとは逆に、江戸時代以来、財産の所有権者（つまり株主）が財産の所有そのものだけで経営権力の正当性を主張するには不十分である、と考えさせるような伝統的通念が日本社会にあったと思われる。そうした社会通念があったからこそ、総有のような財産の所有権者の所有権を実質的に制限してしまう考え方に対して人々が大きな違和感を感じなかったのであろうし、働くことの貢献から経営権力への参加の資格が得られるという三野村のような考え方も自然に出てきたのであろう。

所有ではなく帰属、財産ではなく貢献とコミットメントの大きさ、それらが江戸時代以来の日本社会での権力の正当性の源泉だったのである。それは、従業員主権の考え方と親和的な社会通念であった。

そこへ、戦後の日本企業社会は本卦がえりした。

そして、本卦がえりしたということは、ちょうど日本社会全体がじつは封建制からイギリスよりもはるかに早く抜け出ていたという理解が可能なように、企業の権力についても日本は「株式封建制」からアングロサクソンよりもはるかに早く抜け出ていた、と表現できることかも知れない。

それは、じつは日本だけではなかった可能性が十分ある。ドイツもまた、そうではなかったのか。

財産所有の共同体的考え方の一つの歴史的例として上でゲルマン社会の例を引いたが、こうした所有の意味するところ、その権力的な色彩について、日本とドイツは共通性が多いと思われる。そのドイツで、第8章で詳しく説明するような「労資共同決定」というコーポレートガバナンスのあり方が戦後生まれたことは、権力の正当性の社会的親和性の意義深さをわれわれに考えさせる。その上、ドイツが日本と同じように戦争中には国家社会主義体制をつくろうとした国、そして戦争に敗れて瓦礫の国土を引き継ぎながら奇跡的な経済成長を遂げた国であったことも、歴史的状況のパラレルを感じさせる。

おそらく、日本社会とドイツ社会は、従業員主権的な考え方が芽生え、定着するための四つの状況的条件（経済状況、制度基盤、時代思潮、社会通念）がかなり類似していた二つの国だったのである。

もちろん、従業員主権的な考え方の具体的な実現の仕方においては、日本とドイツは大きく異なった。それについては、第8章でより詳しく論じることになる。

# 第6章　従業員主権の機能不全

## 1　二重がさねと三つの機能不全

### 企業の三つの機能不全

私は前章まで、日本型コーポレートガバナンスの根幹にあると思われる従業員主権の経済合理性を主張し、その制度的有効性の検討もし、さらになぜ従業員主権が戦後の日本社会で生まれ定着してきたかを論じてきた。総じて、従業員主権のよさと日本への適合性を主張する議論であった。

しかし、従業員主権は万能ではない。従業員主権ゆえに、企業がさまざまな機能不全を経験することも当然ありうる。そしてそれが日本企業に実際、許しがたい規模で起きていると思われる。その機能不全の大きさゆえに、日本型コーポレートガバナンスの改革の必要性が生まれている。次章からより具体的に論じることになるが、人本主義と従業員主権の大枠を守りつつ、いくつもの改革が必要とされている。第1章の概念的枠組みに即していえば、従業員主権にマッチしたメカニズム論が必要で、その議論を経てのメカニズムの改革が必要なのである。

企業のさまざまな機能不全の原因は複雑である。従業員主権にだけ責任があるわけではない。ちょうど人間の病気が複雑な理由の連鎖で起きるようなものである。しかし、ある種の病気群が「生活習慣病」とよばれて生活習慣にその本質的な原因があるといわれるように、企業の機能不全の中にも従業員主権にその本質的原因の少なくとも一部があるようなものがある。コーポレートガバナンスの機能不全である。それは、システムの暴走、パフォーマンスの低下、国際的接点での摩擦。この三つの局面での企業の機能不全である。

システムの暴走とは、企業システムのどこかの部分がブレーキやチェックがかからずに暴走してしまうことである。

とくにバブルの時代の日本企業には、さまざまな暴走が起きた。過激な時代にはつきものだといってもいいだろう。しかし、異常な時代にあらわれるのは、二度とくり返されることのないような異常な現象だけではない。正常な時代にもじつは潜在的にあった本質的な問題点が、つい誇張されたかたちで顔を見せることがある。異常者の心理の研究がじつは正常人の危うい心理バランスに光を当てるように、異常な時代の暴走の分析もまた社会の本質をかいま見るいい材料になるものである。

バブルの時代の日本企業の行動を振り返ると、とくに二つの暴走が本質的な問題をなげかけていると思われる。それは、決してバブル期だけに特有な暴走ではなく、いつでも起きがちな暴走である。

一つは、利益至上主義の暴走。なぜ、銀行までも巻き込んで、利益至上的な行動が多くの企業で起きたのか。第二には、経営者の暴走とそれへのチェックの無力さ。つまり経営者の「独裁」といってもいい。バブルの時代に起きた多くの事件が、この二つの暴走へのチェック機構を日本の企業が十分には持っていなかったことを物語っている。

結論めいたことをあらかじめいってしまえば、この暴走はコーポレートガバナンスがきちんと機能していないから起きた暴走だと思われる。さらにいえば、企業の主権の問題が、「株式会社制度のもとの従業員主権」とでも表現すべき複雑な構造を持っている日本企業なのに、それが曖昧であったりうやむやに済まされているために、企業という経済体としての本性、企業という組織体としての本性が暴走を始める。

企業の経済体としての本性とは、営利を求めること。企業の組織体としての本性は、権限のヒエラルキーによってその内部活動が統治されていること、である。ところが、その営利が暴走し、ヒエラルキーが暴走する。営利の暴走が利益至上主義であり、ヒエラルキーの暴走が経営者の独裁である。この二つの暴走を、システムの暴走として第2節で詳しく論じる。

この章でとくにとりあげるべき企業の機能不全の第二は、パフォーマンスの低下である。とくに、資本効率の低下と企業変革への動きの鈍さという二つのパフォーマンス低下が厳しく指摘されるべきだろう。

日本企業の資本効率が悪くなっていることは、あちこちで指摘されている。私自身も『経営の未来を見誤るな』〔伊丹（2000）〕の中で、データとともにそれを詳しく論じている。資本効率悪化の具体的姿はそちらの本を見ていただくとして、結論だけをいえば、八〇年代の初頭からほぼ一貫して日本企業の資本効率は下がり続けている。バブル期のムダな投資のせいで資本効率が下がったのではなく、すでに八〇年代に入る頃から資本効率は下がってきていた。そうした資本効率の低い投資を大量に行ってしまったためにバブルが起きた、とすらいえそうである。

企業変革への動きの鈍さは、九〇年代の長い不況の間に日本企業はそれほどめざましい変革を行わずにきた姿を指摘すれば、十分におわかりいただけるであろう。事業構造の変革、それに伴う新規事業の拡大と既存事業のリストラ、産業の再編、新規企業の創業、とさまざまな企業変革の側面で、日本企業の最近の動きは鈍い。高度成長期の日本企業の変化の速さと比べると、これが同じ国かと思うような動きの鈍さである。

従業員主権という考え方がそうした動きの鈍さの原因の一部に、なってしまっていたと思われる。変革の決断を遅らせる、空白化させる、という悪影響が従業員主権という考え方から派生してしまったのである。二つのパフォーマンスの低下と従業員主権の関係を論じるのが、第3節の役割である。

第三の機能不全は、国際的接点での摩擦である。

日本の企業システムが国際的に他国の企業システムと接点を持つことが多くなると、企業の主権についての建て前（株主主権）と現実（従業員主権）との乖離あるいは曖昧さゆえに国際的な接点のつくり方がむずかしくなる。そのむずかしいところで、混乱ゆえに接点をいいかげんにつくりかねない。そのために、将来の摩擦の種を自ら播いていることになりかねない。あるいは摩擦が顕在化してしまう。

たとえば、株主主権的な要求が強い国際資本市場あるいは外国の資本市場で、日本企業はどのようなスタンスで株主への対応をすればいいのか。多くの日本企業のトップが今おっとり刀でIR（Investor Relations）のために海外の投資家やアナリストへの説明に世界を飛び回っている。その時、従業員主権でやれるのか。

あるいは、事業展開上の必要から否応なしに多国籍化してしまってあちこちの国に子会社を持つとき、そこでの企業主権をどう整理して経営すべきか。その国の資本市場との付き合い方、その国の労働市場での現地従業員への対応の仕方は、どうすればいいのか。

いずれの例も、日本国内の従業員主権経営で育まれた経営の考え方や慣行を、国際的な場でどのように修正したり維持したりすればいいのか、という問題である。

そこで、国際的な接点から従業員主権との摩擦が生まれかねない。とくにアングロサクソンの世界で常識的な株主主権の考え方とのズレから生まれる摩擦である。

株主主権にしたがわざるを得ない、と考えるのはたやすい。しかし、そうしたとたんに国内でのこれまでの経営のスタイルを大きく変えざるを得なくなる可能性が高い。それが本当にいいのか。しかし、だからといって、内と外とのズレを放置すれば、摩擦が起きる可能性が高いのである。だから多くの経営者が頭を悩ませることになる。

国際的接点からの二つの摩擦については、第4節で詳しく扱う。

### 二重がさねが本質的原因

こうした三つの機能不全が従業員主権にどのような意味で起因する部分があるのか。

その本質的原因は、従業員主権の原理の実行がいくつかの意味で「二重がさね」を必要としていることである。二重がさねゆえに三つの機能不全がつい起きてしまう危険が生まれている。

「二重がさね」とは、従業員主権を根幹とする人本主義企業システムが本来的に持っている特徴として、すでに第2章で指摘したものである。人本主義システムとは、カネのネットワークを中心的編成原理にする市場経済のシステムに、ヒトのネットワークの原理を二重がさねしたもの、といえる。その二重がさねこそが人本主義の合理性の源泉だったのだが、それは同時に意図せざるマイナスの効果をもたらした。それは副作用とでもいうべきものであった。それが現在の日本企業の問題の一つの原因になっており、とくに従業員主権に関連した二重がさねのデメリットが、ここでいう三つの機能不全の背景にある。

従業員主権についてのヒトとカネの原理の二重がさねとは、株式会社制度というカネの結合体としての性格を定めた法制度のもとで従業員主権というヒトの原理を実行しようとするところから生まれる二重がさねである。そもそもは、株式会社制度が企業制度としてカネの原理しか考えていないという「欠陥」を持っているために、その欠陥を補うために従業員主権の原理を注入したと思われるのだが、しかし、従業員主権企業といえども市場経済の中の株式会社制度の持つカネの原理を守る必要がある。だから、二重がさねにならざるを得ない。

そこには、法制度が要求するからというだけの理由を超えた本質的な理由がある。企業が、本来的にカネの結合体でもありヒトの結合体でもあるという二重性をそもそも持っていることである。だから、「二重がさね」はじつはどこの国の企業でも必然となる。

しかし、二重がさねのやり方にはいくつかのバリエーションがありうるだろう。そのバリエーションの中で、日本企業の二重がさねのやり方は、法律的な表面では法制度のかたちを守った上で、ヒトの原理をかなり直接的にしかし密やかに実質的なかたちで株式会社に注入した、という格好になっている(ドイツ企業は、カネの原理とヒトの原理を法的にも並列的にした共同決定法をつくるというバリエーションを選択した。これはまた、日本とは違う意味で直截的である。詳しくは、第8章)。

ではなぜ、二重がさねが機能不全につながるのか。その説明はそれぞれの機能不全ごとに節を設けて詳しく論じていくが、あらかじめその理由をまとめておくと、次の三つの理由になる。

第一の理由は、二重がさねゆえに曖昧さが生まれることである。建て前と本音の使い分けのようなことがつい起きがちで、そのために曖昧さが生まれる。曖昧さゆえにマイナス効果が生まれてもシャープな議論をしにくくなる。原因を特定しにくくなる。だから機能不全が生まれ、さらに放置されがちになる。

第二の理由は、二重がさねゆえに、従業員主権の原理を株式会社制度のもとで実現するにはかなりの具体的手段の工夫が必要となることである。その手段が、副作用として意図せざるマイナス効果を持ってしまう。

第三の理由は、二重がさねゆえに、従業員主権の原理が企業関係者のうちのコア従業員以外の人を幾分かないがしろにする傾向が生まれることである。二重がさねとして上のせされている従業員主権の原理がやや主張をしすぎる、と表現してもいい。たとえば、株主をついついないがしろにしがちになる。あるいは、コア従業員以外の従業員（ノンコアとよぼう。たとえば、パートやアルバイト）をないがしろにしがちな傾向が生まれる。働く人々の間に二重構造が生まれる危険があり、その二重構造がマイナス効果を持つ可能性がある。

## 2　システムの暴走

### 企業の本性

営利を目的ないし基準として資源の変換・交換活動を行うのが、企業の経済体としての存在意義の原点である。しかし、そうした本性があるということと、企業としての営利がどこまでも一人歩きしていいということとは、同じではない。それでは、資本の自己増殖という誰も望まない現象が起きる。「誰のための利益か」という問いが、ブレーキの役割をするはずなのに、そこが曖昧に放置されている。

企業組織は、その内部でのさまざまな意思決定を統治するために権限のヒエラルキーを用いる。それが、企業組織という調整メカニズムが、市場という価格による取引調整メカニズムと本質的にちがう点である。しかし、そうした権限のメカニズムを内包しているということと、その権限がチェックを受けずに行使されていい、ヒエラルキーは絶対である、ということとは同じではない。それでは、そもそもなぜ権限が上位者に与えられているか、という本質にもとることになる。「誰のための権限の仕組みか」という問いが、ヒエラルキーの行き過ぎへのブレーキとなるはずである。

営利もヒエラルキーも、企業の本性である。その本性が暴走してしまった。それがシステムの暴走の本質である。

暴走の原因は、一つには個人からの（それが株主であれ、従業員であれ）ブレーキやチェックが効きにくくなってしまっているからである。つまり、二重がさねゆえに企業が誰のものかが曖昧となり、ブレーキがかかりにくい状況にある。企業という組織体の暴走を止めるのは、究極的には個人の力のなんらかの集結なのだが、その集結以前に、誰が集結すべきかがはっきりしていない。

第二の暴走の原因は、株主主権を決めたかに見える会社法制度のもとで従業員主権という本音を実行しようとすることから生まれる副作用である。副作用の一つは、株主の主権を実質的に制限しようとするさまざまな手段（たとえば株式持ち合いによる株主のサイレント化、取締役会メンバーの内部化）が暴走をチェックするために法的に準備されたメカニズムを空洞化していることである。さらに、もう一つの副作用として、法制度の建て前上、後ろめたさが生まれ、チェックするはずの個人の対応も、中途半端になってしまうことであろうか。つまり、空洞化と後ろめたさが、二重がさね実行のための具体的手段の工夫ゆえに生まれてしまうのである。

## 営利の暴走

企業は、売り上げと支出の差額によってその経済的な存在意義を最終的に計測している経済体である。利益が出ないということは、その企業の製品が市場で十分には認められていないか、あるいは製品には意味があっても、それを提供するためのコストがかかりすぎているか、どちらかである。どちらにしても、企業は自分の事業活動の内容を変えなければ社会から存在を許されない、というシグナルとして利益は機能する。そうであれば、企業が利益を目指すことには本来なんの問題もないはずである。

しかし、利益至上主義といわれて企業の内外から非難の対象になるような状況が生まれるということは、利益をあげようとするプロセスで、長期的に合理的でない行動がとられているか（短期的な利益をあげるために）、あるいは社会的に許されない行動（たとえば、不法行為、非倫理的行動）がとられているか、どちらかである。

そうした行動は、売り上げを増やすためにも、あるいは費用を減らすためにも、とられることがありうる。長期的非合理の典型例は、現在の利益をあげるために研究開発投資を削ること。社会的に許されないケースのやや微妙な例は、外国の市場でシェアを大きくとるなど売り上げを伸ばし、現地社会の非難を買うことである。サービス残業によって人々が疲弊することなどは、長期的に合理的でもないし、社会的にも許される話ではない。

では、なぜ日本企業が利益至上になりがちになるのか。

一つには歴史的な問題があるであろう。戦後四十数年、日本はやはり貧しかった。生きるために、企業が存続し成長するために、収益の安定的確保がたしかに必要だった時代が長く続いた。その時代からのいわば歴史的習性が、ある程度豊かになった日本企業にまだ残っている。経営者の頭の中に残像としてまだ残り、その残像が現実の理解をゆがめ、そのゆがみが収益至上的行動をいまだにとらせている、といえようか。

第二の理由は、企業の経済成果の分配のルールがはっきりしていないことである。つまり、利益が誰のためのものかが日本企業でははっきりしていないため、その「誰か」からのブレーキがかからず、営利という企業の一つの本質がむきだしになり、歯止めがかからなくなる。それゆえ利益至上で暴走してしまう傾向を持つ。

企業の利益は、企業が分配できる「富の大きさ」を示すと同時に、企業の競争力などのパフォーマンスの指標でもある。

富としての利益という側面を考えると、それを大きくすることに人々が狂奔し、利益至上主義が生まれるのが当然のように思われるかも知れない。しかし、大きな富は無条件にいいのだろうか。いやそうではなく、その富が誰のものか帰属がはっきりしていれば、収益至上の暴走はかえって起きにくいと思われる。

第一、富の消費には限界がある(限界効用逓減が通常の人間である)のだし、自分の富ならば、それが現在暴走して将来の富の大きさを損なうような危険への警告も発するだろう。いずれにしても、富の帰属者が長期的な視点を持つ限り、ブレーキがかかる。

それは、利益が従業員が優先的に分配を受けるべきものという風に帰属がはっきりしている場合には当然起きるだろう。自分たちのものなら、現在懸命に利益をあげるために努力することと、その努力のエネルギーと時間を自分たちの人生の他の面に向けることと、その兼ね合いを自分たち自身で考えることができる。むやみな利益至上にはつながりにくい。

富の拡大への暴走に対するブレーキは、利益が誰のものかがはっきりしていればその帰属者以外からもかかることがある。自分のものでない利益が自分たちの犠牲の上であげられているのなら、反対行動を起こすというブレーキ役になるからである。

たとえば、富の帰属者が株主で、従業員はその分配にはあずからない、たんに経営者との交渉での賃金をもらうだけ、という状況を考えてみよう。かりに株主が富の拡大を望んでも、その富が自分たちのものでないことがはっきりしている従業員は、その拡大に協力するだろうか。自分たちの将来の所得確保に必要と思えば協力するだろうし、そうでなければ協力しないだろう。あるいは、賃金交渉を厳しく行ってより大きな取り分を獲得しようとするであろう。

そうした傾向があれば、利益を大きくするような経済行動をとろうとして従業員に努力を強いても、かえって賃金に吸い上げられてしまうだけだからそんな行動をとっても仕方がない、ということになる。つまり、対立的構図が、従業員が富としての利益の帰属者でないからこそ、生まれてくる可能性もある。その対立が、利益至上への拡大にブレーキをかける。

いずれにしても、富としての利益の場合、それが誰のものかはっきりしていれば、暴走は起きにくい。

しかし、パフォーマンス指標としての利益には、こうしたブレーキがかかりにくい。パフォーマンス指標は誰かが消費するものではないから限界効用逓減の法則も効かない。パフォーマンスを向上させることに意義を見いだす人にとっては際限のないものになる。一〇〇メートル競走の記録争いのようなものである。そこに一〇秒の壁があるから、それを目指す、というようなことになりやすい。日本のような競争社会では、利益がパフォーマンス指標として意味を持つことになりやすい。

しかも、企業全体としての利益指標が企業間パフォーマンス競争での意味を持つだけでなく、利益は企業内の部や課のパフォーマンス指標としても使いうる。企業が営利組織であるという基本からも、出てきやすい傾向である。それが人々の利益志向をますます助長することになる。組織の管理として決して悪いばかりのことではないが、ブレーキをきちんと持たないと、暴走する危険がある。

## 組織のために……

こうして、経済体としての企業、組織体としての企業で、企業が誰のものかはっきりしない場合には利益至上の暴走がただでさえ起きやすいのだが、建て前でははっきりせずにしかし暗黙のうちには企業が働く人々のものという了解がある、という状況では、さらに二重の意味で利益至上にブレーキがかかりにくい。

一つは、誰のものかはっきりしない部分からくるもので、利益が富の指標としての意義を少なくし、パフォーマンス指標としての意義を相対的に大きく持つように転化しやすい。第二に、そうした転化に対して、利益はじつは皆のものという曖昧な了解があるだけに、組織内で反対が起きにくい。

ある高利益企業で、これほど儲かっているのになぜトップの利益志向がまだ強いか、考えさせられたことがある。内部のミドルがいうのには、「うちの社長は、ようするに儲けるのが好きなんだ」。なぜ好きか、という答えは、歴史的なハングリー精神やパフォーマンス指標に転化してしまった利益に対して「自分の成績を世に示したい」というドライブがかかる、という説明が可能だろう。スコアカードである。

では、なぜ「社長が好きな利益」のあげすぎに社内から反発が強く出ないのか。反対ができにくいからである。第一に組織内の権力構造がそうさせる。やはり社長の権力はその気になれば絶大である。さらに、「利益は皆の将来のために備えて今あげておくのだ」と社長がいえば、企業は自分たちのものと曖昧にせよ多くの人が暗黙に思っている状況では、この建て前に逆らうような反対意見は出しにくい。

つまり、従業員主権の原理を持ちながらそれをはっきりとはさせてこなかったことが、利益至上主義の暴走を生んでいる。株主主権がはっきりしていれば、企業の中の人々はかえってそれに対抗して自分たちの権利を主張するために利益至上へ反対できる。株主との対立が企業内部にブレーキを生んでくれる。逆に、従業員主権がはっきりしていれば、自分たちの大切ななにものかを犠牲にしてまで収益を「つくる」ことへのブレーキが内部で生まれやすい。あるいは、給料というかたちで従業員への分配をもっとしようという動きも生まれやすい。いずれにしても、企業としての会計上の利益を大きくしすぎることへのブレーキが企業内部から生まれやすいのである。

もちろん、従業員主権でありかつそれが明確でないことだけが利益志向暴走の原因ではない。過度なまでの競争社会とか、トップの器量といった原因もかけ合わさっている。しかし、企業は誰のものかがはっきりしていないことが、企業の営利目的の暴走を招き、それを組織全体の管理に多用するという組織のヒエラルキーの暴走を加速する、一つの根本原因になっているようである。

## 経営者の暴走

経営者の暴走といっても、経営者が一人でなんでも決めている、というほどの強い意味ではない。経営者へのチェック機構がきわめて不十分にしか機能しないような状況で実質的な独裁が可能になっている、あるいは望ましくない経営者を交代させるメカニズムが機能していない、というほどの意味である。暴走は、前への暴走ばかりではない。後ろへの暴走もある。無能で何もしない経営者も、何もしないという暴走をしているのである。そういう例も含めて、経営者のチェックあるいは交代のメカニズムが機能しにくいのが、日本企業の現実であろう。

多くの企業で、日本企業のトップの実質的選任者は社長である。新しい社長の選任は先代の社長が行うのが通例である。つまり、社長はトップ人事の独裁者になる。これは、企業内の権力構造として、きわめて強い構造である。しかも、社長自身をチェックする機構が実質的にほとんどない。したがって、一種の独裁者になる。あるいは、より正確には独裁者になってしまっている、というべきかも知れない。独裁者になりたい気持ちが強いわけでもなく、独裁者としての権力をほしいままにというほどの自由度もないかも知れない。しかし、不完全ではあっても独裁者的になりうる立場に置かれているのもまた確かである。

もちろん、社長は取締役会で選任されるという株式会社の制度がある。そして、取締役の選任は、株主総会で承認されなければならない。建て前の制度でいえば、経営者の選任とチェックの役割は株主が持っている。しかし、それがほとんど機能していないことは周知の事実である。

もちろん、退きゆく社長が次の社長を決める際には、当然、社内の世論に注意を払う。まったく無制約に人事の独裁権があるのではない。しかし、曖昧ではある。それゆえにトップ自身の意向に反しての自らの退陣や自らが望まない後継者の選出は、きわめて難しくなる。ときにそれが起きると、一種の内部クーデターのようなかたちをとる。そうしたケースが最近報道され始めている。こうした報道が最近目立つのは、それだけトップへの不満が企業内部で高まっていることを示唆しているのであろう。報道されるケースは氷山の一角にちがいない。

なぜ経営者へのチェック機能が効かず、一種の経営者の独裁が可能になるような状況になってしまうのか。理由の本質的な一部は、従業員主権の原理が、制度的な裏づけを持たないままに実質的に実行されてきたことの副作用に求められると思われる。

株式会社制度のもとで従業員主権の経営を行うためには、サイレントな株主を多くし、また株主の声をサイレントにする必要すら生まれる。株式の持ち合い、株主総会の形骸化、取締役の従業員からの登用、など日本の企業が株式会社の仕組みを骨抜きにしていると非難される点の多くは、そうした経営側の試みであった。その試みゆえに、形式的にはきちんと存在する株主による経営者のチェックメカニズムが、機能しなくなっている。

もちろん、こうした試みが利己的な経営者支配をねらったものならば、さまざまなかたちでの抗議行動が企業の中からもっと強く生まれるのだろう。しかし、企業の従業員たちもこうした株主のサイレント化をむしろあたり前と思っているフシがある。そうした措置が従業員主権を実行するためという暗黙の了解がかなり従業員にも共有されていたからであろう。

ということは、その了解を破って経営者支配だけをごり押ししようとすれば、従業員主権の主張がさまざまなかたちをとって表面化することがありうる、ということにもなるはずである。実際、その表面化した例が、上に述べたような、最近多い内部クーデターである。それは、従業員主権の了解を破ったことへの従業員主権のパワーの表現と解することができる。株主主権のパワーの表現でトップが本人の意思に反して交代したケースは、日本では、とくに大企業では、ほとんどない。

しかし、そうしたクーデターは例外的で、多くの企業ではそこまでバネが効かないままに、従業員主権の副作用として、形式的には唯一の経営者のチェックメカニズムである株主のチェックをも機能不全にしてしまったのである。問題が副作用であるだけに、解決がよけいにむずかしい。単純に株主主権に戻せばすべて解決、という風にならないからである。

しかし、内部クーデターのようなトップの解任の報道も最近多くなってきた。そのようなケースで労働組合が大きな役割を担っている場合が多いことは、注目に値する。社長に退陣勧告をする労働組合、社長への信任投票を行う労働組合。あるいは、労働組合ばかりでなく、役員会の有志が社長の不信任を決意し、取締役会で突然解任されるトップも出てきた。いずれのケースも、社内の従業員（役員にせよ、労働組合にせよ）の抗議行動によってトップが交代させられている。決して社外の株主からの圧力ゆえではない。

さらに、両方のケースに共通する重要な点は、法制度的に建て前として抗議行動のとれるようなかたちを多少は無理をしながらも利用していることである。労働組合の建て前、取締役会の建て前である。それは、制度的なバックアップの存在の重要性を示唆し、さらに「もっと無理のない」社内の従業員の抗議行動のメカニズムの制度化の必要性を示唆している。

## ヒエラルキーの自己完結と暴走

経営者の独裁は、ヒエラルキーの暴走ともいえる。トップは企業のメンバーとくに上級管理者の人事を左右できる影響力を持つ。そのこと自体はおかしなことではない。ヒエラルキーというものの本質、組織の本性がそうした権限の階層のメカニズムにあるのだから。そのトップに対して、企業の内部からは制度的な牽制のメカニズムがはっきりとはない。つまり、組織の構成員は、自分たちがトップに対して牽制や任免の制度的なメカニズムを持たないばかりか、自分たちへの牽制と任免の影響力をトップに逆に持たれてしまっている。

そういう状況の中で、企業組織というヒエラルキーへの外部からのチェック機能が機能不全に陥り、しかも内部からのチェックの機能も十分でなく、さらにトップは内部からの昇進が原則となっている。その時、そのヒエラルキーの自己完結性がかなり完成したといっていい。権力をゆるがすものは、あまりないのである。もちろん、利益という外部市場と直結したパフォーマンス指標がある以上、そのパフォーマンスが明瞭になることによって、経営者への間接的な牽制作用は機能する。業績が長期にわたって低迷すれば、経営者としては長くその地位にとどまりにくいであろう。株式市場もまた、そうした指標にもとづいた経営者の成績評価を毎日やっているようなものである。しかし、そうした評価メカニズムも、間接的なものにすぎない。

こうした自己完結的でかつ内部からの告発・チェックもほとんどない仕組みになってしまうと、いかに民主的な運営、組織の総意を反映したトップ人事を心がけようとも、ヒエラルキーは暴走の火種を持ってしまう。つねに暴走するとはいわないが、大きな火種であることは確かである。その危険は、民主国家の政体で国のトップが選挙民の人事への影響力を持ったときにどうなるか、を考えてみればよくわかる。そうした民主政が僭主を生みだしがちなのと、日本企業の事情はよく似ている。僭主すなわちタイラントである。すべては、ヒエラルキーが自己完結的になることの帰結である。権力は腐敗し、自己完結的なヒエラルキーは暴走する。そうした危険があるものだという常識を持って、社会の仕組みはつくられる必要がある。

こうした火種は、これまでの日本企業では思いのほか爆発してこなかった、とむしろいうべきかもしれない。企業内の声に耳を傾けるトップの常識、あるいは企業ＯＢの影響力、トップの徳と人格、そうした自浄作用に頼ることのできたおかげだったのだろう。しかし、人格的な自浄作用だけに頼るのでは、仕組みとして、システムとして、やはり心許ない。

その暴走は、企業が誰のものかはっきりしていないこと、その原因となっている二重がさねから起きてしまっている。

すべてがはっきりしないままに、副作用と隙間の拡大が始まる。ヒエラルキーの本性の一つである権力構造が、自己運動を始める。必然的にすべての企業がなるとはいわないし、思えない。しかし、かなり蓋然性の高い命題であろう。

## 3　パフォーマンスの低下

### 資本効率の低下

前節で私は、営利の暴走をいった。それは別なことばでいえば、利益が富として、資本として蓄積されることを目指す欲求が、従業員集団にも内在化されてしまう、ということである。従業員主権が株式会社制度の中でつくられることによって、従業員が主体的に企業活動へ参加するようになると同時に、資本の自己増殖という「資本そのもの」の拡大欲求が、たんに資本家としての株主の欲求であるのにとどまらず、従業員集団の欲求として内在化されてしまう可能性がある。その結果、現場の従業員に至るまで、あたかも資本家の如くに「企業全体の利益」を自己目的として収益至上主義に走る、などという現象が出現しかねない。それが、営利の暴走であった。

しかしこの節では、私は資本効率の悪化というパフォーマンスの低下を従業員主権の機能不全としてあげている。なぜ、営利の暴走と資本効率の悪さが同居するのだろうか。営利が暴走するのなら、利益が拡大し、その結果資本の蓄積のペースは高まり、資本効率は改善してもよさそうではないか。たしかに、そうした現象が日本企業に広範に見られた時期もある。少なくとも営利の暴走はともかく、利益を大切にする考え方を従業員集団が持ち、それと同時に資本効率は上昇するという現象である。それは、高度成長期からオイルショック後の七〇年代にかけて見られた現象であったと思われる〔この時期の資本効率と投資と雇用のバランスのよさについては、伊丹（2000）を参照〕。

営利の暴走と資本効率の悪化の同居が典型的に見られたのは、八〇年代以降の日本企業である。とくにバブル期にはそれがはなはだしかったと思われる。

同居の一つの理由は、暴走そのものにある。暴走だから、長期的な利益にはつながらないような非合理な行動も増える。第二の理由は、利益の絶対額の成長や売上利益率を考えることが関心の中心となって、それだけの利益をあげるのにどのくらいの資本が必要なのか、という使用資本との関連での利益の大きさ（つまり資本利益率）はあまり考えないという経営体質である。資本効率を軽視した投資が増えるのである。この経営体質の背後に、従業員主権が影を落としている。

一方で従業員主権の経済合理性ゆえに、事業は成功しやすくなるという側面がある。その結果、暴走でなくても利益はかなりあげられ、したがって企業にカネはたまる。そのたまったカネの使い方、資本の再配分が、資本効率の軽視も手伝って下手なのである。

そこには、二つのメカニズムが従業員主権との関連で働いてしまっていたと思われる。

一つは、株主主権をサブに置くという経営のスタンスゆえに、いわば株主をないがしろにした部分が増えた。たしかに配当で株主で報いるということをおろそかにしたのではないかも知れないが、資本の側からの資本効率のチェックのメカニズムをサイレント化してしまったことによって、結果的に株主をないがしろにした部分が大きくなったのである。これは、資本効率の低さの容認につながった。

第二に、そもそも過大な投資要求が生まれやすいメカニズムを従業員主権が内包していることである。より正確にいえば、従業員主権がオーバーランすると、過大な投資要求が企業内に生まれてくる可能性が高い。

つまり、従業員主権が雇用確保のための投資などを過大に要求し、従業員主権が株主をないがしろにして資本効率の低さを容認してしまう。その危険が本質的にあり、実際日本企業では程度の差こそあれあちこちの企業でこの危険が顕在化したと思われる。

## 過大な投資要求

とくに大切なのは、そもそも過大と思われるような投資要求が組織内から生まれやすいメカニズムが二つも、ともに従業員主権がからんで存在していることである。

一つは、仕事の場の維持のための投資への要求というメカニズム。第二は、主権者たる従業員の数を大きくしたくないために、業務の拡大を資本設備の増強で対応しようとするメカニズム。共に、過大な投資要求につながる傾向を持つ。

まず第一に、会社は働いている自分たちのものという考えが強いと、二つの種類の仕事の場の維持投資がどうしても増えるだろう。維持投資メカニズム、とよぼう。

一つは、再投入投資である。企業の中で利益を稼いだ事業分野が、そのカネを自分たちの将来のために再投入してくれと要求して行われる投資のことである。「利益は自分たちが稼いだ。自分たちに使わせろ」と既存事業を維持するための投資を要求する声が大きくなるのである。「誰がそのカネを稼いだのだ」とすごまれるとなかなか迫力があるし、再投入がかなり期待できると思わなければ、そもそも利益を大きくしようというインセンティブが個々の事業を担当する部門で小さくなってしまう危険もある。だから、再投入投資が戦略的合理性の限界を超えて行われる傾向が強くなる。

第二の仕事の場の維持のための投資要求は、既存事業が成熟あるいは衰退に向かうことがはっきりしてくると生まれてくる、雇用維持のための多角化投資への要求である。あるいは、組織の現場からそういう要求が表面化する前に、経営者自身が雇用維持を考えて新規事業の開発に熱心になる。

それはそれで、必ずしも悪ではない。そうした投資がもたらす雇用の安定という期待があればこそ、人々が技能の蓄積や仕事への努力の投入をしようという動機をより強く持つ、というプラスの側面があるからである。

しかし、この二つの投資は、単純な資本の効率の観点からは必ずしも肯定されないかも知れない。そうした投資が過大になれば、人々のやる気というプラスの面を超えて、結局は長期的に資本の効率を悪くする。従業員主権は、資本の再配分がむずかしい原理なのである。

過大投資の第二のメカニズムは、人を増やすより資本設備でなんとか対応しようとする傾向がついつい強くなるというメカニズムである。そのために、資本投資への要求がつい強くなる。設備偏重メカニズム、とよぼう。

従業員主権という考え方が強いと、主権者たる従業員の雇用は守りたいし、彼らへの人件費支払いも優先したい。しかし、そうした支払い優先の考え方は人件費を硬直化させることに結果としてつながってしまう。それゆえに、従業員数を増やすことへの警戒が強くなる。そうした思いがあるだけに、業務が拡大していくときに、あるいはコストダウンをしようとするときに、従業員数を増やすあるいは人手に頼るという手段は、考えにくくなる。だから資本設備の増強、自動化の拡大、などで対応しようとするのである。

それは、再び、必ずしも悪ではない。長期的にはたしかに人件費負担のことを考えなければならないからである。いざというときでも雇用を安定させられるように人を増やさないようにするのもわかる。しかし、一方でやはり資本の効率の限度を超えて資本設備に頼る危険、過大投資への危険をはらんでいる。

たしかに、日本企業の過去のデータを見てみると、資本の使用量を増やすことを優先させることによって、業務の合理化と成長に対処してきた姿が見てとれる〔伊丹（2000）〕。つまり、資本の効率の悪化を一方で許容しながら、人の効率、人件費支払いの原資の確保はきちんとやってきたのが、日本企業の姿である。しかし、企業というものを長期的に維持していくためには従業員が必要なだけでなく資本投入も必要である以上、長期的な資本効率の悪化は許されない。

維持投資メカニズムにしろ設備偏重投資メカニズムにしろ、プラスの面もあるが投資額とのバランスでマイナスが勝ることもあるのである。その結果、過大投資要求が生まれてくる。それは、従業員主権のオーバーランとでも表現すべき現象であろう。

そうした現象と資本効率のチェック機構の空洞化が重なりあって、資本効率の低下という機能不全が現実化してしまった。従業員主権が落としている影の濃さは明らかで、改革のむずかしさがよくわかる。

### 変革の遅さ

先に営利の暴走をいった。それがなぜ、変革の遅さと同居をするのか。

日本企業の変革の遅さの原因としてもっともよく指摘されるのは、雇用の維持のための配慮からさまざまな構造改革をしにくい、時間がかかる、という理由である。たしかに、もっともな理由である。そして、雇用の維持への高い関心を生んでいるのが従業員主権であろうから、従業員主権が企業変革を遅らせているという論理もわからないではない。

しかし、営利の暴走が起きがちなはずの日本企業で、営利の暴走と変革の遅さがなぜ同居するのか。問題の本質は、資本効率の低下と営利の暴走の同居の不思議と似ている。利益至上主義なら、変革を早める方がその主義に適っているのではないのか。

たしかにそうではある。しかし、従業員集団という一方で安定と秩序を好む集団が利益動機をも内在したとき、安定と変革の二つの軸のジレンマを内在化してしまったがゆえに、じつはかえって動きが鈍くなる、というメカニズムがあるようである。つまり、日本企業の従業員自身の置かれた立場ゆえのジレンマが「ハング状態」を生み、それが変革を遅くしている。

株式会社という資本主義的企業の中での従業員主権を実行することによって、従業員集団にまで資本の自己増殖の衝動が伝染する可能性はすでに指摘した。シュンペーターの言を借りるまでもなく、資本主義のエンジンは創造的破壊であり、そしてその破壊をさせる原動力はイノベーションであり、資本への衝動である。その点から考えると、逆説的ながら、日本は資本主義ゆえにもっとも創造的破壊の精神が民衆に広まっている国、と考えることもできる。なぜなら、従業員主権は資本への衝動を広く従業員に内在化させ、その上、分散シェアリングはイノベーションの源泉としての知識集積を幅広い従業員層に蓄積させているからである。

つまり、構造改革への動機と知識の両方が、働く人々の多くに広まっているはずの国なのである。たしかに事実の一面はそうであろうが、それだけではなくコインの裏側もある。それは、民衆は、そしてヒトのネットワークは、既存の社会秩序の安定を好む、ということである。職場内と職場外と両方で、既成の秩序に対して保守的な傾向を持つのが人々の常である。つまり、多くの働く人々に改革への動機と知識は一応あっても、その同じ人々が破壊への抵抗をもっとも強く示すのである。したがって問題は、資本への衝動の浸透と既存秩序への愛着と、どちらが勝つのか、ということに帰着するのであろう。しかも、一応豊かになった日本では、資本への衝動の説得力は、戦後の高度成長期のようにはもはや強くない。

資本への衝動と既存秩序への愛着というジレンマは、社会全体として見ればどこの国の社会にも存在する。しかし、ジレンマのありようは社会によって異なる。アメリカでは、このジレンマは社会の中の異なった集団の間の対立緊張関係となってあらわれることが多いであろう。つまり、資本への衝動を代表する株主集団と既存の社会秩序への愛着を示す労働者集団との対立である。日本の特徴は、このジレンマが従業員集団（マネジメントもその一部に含まれる）に内在化されていることである。つまり「二重がさね」ゆえにこの従業員集団が、資本への衝動も既存秩序への愛着も、共に持っている。ジレンマが一つの集団の中に内在化されてしまっているのである。この状況は、アメリカのように異なった集団間の対立関係としてジレンマがあらわれる場合よりも、厄介かもしれない。

厄介な理由は、それが一種のハング状態を生む危険があるからである。ハング状態とは、パソコンが凍結して動かなくなる状態になぞらえた表現である。「異なる原理の衝突」が生まれ、その衝突状態が容易に解決できるものではないために、人々の間に「思考停止」状態が生まれる。つまり、資本への衝動と既存秩序への愛着の間で、従業員集団自身が自ら決めかねている、という「決断の空白化」があるのである。こうしたジレンマの内在化ゆえの遅さ、悩みゆえに動きがとれない、という理由で変革への遅れが生じることは十分ありそうだ。

それに加えて、従業員主権がつくりだす一種の「雇用の二重構造」が、企業へのしがみつき現象をもひき起こしている。それが、変革を遅らせるもう一つの要因になっている。つまり、悩んでいるヒトが、同時に企業にしがみつきたくなってしまうのである。

雇用の二重構造とは、コア従業員とノンコア従業員の間に、さまざまな待遇や将来展望のちがいがあることである。コア従業員の方が、コミットメントも要求されるが、見返りも多い。それが二重構造を生む。

二重構造は、コア従業員になっている人々にとっては都合がいいが、ノンコアの人々にはしばしば冷たい結果をもたらす。とすれば、ある企業でコア従業員になっている人にしてみると、その企業になるべくしがみついていたいという動機が生まれることは十分考えられる。なぜなら、その企業ではコアになっているが、いったん別な企業に移ることになったら、その新しい企業でコア従業員としてただちに受け入れられる可能性はそれほど大きくないからである。少なくとも暫定的にせよ、ノンコアの扱いを甘受するしかないのである。となれば、コアにしがみついた方が得、と考えるのもまったく無理はない。コアにしがみつくとは、結局その企業にしがみつくことになる。だから、コアから外れる可能性の大きいような変革には、抵抗が強くなるのである。その抵抗が変革を遅らせる。

## 4　国際的な接点からの摩擦

### 二つの市場摩擦

「国際」とは、異なった国をまたがる、という意味のことばである。その接点で日本企業にとって摩擦が起きるとは、日本国内と外国の状況との間にあるちがいゆえに、摩擦が起きるということである。通常、企業にとっての国際環境で国によって異なるもっとも大切な二つの要因は、政治と市場である。そのちがいが、企業に摩擦をもたらす。

政治が異なるとは、それぞれの国ごとにその国の主権政府によるその国の国民のための政治があり、その志向や利害が日本国内での政治の志向や利害とちがうということである。そのため企業は、複数の政治にまたがっての国際経営、つまり複数の国民的利害の間のバランスをとりながらの国際経営を行う必要が出てくる。日米の貿易摩擦という政治問題に悩みながら、日本でもアメリカでも生産も販売も行う日本企業は、そうした複数の政治のバランスをとっている典型例である。

市場が異なるとは、二つの国の資本市場、労働市場、製品市場などの構造や市場慣行が異なる、ということである。そうしたちがいのある複数の市場に対し、企業はそれぞれに対応せねばならない。それもまた、国際経営の宿命である。

従業員主権が国際的な接点で機能不全を起こしているのは、政治がそれほど問題なのではなく、市場のちがいが摩擦をもたらしている主な原因と思われる。素朴に考えても、日本の市場環境の中で育まれた従業員主権という企業主権の概念の経営をしている日本企業にとって、外国の市場、あるいは国際的に広がりを持った市場との接点で摩擦が起きることは、十分に想定される。

端的な例でいえば、日本の株式市場の常識とアメリカの株式市場の常識のちがいゆえに、従業員主権の考え方がアメリカでは受け入れられにくく、そのためにアメリカ人株主、アメリカの機関投資家が日本企業の経営のあり方に厳しい注文、ときには見当ちがいな注文をつける、といった具合である。そうした事態は、グローバル資本主義の進展とともにより頻繁に起きるようになっている。

あるいは、再びアメリカとの例でいえば、労働の流動性の高いアメリカ労働市場の中で人を雇用して事業活動を行おうとする日本企業にとって、日本の労働市場で自然に長期的雇用を前提として従業員主権という実態をつくり上げてきた雇用慣行をそのまま実行するのは、かなりむずかしい。日本での慣行は、アメリカの労働市場の環境にはそれほどぴったりしない部分も多いのである。

労働市場の場合は、外国の労働市場での労働者が日本の労働市場に流れ込んでくるケースはまれである。国際的な労働市場というのも大きくない。言語や国籍の問題があり、ヒトはそれだけ生まれ育った土地に縛られているのである。だから、労働市場での国際摩擦は現地での摩擦にほぼ限られる。

だが、カネは国境を越えて動ける。たとえば株式市場では、アメリカの株式市場で投資をしている投資家が日本の株式市場に流れ込んでくるのはごくふつうである。国際的な資本移動が自由になり、そしてＩＴ革命のおかげで革命的に移動スピードが速くなったからである。カネが流れ込むということは、そのカネを持ち込んだ投資家の「常識」もまた日本の株式市場に持ち込まれる、ということを意味する。

そこで起きる摩擦のパターンは、基本的に外国の株式市場で日本企業が経験する摩擦と同じことであろう。たとえば、株主主権が常識のアメリカの株式市場で日本企業が資金調達をしようとすると、経営の内容やあり方が理解されない。あるいは、株主を不当に軽視していると非難されたりする。従業員主権という主権概念を暗黙のうちにせよ持っているために起きる摩擦である。

それと同じようなことが、日本国内の株式市場でも起きうる。現に起き始めている。国内市場に流れ込んだ外国のカネが持ち込んだ常識と日本企業の従業員主権との摩擦である。つまり、資本市場との接点での日本企業にとっての摩擦は、外国市場でも国内市場でも発生しうる。国内でも「国際」摩擦が起きうるのである。それが、労働市場とちがうところである。

こうして、資本市場（とくに株式市場）と労働市場のそれぞれに国際的な差異があるために、日本企業の従業員主権が機能不全を起こし始めている。その機能不全とは、株主主権的な株式市場と従業員主権との摩擦、流動性の高い労働市場と従業員主権との摩擦、という二つの市場摩擦である。日本企業の国際的な発展ゆえの、不可避の市場摩擦である。

この二つの市場摩擦は、国際的な接点でまず顕在化しているのだが、じつは「国際」という次元を超えて、国内の市場の時間的変容によって起きうる従業員主権の機能不全（対市場の）の先がけになっている面がある。むしろ、それが問題の本質のように思われる。国際的にちがうとは、「地理的な場所によるちがい」ということである。それと類似のちがいが、日本国内の資本市場や労働市場で、過去の市場と未来の市場という「時点によるちがい」によって未来の日本市場でかなり発生する可能性があるからである。

そうした「国際を超えて」の議論はこの節の最後に行うが、まず二つの国際的市場摩擦がどのように企業の市場との接点で起きているのか、その摩擦がどのような意味で従業員主権の機能不全といえるのか、それを考えてみよう。

第2節のシステムの暴走は、企業の内部の「経営行動の機能不全」であった。第3節で扱ったパフォーマンスの低下は、企業の業績・効率という「結果における機能不全」であった。この節で扱う「国際摩擦」の本質は、「市場との接点の機能不全」である。

## 株主主権的株式市場との摩擦

従業員主権の企業が株主主権的株式市場と起こす摩擦は、基本的に従業員主権ゆえに株主の権利が軽視されていると理解されがちになることから生まれる企業への圧力あるいは脅威がもたらすものである。それは、株主主権をサブとし、従業員主権をメインとするという従業員主権企業のスタンスからすれば、ともすれば致し方のない面もある。

しかし、株主主権がサブであっても株主の権利を軽視していないことは十分ありうる。好業績の従業員主権企業の場合、その業績というパイの大きさが従業員主権的経営によるものと正しく理解され、そしてそこから株主への分配が十分に行われていれば、株主の権利はじつは軽視されていることにはならない。

しかし、そういう場合でも、株主の権利が守られていないという思いは生まれがちであろうし、従業員主権ゆえの機能不全（前節までに述べてきたような機能不全）が大きくなってしまった企業に対しては、株式市場からの要求はとくに厳しいことも容易に想像できる。そうした企業が、摩擦を起こす。株式市場は、株主たちの株式の売買の場なのである。

株式市場との摩擦は、低株価というかたちであらわれるのがもっとも株式市場としては直接的な表現であろう。株主の権利を軽視していると理解される企業の株価は、客観的な業績指標がまったく同じでしかし株主の権利を重んじていると理解される企業の株価よりも低くなってしまう可能性は高い。株価は市場での一種の人気投票の結果だからである。

低株価（つまり「経営者が考えるよりは」不当に低い株価）は、いくつかの面で企業としての機能不全につながる。

第一は、資金調達での機能不全である。典型的には、低株価は増資による資金調達可能額を小さくする、あるいはときには不可能にする、という機能不全である。株式市場での資金調達に頼ろうとする企業にとっては、明らかに機能不全である。あるいは、低株価が市場一般の評価の表現と理解されて、企業の格付けが影響を受け、格付け低下による資金調達コストの上昇があれば、それも機能不全になる。

低株価ゆえの第二の機能不全は、企業の支配権維持での機能不全である。つまり、低株価が企業買収の危機を招き、従業員主権にせよ誰の主権にせよ、現行の企業体の構成者たちの主権あるいは支配権そのものが脅かされる危険である。

低株価ゆえの第三の機能不全は、低株価が経営者に圧力となって、実際には資金調達の障害も買収の危機もないにもかかわらず、化粧的な株主重視経営をさせることによって経営のゆれやぶれあるいはムダな行動をもたらすという機能不全である。この機能不全は、株価が実際の資金取引の指標になるという意味を超えて、経営者のスコアカードとして機能してしまうことによってひき起こされている。スコアカードを気にして、つまり世評を気にして、企業の長期的将来にとっては望ましくない経営行動がとられる、ということである。

こうした機能不全が低株価から生まれうるということを経営者が理解しているからこそ、株価を重視するような経営を経営者がとり始めると、じつはそれが最大の機能不全をもたらすことになりかねない。企業の長期的将来を考えての経営行動というより、株価を考えての経営行動がとられることによる長期的マイナス、という機能不全である。株価が企業の長期的将来を正確に見通したものであればこの機能不全はないことになるが、投機的市場の側面が強い株式市場での株価がそうした客観的正確性がないことは、バブル期の日本の株価、あるいはインターネットバブルでのベンチャー企業の株価を見れば、一目瞭然であろう。

この機能不全は、経営者の低株価予想がもたらす機能不全という点で、スコアカード的機能不全と本質は同じである。本来は、増資による資金調達の必要の小さい企業が、グローバル資本市場における資金調達ができないという理由を掲げて株価を気にする。株主構成からして買収の危険がきわめて小さい企業が、株価が低いことは危険と称して筋ちがいの努力をしようとする。そのために機能不全が起きる。

最近の日本企業での株主重視主義の急激な高まり（少なくとも経営者の公式の場での発言での高まり）を見ていると、一体どれほどの企業が本当にグローバル資本市場での増資による資金調達を必要とし、一体どれほどの企業が企業買収の深刻な危機にさらされているのか、不思議に思える。株式市場が主な資金調達の場として機能している事実は、日本のみならず世界的にもじつは常識に反して少ないし〔たとえば、O'Sullivan（2000）〕、企業買収が敵対的に起きた例は日本ではほとんどないからである。

従業員主権の機能不全があるとすれば、なかばイリュージョンが生みだす機能不全、スコアカードを気にしすぎる機能不全がじつは多いのではないか。そのイリュージョンが生みだされ、スコアカードへの懸念が生まれる一つの理由は、株式会社は株主主権という制度的建て前があるからであろう。どこかその制度の建て前に人々は逆らえないと思っているのである。

しかし、ここで述べた株式市場との摩擦による機能不全は、あくまで株式市場の動きとの間の摩擦であって、株式会社制度との間の摩擦ではないことは銘記すべきである。株式市場との摩擦と株式会社制度との摩擦。この区別は微妙だが、じつはきわめて大切な区別である。次章でも詳しく述べるが、株式会社制度は柔軟なかなり中立的な制度である。あくまで資金の提供者の間での権利関係として主権が誰にあるかを量的に定めるための、有効な制度である。この柔軟な制度を、従業員主権企業といえども、あるいはだからこそ、十分に利用した方がいい。その上で、株式市場との間の不必要な摩擦は避けた方がいい。

株式会社制度のもとでつくられた企業で、株式市場での上場をしている企業はじつは割合として少ない。株式会社制度と従業員主権企業との間にはきちんとした整合性をとる必要はあるが、株式市場での株価の動きと従業員主権の間の非整合性は、それとはちがう問題であることを理解する必要がある。

株主主権的株式市場以外の株式市場がありうるのか、という疑問が生じるかも知れない。しかし、それはありうる。戦後の日本の株式市場が、じつはその一つの例であったと私は思う。ドイツの株式市場もその例といえるかも知れない。

株式市場は企業利益の分配権の売買市場であり、しかし時として企業統治の支配権の売買市場としても機能しうる。利益分配権の売買市場としてだけ機能している株式市場ならば、株主主権的である必要はない。それは、たんに金融資産の売買市場である。株主の利益分配権が損なわれていない限り、人々はその分配権の売買だけで満足するはずである。実際、圧倒的に多くの投資家は、企業の支配権の売買をしているのではなく、利益分配権の売買をしているはずである。ただし、敵対的企業買収のための株式の売買のような企業支配権をめぐっての売買が起きるときには、その株式市場は株主主権的であらざるを得ないであろう。アメリカの株式市場はそうした市場として機能している面がかなりある。

おそらく、上で述べたイリュージョンは、現実には利益分配権市場として機能している株式市場を、企業支配権市場の色彩が濃いと錯覚するところから生まれるものなのかも知れない。そのイリュージョンは、アメリカの株式市場の常識を日本の株式市場に持ち込んだところから生まれ始めた、その意味では国際的接点での摩擦であるようだ。

## 流動的労働市場との摩擦

流動的労働市場で従業員主権的経営を試みる企業にとって、機能不全は二つの段階で発生しうる。

第一段階は、流動的な労働市場で従業員主権的な経営ゆえに発生した人事慣行を実行しようとして起きる摩擦である。長期的にコミットすることをある意味で暗黙の前提としているコア従業員として処遇するための人事のあり方や労働慣行が、流動的労働市場とはフィットしないからである。

そのために、コア従業員つまり従業員主権企業の市民権者になってもいいと考える人が少ないような国で、どうやって従業員主権の経営をするのか、という摩擦が出る。そこで、その労働市場にあった従業員主権の原理の現実化を考える必要が出てくる。つまり、

制度・慣行＝原理×環境

という方程式（拙著『経営の未来を見誤るな』を参照）にしたがって、日本の労働市場とはちがう外国の環境で従業員主権の原理を実行するための新しい制度・慣行の考案が必要なのである。

しかし、この方程式を考えずに、日本流の慣行を押しつけようとする企業、あるいはそう意識せずにただ漫然と日本流をやってしまう企業は、やはり反発を買うであろう。それが第一段階の摩擦である。そのために企業として機能不全を起こしてしまうのは、働く人々の反発が大きいのであれば当然である。

しかし他方で、「郷にいれば郷に従え」と流動的な労働市場の制度・慣行をそのまま受け入れてしま

うと、株主主権経営をしてしまうことになりかねない。たとえば、簡単にヒトを解雇し、ストックオプションをふんだんに利用する人事・報酬制度である。

現地企業の経営だけを考えるなら、それでもいいかも知れない。しかし、海外現地での事業と日本国内の事業との全体を考えたときには、しばしばダブルスタンダードの危険が生まれる。それが、第二段階の摩擦である。たとえば、日本国内では従業員主権経営、アメリカでは株主主権経営、という二つの原理を一つの組織の屋根の下に同居させてしまうというダブルスタンダードである。

そのダブルスタンダードは、現地企業の内部組織ですぐに顕在化し、トラブルを起こす危険が大きい。日本国内の従業員主権経営の考え方を暗黙のうちに持った日本人派遣社員が、現地企業は株主たる本社の自分たちのもの、海外現地企業で働く人々はたんに雇用者で従業員主権のコア従業員サークルには入っていないと考えているかのような行動をとり始める危険である。

海外子会社の人々からすれば、なぜ日本人社員はオーナー面して威張るのか、なぜ自分たちは従業員主権のサークルの中でないのか、という不満が生まれかねない。その背後に、海外で働いている自分たちをどう位置づけてくれるのか、という深い問いかけがある。そして、日本人社員の暗黙の論理が、海外子会社は株主たる自分たちのもの、国内本社はコア従業員である自分たちのもの、つまり両方ともちがう理屈で自分たちのものになる、という手前勝手な論理になってしまうことによるトラブルである。

ダブルスタンダードゆえの第二のトラブルは、経営の内部整合性のトラブルである。日本の本社も海外の子会社も一体となった経営をしようとする動きが経済のグローバル化とともに強くなってくれば、日本の本社と海外の子会社を合わせた全体の世界組織での経営ということが重要な課題になってくる。その時、その一つの組織の中に二つの主権原理を同時に持ち、曖昧なかたちで共存させ続けると、自己矛盾になって経営を混乱させないか、という心配である。

それは、経営組織内部での従業員の差別的待遇という矛盾となってかたちをあらわすかも知れない。あるいは、さらに怖いのは、外国でつい株主主権の経営をしてしまうことが、日本国内での経営をもつい株主主権的な経営手法に偏らせ、それが国内で積み重ねられてきた従業員主権的な経営のあり方の蓄積との間に摩擦矛盾を起こすことである。そのために、不必要なエネルギーロスが起きる、意思決定がおかしくなる、経営の舵取りに悪い影響が生まれる、という事態になる危険がある。そうなれば、当然企業の機能不全につながるだろう。

ダブルスタンダードのトラブルは、二つの原理の自己矛盾による自家中毒にも似ている。それを避けるには、基本原理を一つにするしかないであろう。しかし、海外労働市場と日本の労働市場とのちがいの大きさを考えると、ダブルスタンダードへの誘惑、危険は大きい。

## 「国際」は国内の先行指標

この節で述べた国際的接点での二つの市場摩擦は、その本質は「国際」にあるばかりでなく、むしろ日本国内でいずれは顕在化する可能性のある（あるいはすでに一部は顕在化している）「市場との接点での機能不全」である。

日本の株式市場と労働市場が将来どの程度、株主主権や流動化の方向へ振れるか、さまざまな意見がありうる。私自身は、市場原理主義者たちがいうほどには振り子は振れないと思うが、しかし、今よりはそちらに振り子が振れるであろう。その時、日本企業に従業員主権ゆえの機能不全が発生しないのか。多くの人々の従業員主権に対する懸念の源の一つはそこにあるのであろう。もっともな懸念である。

労働市場がどの程度流動化するかは、じつは企業が従業員主権的に雇用をどの程度守ろうとするかに依存する。企業が雇用維持を放棄する（つまり従業員主権をかなり尊重しなくなる）場合には、労働市場の流動化の程度は激しくなるであろう。つまり、従業員主権を守れれば、じつは労働市場での従業員主権の機能不全はそれほど顕在化しなくて済む可能性が高いのである。

しかし、株式市場の株主主権化は、企業が従業員主権を守るかどうかとは無関係にその動きが現在よりも強くなる可能性が十分ある。それは、日本の国内の金融資産、とくに年金資産の動向が株式からの収益を現在よりかなり強く要求する可能性が高いからである。

O'Sullivan (2000) は、アメリカとドイツのコーポレートガバナンスの歴史的比較を詳細に行い、じつはアメリカで真に株主主権的な動きが企業経営を大きく左右するほどになってきたのは八〇年代に入る頃からである、といっている。その背景には、アメリカの年金資産が巨大化してきたことがある、という。つまり、年金資産という金融収益を頼りに、生活をする人々の資産が巨大になると、金融資産の高い利回りへの要求が社会的に大きくなり、それが株式からの収益を要求する方向へ一国の金融市場の動向を動かす、というのである。ドイツでも類似の動きがあり、株式への要求が高まりつつあるという。

米独をゆり動かしたのと同じような経済的な力が、高齢化のスピードの速い日本社会でも働く可能性が十分ある。グローバル資本主義でもなく、会社法の理念に忠実なコーポレートガバナンスを要求する声でもなく、株式という金融資産に対する高い利回り要求の声が、株主からの企業への要求、さらにはコーポレートガバナンスへの要求を大きくするのである。

ドラッカーもまた同じことを指摘している。

ドラッカーは、株主のための経営がアメリカでも歴史的に主流であったためしがない、という。しかし、年金の拡大とともに、急速に金融資産としての価値の方向へとコーポレートガバナンスが動いている、と指摘しているのである〔Drucker（1999）〕。ただし、彼は「アメリカの考え方もまた修正されるだろう」と付け加えることも忘れない。

たしかに、株主主権的株式市場といわれるような状態は、要するに株主の声が大きな株式市場ということである。彼らがなぜ声を大にするかといえば、そのもっとも基本的理由は、金融資産としての株式での運用から利益を得たい人々が多くなるからである。企業が彼らの期待に応えられるようなリターンを与えられないとき、株主主権が実際にコーポレートガバナンスで行使されることになる。こうした現象の背後にあるのは、利益分配権市場としての株式市場である。

さらに株主の活動が活発化する派生的な理由もある。株価の綾を利用してフィナンシャルエンジニアリングができる、キャピタルゲインを手にできるという知識を持った人々の登場である。こうした人々は株主主権をいわば振り回して、さまざまな行動をとる。この現象の背後にあるのは、企業支配権市場としての株式市場である。

二つの現象がまずかなりの規模で起きたのがアメリカの株式市場だった。しかし、その基本的メカニズムが年金資産の動向に依存するのであれば、日本の利益分配権市場でも同じメカニズムが少なくともある程度の規模で作用してもおかしくない。さらに、アメリカの企業支配権市場で起きたフィナンシャルエンジニアリングによるキャピタルゲインの獲得方法を知った人々が、日本の株式市場でその知識を使おうとすることもまた、十分に予想される。

ただし、二つの現象のうち年金資産に関わる基本的メカニズムは、決して企業の支配権を年金資産が持とうとするから生まれる現象ではなく、企業の収益分配への要求が強いことから起きる現象である。

したがって、高い配当を確保することで解決できる摩擦である。それは、資本効率の低下を放置できないのとよく似ている。従業員主権が行き過ぎて、金融資産の利回りに悪影響を与えているのであれば、それは放置すべきでない。しかし一方、従業員主権企業ゆえの高株価、高配当ということがあれば、問題が顕在化しないメカニズムである。

問題は、金融資産としての株式の利回り確保なのである。簡単にいえば、企業はカネの結合体であるという側面を軽視しすぎると、リターンをとれなかったカネの出し手からの反撃が生まれる、というあたり前の話である。

そこに十分な配慮をすれば、株式市場が大きく株主主権化する必然性はない。これをグローバル資本主義が許さないとか、会社法の理念に反する、とかの理屈をいう必要はないはずである。考えてみれば、日本で株主重視が叫ばれるようになったのは、株式市場がバブルの崩壊で魅力的な金融資産市場でなくなってからである。おそらく、日本の株式市場が金融資産市場として魅力的であり続けていれば、株主重視のコーポレートガバナンス改革という高まりは大きくなかった可能性が高い。

だが、年金資産の巨大化は日本でも間違いなく起きる。その巨大な金融資産が高い利回りを要求することも確実であろう。したがって、日本でも株主の要求は間違いなく過去よりも厳しくなる。

その時のコーポレートガバナンスのもっとも本質的な問題は、株主主権へ移行せざるを得ないと考えるのではなく、企業の利益分配権市場で高いリターンを株主に与えられるような従業員主権企業になれるか、という問題であろう。そして、企業支配権市場での株主の過激な動きをいかに沈静できるか、ということであろう。

# 第7章　ガバナンス改革の基本方向と経営者のチェック

## 1　日本型コーポレートガバナンス改革の基本方向

### 機能不全から改革へ

私は前章で、従業員主権という概念による経営がもたらしがちな、さまざまな機能不全を分析した。そのリストは、長かったというべきであろう。それほどに機能不全を起こす原理なら、株主主権に宗旨替えするのが手っ取り早いのではないか、と思われた読者もいたかも知れない。

しかし、ことはそれほど簡単ではない。それでは、角を矯めて牛を殺すに似ている。

従業員主権が合理性を欠いた上に機能不全のある原理なら、それを捨ててしまっても構わない。だが、本書で第5章までに長く述べてきたように、じつは従業員主権の考え方には本質的なよさが十分ある。そうしたメリットがありながらも機能不全の危険が大きいのは、これらの機能不全が従業員主権のよさのすぐ横に同居しているからである。それは、ヒトのネットワークとカネのネットワークの二重がさねを志向しているための、宿命ともいえる。その上、従業員主権ゆえに生まれるメリットを追求しようとする行動は、ヒトのネットワークのしがらみに足をとられて、つい行き過ぎる傾向が生まれかねない。その結果、機能不全が生まれる危険度は、よほど注意しないと、かなり高いといっていい。

じつは、従業員主権の考え方を捨てて株主主権に宗旨替えするのは、もったいないばかりでなく、従業員主権が経営のさまざまな慣行に深く根を下ろしてしまっているがゆえに、現実問題としてもかなり困難が伴う。いわゆる、制度の相互補完性があるために、経営の慣行や仕組みの一部を変えたところで他の部分と抵触してしまって、変えても仕方がない、変えられない、ということが起きがちなのである。それは、すべての制度変更に起きる宿命だが、従業員主権というような基本原理の変更にも、当然起きてしまうだろう。

そのために、昨今の株価重視への世論の流れ程度では、日本のコーポレートガバナンスが大きく株主主権へと舵を切ることは、無理であろう。従業員主権の持っている社会的親和性からしても、それを乗り越えるだけの強烈なプラスの論理が株主主権の主張にはまだ感じられない。

しかしもちろん、従業員主権の機能不全がもたらすマイナスを放置すべきではない。とすると、株主主権への流れが一部にありながらしかし従業員主権の原理変更がむずかしい、という現在のような状況でわれわれがもっとも恐れるべきは、新しい表面流が深層流とせめぎあって、人々を迷わせ、その結果、何も起きない、何の改革も行われない、という結末になってしまうことである。悩みゆえのノーアクションが、一番困る。

アクションはとられる必要がある。コーポレートガバナンスの改革は日本企業にとってきわめて大切な課題である。

## 改革の三つの基本的ポイント

その改革の基本的方向性は何か。三つのポイントが指摘できる。

第一に、従業員主権を守り、かつそれを宣言する。

従業員主権をこれまで暗黙のうちにせよ実行してきた多くの日本企業のコーポレートガバナンスの改革の真の基本方向は、従業員主権を守りながらそのオーバーランと機能不全を防ぐ、というかなりむずかしいことにならざるを得ない、ということである。この本で以下に述べようとするのは、そうした改革の方向性であり、具体的試案の提案である。しかし、長所を守りしかしオーバーランを防ぐというバランスは容易ではないだろう。そのバランスのむずかしさが、従業員主権の機能不全からの脱却のための改革の真のむずかしさである。

第二に、株式会社制度を守る。

従業員主権を守るといっても、コーポレートガバナンスの改革は株式会社制度の大枠の中で行う必要があるということである。それは決して、「会社法の枠は法律で決まっているから崩せない」という消極的な意味からではない。株式会社制度という長い風雪に耐えてきた制度には、やはり本質的なよさがある。それを崩してしまうと企業という経済組織体の根幹が崩れてしまう危険が大きい。したがって、株式会社制度の基本を守りながら、しかし従業員主権をメインにした企業の概念を実行できるようなコーポレートガバナンスの仕組みが必要なのである。だから、「株式会社制度は守る」。

第三に、経営者のチェック機構をきちんとつくる。

日本型コーポレートガバナンス改革の最大の具体的焦点は、経営者のチェック機構の整備にある。

国家のガバナンスの問題になぞらえて考えればわかりやすいが、為政者に対するチェックメカニズムの整備は、統治機構の健全性を保つ最大の具体的焦点である。民主主義の政体での選挙による為政者のチェックがそれに相当する。企業の経営の場合も、そのガバナンスの根幹にあるのは、経営の最高責任者であるトップマネジメントのチェックである。彼らの行う経営が、企業という経済組織体の長期的な発展にとって望ましい状態にあるかどうか。さらにいえば、トップマネジメントの行う経営が具合が悪い場合にどのように牽制し、どのように罷免を可能とするか。さらには、そもそも健全な経営を行うであろう可能性の高い経営者をどのように選べばいいのか。

つまりトップマネジメントのチェックと任免のあり方に、コーポレートガバナンスの最大の焦点がある。それはどこの国でも同じである。従業員主権の日本だからとくにこれが最大の焦点になるのではない。しかし、従業員主権ゆえに、日本企業の実態がトップのチェックという点で大きな問題をはらんでいることは多くの人が認めるところであろう。

すでに指摘したように、日本企業は会社法の法的枠組みの中で従業員主権を実質的に実行するために株主のサイレント化に努力をしてきたといっても多くの場合、過言ではない。そのために、株式持ち合いが増え、取締役会は内部出身者で固め、株主総会は短いほどいいというような奇妙な常識が生まれることとなった。しかしそうした行動は、会社法が用意していた「株主による経営者のチェック」というメカニズムを無力化してしまった、といわれても仕方がない。その無力化状態も、会社法以外の経営者へのチェックメカニズムがある程度機能していれば、とくに大問題ではないかも知れない。たとえば、メインバンクによる監視である。

しかし、日本企業の内部資金が潤沢になって企業の銀行離れが進行する中で、そうしたチェックメカニズムの機能も下がってきてしまった。その結果起きたのが、トップのチェックメカニズムの空洞化である。株主のサイレント化そのものが絶対的にまずかったのではない。サイレント化した後に空洞を生み、空洞を放置したことに問題があるのである。

トップマネジメントのチェック機構の空洞をどのようにして埋めるか。日本企業のコーポレートガバナンスの最大の具体的焦点はそこにある。

## 現行会社法に対する二つのスタンス

トップのチェック機構の空洞を埋めるための改革の具体的方策を考える際に、株式会社制度と現行の会社法の法律的枠組みに対して二つの異なったレベルのスタンスがありうることをあらかじめ認識しておく必要がある。

一つは、現行の会社法の法律的枠組みそのものを前提に、その枠の中でどのような具体的な工夫が改革のためにできるか、と考えるスタンスである。もう一つは、株式会社制度の大枠は守るものの、現行の会社法にはかなりの基本的な変更を加えて、新しい企業制度・新しいコーポレートガバナンスのあり方を抜本的に考え直そうとするスタンスである。

つまり、現行会社法の枠を守るか、あるいはその枠自体も変えようとするか（しかし株式会社制度そのものはなんらかのかたちで守る）、という二つのスタンスである。いずれのスタンスも、株式会社制度という基本的考え方の大枠は守ろうとする点では共通している。

現行の会社法の枠の中で改革を考えようとするスタンスは、その実現可能性という点から考えればより容易であると思われる。ただし現行の会社法は、カネの提供者と労働サービスの提供者を同じ平面の上においてその貢献と責任のあり方を比較考量した上で、株主資本の提供者に主権を与えている法制度ではない。したがって、その法的枠組みを堅持するというスタンスは、本質的な意味では従業員主権との間に摩擦を生じさせる可能性もある。その摩擦を避けようとする改革案は、必ずしも従業員主権の立場からは満足のいくものではない可能性もあるが、それはそれで仕方がないことであろう。

一方、株式会社制度のよさは残しながらも現行会社法の法的枠組み自体になんらかの手を加えようとする改革のスタンスは、いわば新しい企業制度を構想しようとするスタンスである。それは、現実の会社法の制度的な根の深さを考えると、改革の現実的実行可能性あるいはさらには現実の社会の実務に整合的な新しい法制度をつくるむずかしさといった点で、かなり困難が想像されるスタンスであろう。じつは、第5章で述べた経済同友会の大塚試案が逢着した困難さも、会社法の法的枠組みから大きく抜けだした新しい企業制度・新しい株式会社のあり方を模索することへの、現実的な困難さであったと思われる。その困難さが大きく手伝って、理念的には多くの支持を得ながら実現には至らなかったのであろう。

次章以下の本書でのコーポレートガバナンスの改革の議論は、この二つのスタンスを二段構えで考えた議論の展開となる。第8章では現行会社法の基本的枠組みを守るスタンスでの改革案が議論され、第9章では現行会社法の枠組み自体の変更を含んだ新しい企業制度の構図が描かれる。

## 従業員主権の「宣言」とオーバーラン対策

そうした改革の具体案の議論を次章以降で始める前に、改革の三つの基本的ポイントについて、この章で以下さらに述べておこう。この節では三つのポイントの第一（従業員主権の宣言とオーバーラン対策）について、第二のポイント（株式会社制度を守ること）については次節で、第三のポイント（トップのチェック）については第3節で議論する。

日本型コーポレートガバナンスの改革の第一のポイントは、従業員主権を守りつつその機能不全を防ぐ、という基本方向である。それが必要とされる背後には、従業員主権の機能不全のかなりの部分の原因となっていた、従業員主権について次の二つの点がある。一つは、従業員主権という原理を日本企業がとっていること自体が曖昧であったこと、少なくとも外への発言として曖昧にしてきたこと、である。もう一つは、従業員主権がついついオーバーランをしがちであることである。

たとえば、営利の暴走という機能不全の基本的原因の一つは、従業員主権でありながらそれを明確な共通理解としないために、建て前としての営利の暴走を止められないことであった。国際的接点からの摩擦の一つの基本的原因もまた、従業員主権の原理を持っているということが外部に対して、とくに株式市場と労働市場に対して、明確になっていないために、誤解からくる摩擦、ダブルスタンダードへの批判という摩擦、などが生まれることであった。

曖昧さゆえの機能不全への対策の最大のポイントは、従業員主権の存在をきちんと認識すること、そしてそれを守ることを基本路線とすることをきちんと「宣言」することである。「宣言する」とは、とくに発表することでなくてもいいが、明確に意思表示する用意と説明をする用意を整えておくことである。

もちろん、株式会社である以上、株主を軽視していいわけはない。だが、「従業員主権をメインとする。その一方で株主の主権もサブとして尊重する」と「宣言」することはあっていい。それによって、「従業員主権によって企業を発展させ、その発展の成果として株主への大きな利益分配も可能になる」とはっきり述べればいいのである。

それでもやはり株主軽視と理解されてしまい、株式市場での資金調達に支障が出る、という声があるかも知れない。しかし、どのみち日本企業の資金調達の大半は内部資金と銀行借り入れでまかなわれ、それで成長が可能であった。今後、その図式が根本的に崩れるという見通しはないだろう。したがって、従業員主権という原理を持つ企業が望ましくないと投資家が思うのであれば、株主として投資してくれなくていい、といえばいい。ただし、現在のような「株価重視経営」の風潮が過度になっているような状況でそうした宣言を不用意にすると、マスコミを通じた逆ＰＲ効果が起きてしまう危険があることは、覚悟すべきかも知れない。実際、そうした目に遭った企業がありそうである。

しかし、従業員主権の原理的なよさの説明とともに「従業員主権メイン、しかし株主主権をサブとして尊重」と宣言することは、曖昧さゆえに起きている問題の解決には重要である。

第５章で、従業員主権の考え方の日本での社会的親和性を論じた際に、明治維新の動乱の中の三井財閥の改革を例に挙げて、その改革を行った三野村利左衛門の改革の骨子がじつは従業員主権の実現であったことを述べた。そしてそれをはっきりと語る「三井銀行創立之大意」という設立趣意書の文章を紹介した。それは、いわば従業員主権の「宣言」でもあった。大番頭とはいえ一人の使用人の立場で、江戸時代の終わりにこの宣言をできる潔さと立派さに感慨が深い。その立派さゆえに、彼の多くの改革にほとんどの人（三井の同苗を除いて）が賛成したのであろう。今の日本企業も、それに見習うべきではないか。

しかし、かりに従業員主権の「宣言」をしたとしても、オーバーランへの潜在的傾向は残る。したがって、従業員主権の機能不全を防ぐためには一方でオーバーラン対策がきちんととられる必要がある。

コーポレートガバナンスとの関連での従業員主権のオーバーラン対策のもっとも大切なポイントは、株主へのきちんとした分配を確保することを明確に位置づけることである。

従業員主権のオーバーランが株式会社として機能不全を起こすのは、株主への利益分配を軽視するからである。その分配は、株主として要求する当然の権利である。「どの程度の分配が当然か」については、必ずしも明確な一般論はできないかも知れない。しかし、資本市場での金融資産へのリターンの平均的姿と考え合わせて、リスクを一般の金融資産よりも多く負っている株主資本として最低限必要となる分配のあり方は、比較的自然に浮かび上がるだろう。そしてそれは、資本市場での資金需給の状態を反映したものに当然なるはずで、したがって状況に応じて変化するだろう。

そうして浮かび上がる株主への分配は、従業員主権の企業としても守らなければならない。それでなければ、株主の貢献への公正なリターンにはならない。さらにいえば、そうした分配をすることは、株主からの過度の干渉を抑えて従業員主権を守るためのコストでもある。そのために、株主への分配をきちんと確保する分だけコア従業員への分配が減ることがあっても、それは仕方のないことである。

株主からの過度の干渉を抑えて従業員主権を守るコストは、他国からの干渉を抑えて国の安全を保障するコストと似ている面がある。それは、企業の構成員としてのコア従業員の企業市民権を守るコストなのである。そのコストを惜しんで株主への分配を軽視することは、国家の安全保障のコストを惜しんで他国への配慮をないがしろにすることに似ている。結果として、国民の市民権を守ることができなくなる危険がある。

従業員主権のオーバーラン対策としては、たとえば、資本の効率をきちんと維持するための管理会計システムの充実なども重要である。最近話題になることの多い経済的付加価値（ＥＶＡ）を重視する経営システムの設計などがそれである。これらの対策は、コーポレートガバナンスの改革とは直接関係ないが、従業員主権というコーポレートガバナンスのあり方ゆえに生まれる機能不全への対策としては、強調されるべきものであろう［この点については、伊丹（2000）に若干の議論がある］。

もちろん、従業員主権の機能不全への対策としては、こうしたオーバーラン対策ばかりでなく、市場との摩擦への対策もある。とくに株式市場との摩擦への対策については、株主主権の考え方との間でとくに摩擦が起きそうな課題である。この点は重要なので、終章で「グローバル資本主義と日本型ガバナンス」というテーマで詳しく取り上げる。いわば、従業員主権企業の株式市場の付き合い方、である。

## 2　株式会社制度は守る――その柔軟性と必要性

### 法人という多様な生き物

従業員主権という考え方を守りつつしかしコーポレートガバナンスの改革を目指す際の基本方向の第二のポイントとして、株式会社制度という大きな枠を守ることの大切さを前節で述べた。この節では、なぜ株式会社制度を守ることが必要なのかを議論しよう。

その際に強調されるべきは、株式会社制度の柔軟性である。この制度が歴史の風雪に耐え、世界の中のさまざまな国に広がってきた背景には、株式会社という概念の類まれな柔軟性が大きく貢献してきたと思われるからである。

株式会社制度の貢献については、それが有限責任での資金出資を可能にし、リスク分散を可能にしたために、幅広い資金調達を可能にしたことがよくいわれる。言い換えれば、危険資本の供給への社会の幅広い人々からの参加を可能にした、ということである。しかし私は、株式会社制度の本質的貢献は、もっと深いところにあると思う。その本質的貢献を考えると、従業員主権といえども株式会社制度をなぜ守る必要があるかが、明らかになってくる。

株式会社制度の本質的貢献は二つある。

第一に、株式会社制度が経済活動の世界で「法人」という存在を容易に可能にし、そしてその存在のありようがじつに多様でありうること。つまり、経済活動を自然人だけの世界から解放し、多様な経済関係を可能にしたことによる貢献。

第二に、株式会社制度が企業の統治に関する主権の量的確定を可能にしたこと。つまり、「主権の大小を伴う量的格差付けとその確定」を可能にして、自然人の「人間一人としての平等さ」から経済的な主権を解放し、ある人が他の人より多くの主権を手に入れることを可能にしたことによる貢献。

株式会社制度が株式会社という「法人」が生まれることを容易に可能にし、その法人が「ヒト」とも「モノ」とも機能しうる二面性を持っていることにより多様な経済関係を可能にしていることを雄弁に明らかにしたのは、岩井（1993）、Iwai（1999）である。

株式会社がヒトとして機能しうるというのは、株式会社が法人として自然人と同じように資産を所有し、契約を結ぶことができることを指す。ヒトとしてモノに接することができるのである。株式会社がモノとして機能するということは、モノとしてヒトによる所有の対象になることができるということである。典型的には、自然人としての株主によって資産として所有されることのできる存在に株式会社はなれるのである。

さらには、ヒトとしての株式会社がモノとしての他の株式会社を所有する、ということも可能になっている。株式会社が他の株式会社の株式を所有すること、さらには持ち株会社という存在が傘下の株式会社を一〇〇％所有する、ということも可能になる。その持ち株会社がさらにはヒトとしての自然人の株主によって所有されている。

そして、株式会社の一部を法人化してそれを売却することも可能になるし、二つの法人を合体させて一つの法人にすることも可能になる。すべてが、株式の譲渡・所有関係を複雑につくることによって可能になるのである。

さらに、株式会社という法人は、それ自体が一つの存在としての生命を主張できるようになり、株式の譲渡によって、株式会社を創設した自然人たちの生物的寿命の限界とは関係のない、ゴーイングコンサーンとなることが可能になっている。

こうして、じつに多様な経済関係が自然人と資産というモノの間に形成できることとなった。そして、法人が自然人の制約から解放された。法人という奇妙な生き物、モノでもありヒトでもありうるという二面性を持った生き物、ゆえの多様性であり、解放である。

このような多様な現実、永続的な法人の生命を可能にした株式会社制度の貢献は大きい。

この貢献を無視して、自然人としての従業員の主権ばかりをやみくもに主張するのであれば、それは経済活動の多様性を著しく減殺することになり、大きな構造変動の中で企業という経済組織体が長期的に発展していく可能性を大きく減じることになるだろう。従業員主権といえども、株式会社制度の大枠が必要であると思われる第一の理由である。

### 主権の量的分配の確定

株式会社制度が株式の保有量による議決権の大小関係をつくりだしていることは、株式会社制度の第二の本質的な貢献である。議決権の大小関係とはすなわち、個々の株主が持つ権利の大きさに大小関係が生まれるということである。一人一票の平等ではなくなる。つまり、企業の主権の保有量に大小関係を生みだせるのである。

それは、民主主義の政体での自然人としての個人が「一人一票」という平等性の原理のもとで主権を格差なく持っていることと比べると、大きなちがいである。あるいは、経済組織体の世界の中でも、協同組合制度がしばしば「出資者の平等」原則を持っていることとも明瞭にちがう。株式会社制度は、一人一票という平等原則から離れ、一株一票という制度によって出資者の間の主権の量の格差付けを可能にしているのである。

この点での株式会社制度の貢献は、主権の量的分配のバリエーションを可能にし、しかも明示的に主権の分配の量的確定（以下、主権の量的確定という）を可能にする、という点である。例をあげれば、このことの重要性はすぐに理解できるであろう。

たとえば、二つの企業によるジョイントベンチャーをつくろうとする場合、どちらが過半数の株式を持つかが大きな交渉事項になる。それは、出資金の額を小さくしたいための交渉ではない。出資比率を決める点にポイントがある。過半の出資比率を持った側がメインの主権者になるからである。あるいは、多くの企業の共同出資による共同事業の場合にも、出資比率が最大の問題になることが多い。ここでもまた出資比率が、主権の量と責任の量の明示的な確定になるからである。その比率に応じて、共同事業に必要な人材の派遣も決められることが多い。出資比率はきわめてシンボリックな意味を持つ。その意義を可能にしているのが株式会社制度である。

自然人と法人とのつなぎの部分で株式会社制度による主権の量的確定が大きな意義を持って使われている重要な例が、中小企業のオーナー一族による株式保有である。オーナー経営の中小企業ではオーナーが圧倒的な重要性を持つ中核従業員であることは、すでに第3章で強調した。そしてオーナー一族はほとんどの場合圧倒的株主となっている。しかし同時に、中小企業の多くは過小資本金で、小さな株主資本と多額の負債の組み合わせとなっていることが多いことも、第4章で指摘した。

こうした中小企業の場合、オーナー一族の株式資本の出資は、企業として必要な成長資本の供給のために行われているのではない。成長資本の供給はしばしば借入金によって主にまかなわれている。そして、過小な資本金の中の圧倒的な比率をオーナー一族が確保している。

それは、現行の会社法制度のもとでオーナーが実質的な主権を確保するために、株式の所有がもっとも手近なそしてまぎれのない法的な手段だからである。オーナーの株式保有は、「主権の量的確定」のために行われている。だから過小資本金で全然構わないのである。いや、むしろ過小資本金の方がいい。資本金全体の総額が小さければ、その中で圧倒的な出資比率を確保するために必要な資金量は少なくて済むからである。出資の絶対額の大きさが必要なのではなく、出資比率の大きさが必要だからである。主権の量の大きさを確保することが、オーナーにとって問題なのである。

日本の中小企業オーナー経営が、オーナーが圧倒的に重要な従業員である従業員主権経営と理解できることは、第3章で指摘した通りである。オーナーにとって自分たちが従業員主権の企業の中の圧倒的な存在であることは自他共に認める事実ではあっても、彼らに大量の主権を与えるための法的手段は従業員主権そのものには存在しない。だからといって法的な歯止めをなんらかのかたちで確保しなければ、一人一票という自然人としての自然な平等原則が頭をもたげ、圧倒的な中核従業員も周辺的な従業員も主権の量が大きくは変わらないことになりかねない。それではオーナーにとって、圧倒的に重要な中核的従業員としての貢献の大きさに応じた主権の量の確保ができなくなってしまう。したがって、株式会社制度の用意した「株式出資比率」という主権の量的確定の手段を利用しているのである。

大企業による子会社、共同事業の場合も中小企業のオーナー経営の場合も、その経営のあり方が従業員主権であってもなお、株式会社制度のような主権の量的な確定のための仕組みがどうしても必要なようである。

その本質的理由は、自然人のヒトの原理が一人一票的になりやすいことへの防波堤の役割を主権の量的格差付けが果たしているからである。ヒトの原理がどこかに内包している一人一票的性格だけが表面に出てきてしまうと、経済活動体としての企業の中で、経済的な貢献の大きい人間がより大きなパワーを握れなくなってしまう。もしそうなると、悪平等となり、経済活動体としての効率は落ちてしまう。そうした事態を防ぐためには、企業内のパワーの非均等分配の仕組みが必要となる。企業の設立時のように、不確実性も大きく関係者間の社会的なパワー関係もはっきりしない状況では、とくに必要となるだろう。そうしたパワーの非均等分配を株式会社制度は可能にしている。

主権の保有量を「量的に」確定できるためには、企業に貢献している主権者候補の間で、なんらかのかたちでそのパワーあるいは主権の量を簡単に測定し、かつそれがまぎれがなくて疑義の余地がないことが必要である。出資した資本の量に応じて主権の量を決めるという株式会社制度はまさにそれに適している。カネは測定可能だし、加算可能で大小比較も量的にまぎれがない。カネの長所が生きるのである。

しかし他方で、いったん主権の量的確定の「手段」としてとられている株式数による主権測定の仕組みが成立すると、その手段が実体を左右し始める危険も生まれる。つまり、主権の量的確定のために便法として株式保有比率を使うと、それを逆手にとって株式の買収によって企業の主権を手に入れ、財務エンジニアリングによって企業を切り刻むような動きが出てくる。

それは、主権測定の写体であったものが実体を左右し始めてしまう危険、と表現してもよい。その危険は、株式会社制度の創立期には想定されていなかったことだろう。しかし、この危険を考えると、やみくもな株主主権の主張がかえって機能不全に陥る可能性が高いことが示唆される。思慮を欠いた株主重視経営の危険である。

## 株式会社制度が可能にする従業員主権の確保

株式保有が主権の量的確定の格好の手段であることを認識すると、従業員主権企業が従業員主権の主権確保のために株式会社制度をどのように利用できるかを考えることができるようになる。その可能性があること自体、株式会社制度の持っている柔軟性の証拠でもある。それをこの項で論じよう。

たとえば、株式会社制度を利用して従業員主権の法的な基盤の確保を目指すもっとも直接的な方法は、株式の大半を従業員持ち株とすることである。そうなれば、株主と従業員が同一人物になる。いわば、所有と経営の分離が起きないようになるのである。それによって、株主と従業員という二つの立場の利害対立が解消され、かつ従業員主権が株式所有を通じて法的に確保できることになる。たとえば、アメリカのユナイテッド航空は労働組合がメインの株主になっていることで有名な従業員持ち株企業である(日本の中小企業は、ある意味でその限定的適用例である。限定的とは、オーナーという中核従業員に持ち株が限定されていることが多いからである)。

株式会社制度に柔軟性があることのもう一つの例は、この制度のもとで株主という存在をいくつかの種類に分類して、議決権行使の権利にバリエーションを持たせることが可能なことである。そしてそれを使って、従業員主権の法的確保に役立てることもできる。

議決権のバリエーションとは、同じ出資金でも株主としての主権の量が異なるような株式の種類をつくりうるというバリエーションのことである。議決権のない優先株という株式がその典型例である。優先株は議決権ゼロの株式であるが、それ以外にも議決権のバリエーションは多様に可能である。たとえば、株式によって議決の投票数を数段階に変えることも株式会社制度のもとで行いうる。実際それを許す会社法の実例が、外国にはある。

こうして株主によって議決権の量を変えるのは、じつは自然なことである。第3章で議論したように、株主の中にもコア株主とノンコア株主が存在する。彼らの間で企業への貢献もコミットメントもちがう。だとすれば、同じ出資金の持つ議決権が変わっても、他の権利関係で相殺するのであれば（優先株の場合は文字通り配当を優先して受ける権利が与えられる）、なんらおかしいことではない。むしろ、企業の創立にコミットし逃げない資本としての株式資本を、コミットして供給しているコア株主と、市場で短期的に株式を持っているだけの株主との間にまったく区別を付けない方が、原理的にはかえっておかしい。

したがって、できることなら、コア株主とノンコア株主の間には区別を設け、議決権については優劣関係を設け、それを利益分配権の逆の優劣関係で相殺することがあっていいのである。株式会社制度はそうした柔軟性を許容できる制度である。

議決権の量を変えるという考え方を従業員主権の実現のために使おうとすると、コア従業員がその企業の株式を保有している場合には、その株式の議決権の量を通常の株主の場合より二倍あるいは三倍にすることも可能になるであろう。利益分配権としては他の株主に優先順位を与えたり、あるいは同等の権利を与えてもいいが、議決権だけは多く持つ株式をコア従業員の場合には許す、ということも可能になるのである。コア従業員は同時にコア株主として認定されるのである。

もちろん、コアとノンコアの現実的区別はむずかしい。そのために、こうした議決権のバリエーションづくりもまたむずかしくなる。しかし、前項の終わりで述べたような、主権確定の手段を逆用しての財務的エンジニアリングによる悪用を防ぐためにも、こうしたコア株主とノンコア株主の間の主権の量のバリエーションづくりは、有効な手段でありうる。少なくとも株式会社制度はそれを許容するだけの柔軟性を持っている。

株式会社制度を悪用した金儲けの機会の存在は、株式会社制度と株式市場の本質的な問題というよりも、株式会社制度の柔軟性が十分にまだ使われていないという欠点を示している面もある。

## 制約条件としての株主、最後の声としての株主

さらに考えを進めて、株主をコア株主とノンコア株主に分け、コア従業員がコア株主にもなれるということを考えると、株式会社制度は次のような三段構えの従業員主権実現のプロセスを許容すると思われる。

第一段階は、企業の利益分配におけるノンコア株主の「優先権」の主張の段階である。つまり、株主資本の提供者として、議決権はともかく利益分配権においてなんらかの優先を主張する段階である。その主張は、従業員主権を主張したいコア従業員の立場からすれば、いわばノンコア株主が利益分配を優先的にまず受けるという制約条件を課されている、と解釈できる。

そうした制約条件が課されることは、市場からノンコア株主の資本を調達している以上、当然ともいえる。その資本の提供者に対して市場がリスク見合いで要求するだけの利益分配をしなければ、円滑な

資本調達はできないはずだからである。そのために、ノンコア株主の利益分配要求は従業員主権企業にとって守らざるを得ない制約条件として機能する。もちろん、同じような利益分配要求をコア株主もするであろうから、この制約条件はノンコア株主を対象にした制約というより、株主全体を対象にしたもの、と考えるべきかも知れない。

第二段階は、第一段の株主への利益分配の制約条件を満たしている限りにおいて、コア従業員が従業員主権企業の通常の主権者としてふるまえる、という段階である。企業が適正な利益配分を行って発展をしている限りにおいては、コア従業員に主権を与えているかの如くの企業経営が行われて構わないし、それがもっとも経済合理性が高い発展になる可能性が高い。

第三段階は、そうした通常の発展段階が齟齬を来し、企業の発展に障害が出てくるような非常時に、コア株主の主権が前面に出てくる段階である。ここでは、主権の量に大小関係がはっきりとついているコア株主の間で、その主権の量に応じた権利の行使が行われる。コア株主の中にコア従業員が入っていても、それは他のコア株主と同じ扱いで、主権の量だけが問題となる。

たとえば、主権の量の過半を持っている株主が経営者の交代、大幅な事業のリストラ、従業員の解雇などを要求するのであれば、従業員主権といえどもそれにしたがうのが株式会社制度の用意した原理である。その意味では、この第三段での株主の権利主張は、企業の命運に関わる「最後の声」としての権利主張である。

この第三段の発現は、企業としては異常事態である。この段階に至らずに済むのが、健全な発展を続ける企業である。しかし、すべての企業が第三段階なしで済むとは思われない。とくに、産業構造の大変動期には、第三段が存在することが、ゴーイングコンサーンとしての企業の維持には最後の切り札になることが多いであろう。したがって、第三段階の主権発動のパターンつまり最後の声の発言が可能になっていることが、企業の長期的健康維持のためには必要なのである。

ただし、第三段がむやみに容易に発動できるような状況もまた、おかしいというべきであろう。たとえば、コア株主ではなくノンコア株主が第三段での権利を容易に発動し、その結果として財務的な切り刻みでの金儲けの機会を得ることが可能になってしまう、というような状況である。したがって、第三段が容易には発動できないような歯止めもまた本当は必要であろう。第三段階で想定している「コア株主による最後の強権発動」は、いわば「伝家の宝刀」である。その刀は存在することに大きな意義があるが、しかし濫用されることによって意義自体を失う。伝家の宝刀は滅多に抜かれないことに意味がある。

株式会社制度はその原理において、いわば株主と従業員が交互にこうした三段階での主権を発動することを可能にする。その意味での柔軟性を持っている。第一段では、株主は制約条件としてまずその要求を満たさねばならない存在として登場する。第二段では、株主は制約条件を満たしてくれている限り、サイレントな存在となり、従業員が企業主権の実質的担い手となる。さらに第三段では、コア株主を中心として最後の権利主張が前面に出てくる。

こうした三段階のプロセスの総体的表現として、「従業員主権がメインで、株主主権はサブ」という表現が可能となる。第一段と第二段が企業の発展の通常の姿であることを想定するからである。その意味で、こうした三段階のプロセスで、株式会社制度は従業員主権を包み込み、そして最終的には株主主権を維持し続ける。じつに柔軟な制度である。

そうした柔軟性のある株式会社制度は、「従業員主権企業といえども」必要である。さらにいえば、従業員主権の持つヒトの原理の危うさと第4章で述べた危険の存在を考えれば、「従業員主権企業だからこそ」株式会社制度を必要とする、ともいえそうである。

主権の量的確定とそれにもとづく「最後の声」の存在が、従業員主権企業を守るのである。

## 3　経営者のチェックメカニズム

### 経営者の任免の三つのステップと現行制度

すでに第1節で述べたように、コーポレートガバナンス改革の具体的な最大の焦点は、経営者に対するチェックメカニズムの整備にある。

経営者のチェックメカニズムとは、つまりは経営者の任免のプロセスの全体へさまざまな立場の人が参加して、経営者のチェックが行われることである。その経営者の任免プロセスの全体は、基本的に、候補指名、承認、罷免の三つのステップで行われると考えていいだろう。

経営者の候補指名とは、経営者として最終的に確定すべき候補者を誰かが指名する作業である。承認とは、その候補者が適格であることをしかるべき人々が承認することである。罷免とは、任期途中の経営者をその職から辞めさせるという行為である。

こうした三つのステップからなる仕組みの制度設計には、それぞれのステップごとに二つの設計変数がある。一つは「誰が」というチェック主体の問題である。誰が候補指名をするのか、誰が承認をするのか、など。そして第二の設計変数は、「どのように」という「チェックのための行動の内容」の問題である。二つの設計変数のそれぞれにいろいろな選択肢があり、それが三つのステップにわたっている。

じつに多くのバリエーションが生まれうる余地がある。

この三つのステップのそれぞれが、現行の会社法のもとでどのように行われることになっているか、それをまず振り返ってみよう。

現行の会社法で法律的に制度化されているのは、基本的には取締役会と株主総会との間の次のような二段階のステップである。まず、取締役会が経営者の候補指名、承認、罷免のすべてを行うことになっている。その取締役に誰が任免されるかについて、株主総会が次のように関与する。次期取締役としての候補指名は、たとえば一〇％以上の株式を集めれば誰がやってもよく、株主総会に提案できる。しかし現実には、現職の取締役会が新取締役を候補指名をし、株主総会に提案している。取締役会メンバーの承認は、株主総会の決議事項である。取締役としての罷免もまた株主総会の決議である。つまり、株主総会は経営者の任免には取締役会を通じて間接的に関与するにすぎない。

こうした制度のもとでの実態は、経営者の絶対権力者化を十分可能にするものである。実質的には、次期の取締役会メンバーを決める力を現職の取締役会が持ち、それへの指名を現職の経営者が実質的に支配している。とくに日本企業の場合、その現職の取締役会が内部出身者ばかりで占められていることが多いため、取締役への登用は内部昇進の最終段階となっている。そして、現職の経営者の組織内での人事権が取締役会候補を決める段階にも及んでいる。したがって、取締役会メンバーは経営者に実質的に人事の首根っこを押さえられている。そのために、経営者が絶対権力者に近い大きな支配力を持ちうるのである。実際そうなっている企業が多いと思われる。

その上、株式持ち合い、安定株主工作などを通じてサイレントな株主を多くする努力を経営者が行ってきたため、株主総会が経営者の提案を承認しないことはまずなくなっている。したがって、株主総会のチェックも機能せず、実質的に経営者への株主からのチェック機構が空洞化していることが多い。チェック機構の工夫が必要とされるゆえんである。

それは、権力のチェック機構といっていい。その工夫が多様に行われてきたのは、政治の世界であろう。国や自治体の権力者のチェックのための制度設計は、政治の世界でもかなりの難問である。そのためにさまざまな制度設計がじつは行われてきている。したがって、政治の世界でのチェック機構にはさまざまなバリエーションがある。それと比べると、株式会社の経営者チェックの制度は、バリエーションが少なすぎる。

たとえば、国の経営者にあたる首相や大統領の、候補指名、承認、罷免のあり方をみても、国ごとのバリエーションは大きい。議院内閣制の日本では、候補指名は政党がそれぞれに行い、承認は議会での多数決というかたちで行われる。罷免もまた議会での多数決である。主権者である国民はすべてのプロセスに間接的にしか関与しない。

大統領制のアメリカでは、候補指名は政党が予備選挙という直接選挙を通して行い、承認は実質的には国民による多数決で行われる。罷免だけは、弾劾裁判というかたちで議会で行われる。この制度では、国民は指名と承認の両方のステップに直接的に登場している。株式会社制度は、どちらかといえば議院内閣制に近い。

同じ日本の政治の世界でも、地方自治体の首長へのチェック制度は、国の長たる首相へのチェック制度とはかなり異なった設計になっている。まず候補指名は推薦・立候補制で、ある最低数の支持者があれば誰でも候補推薦を受けて立候補できる。承認は住民による直接選挙の多数決である。罷免にあたるリコールは住民請求という直接請求にもとづいて、住民投票で行われるという、二段階直接制である。

つまり、誰がどのようにチェックすべきか、さまざまな制度が設計可能なのである。

## 誰がチェックすべきか――情報、コミットメント、逆操作耐性

こうしたさまざまなバリエーションが存在している基本的な理由は、誰がチェックすべきかという点で、情報、コミットメント、逆操作耐性という三つの観点から望ましいチェック関与者が微妙に変わるからだと思われる。それは、企業の経営者のチェックプロセスの設計にも通用する条件である。

情報という条件は、「チェックを実質的に行えるだけの適切な情報を被チェック者（つまり経営者、権力者）に関して持っている人がチェックすべき」ということを意味する。

コミットメントという条件は、「その組織の将来を考え、利害と責任の両方を持ってコミットしている人がチェックすべき」ということを意味する。

逆操作耐性という条件は、「被チェック者による逆操作の介入や影響が入りにくいような人がチェックすべき」ということを意味する。つまり、逆操作に対する耐性が大きいということである。つまり、適切な情報を持ち、かつ利害と責任の両方を持って組織にコミットしている人が、逆操作の危険なくチェックを行えるのが望ましい、ということである。

この三つの条件を、政治の世界でのチェック機構に当てはめて考えてみよう。

たとえば、情報という観点で議院内閣制での首相の任免のあり方を考えると、首相を選ぶために必要な情報を国民全体が持っていると想定するより、国民の代表としての議員の方がより専門的にそうした情報を持っているという想定が十分ありうる。だから、国民全体による直接投票でなく、議会での首相選出がベターという考え方が成立する。

しかし一方、地方自治体では住民がそうした情報もコミットメントも共に持っているという想定が成立しやすいのであろう。事柄が地方の具体的行政だからである。さらに、国会とちがって地方議会は規模が小さく、議会が扱う事項も直接に議員でもある住民の生活に関連したものが多くなる。だから、議員がチェック者だと被チェック者による逆操作がしやすい状況になる。そのため、議会が首長の任免にほとんど参加せず、多数の匿名性を持った住民の直接選挙、直接リコールという制度がとられているのも合理性が高い。

では、情報、コミットメント、逆操作耐性という三つの条件から、会社法が用意している現行の任免プロセスはどう見えてくるだろうか。

まず取締役会によって任免の三つのステップのすべてが行われていることは、情報とコミットメントの観点からは望ましい点も多いと思われる。取締役になる人はたしかに情報もコミットメントも共に持っているだろう。ただし、情報とコミットメントという点からすれば、企業のコア従業員の中にもこの条件を満たす人々がかなりいそうだが、それは一切無視されている点は問題である。

しかも、逆操作耐性という点では日本の現実はかなり不健康である。取締役のほとんどが経営者に人事の首根っこを押さえられているということは、逆操作がきわめてしやすい状況だということを意味しているからである。

だからといって社外取締役を増やすと、選ばれる人次第では逆操作の可能性は小さくなるが、情報とコミットメントの点では必ずしも適任ではない人々がチェックの主体になることになってしまって、それはまずい。アメリカの企業が機関投資家の代表としての社外取締役を多くしているのは、その点にも配慮した解決の方向なのであろうが、果たしてそれで十分に機能するかは慎重な検討を必要とする。そして、社外取締役よりもさらに目を広げれば、企業の外部にも経営者としての人格識見を判別するのにすぐれた情報や判断力を備えた人がいるかも知れない。それがある意味では無視されているのは、現行制度の問題点でもあろう。

株主の経営者チェックへの参加という点では、現行会社法の枠の中での株主の経営者の任免への関与は、直接的には取締役会メンバーの承認というかたちで存在するだけである。その意味で間接的かつ限定的である。一般の株主が情報やコミットメントという点でそれほど適格性を持った人が多くないことが想定されることを思えば、この間接参加は、もっとも適切なのかも知れない。

それを国政にたとえれば、国会議員の選挙を国民が直接選挙で行い、しかる後にその議員が首相の選挙に参加するのに似ている。国の選挙とちがうのは、株主による取締役会のメンバーの承認を一株一票の原則で行っていることである。国の選挙では一人一票である。一株一票という原則は、大株主ほど大きな影響力を持っているということで、彼らが取締役候補者の適格性について情報を持っていて、組織に対するコミットメントがある場合には望ましいであろう。

ただし、株式市場での株式の売買の容易さを考えると、間接参加とはいえ、株主の中のどの程度の人たちに組織としての企業の長期的将来へのコミットメントがあるのか、経営者についての情報があるのか、疑問も生じる。つまり、チェックへの参加の望ましさという点で、株主の間でもちがいがあるのである。したがって、現在のように株主の間にコア・ノンコアの区別を一切せず単に保有株式量だけで株主間の差異がつくようなやり方は、せいぜい次善の策であろう。

## 内からのチェック、外からのチェック

以上の議論からもわかるように、会社法の用意している経営者のチェックメカニズムは、株主からのチェックが制度化されているだけで、しかもそのチェックは実質的に機能しにくい状況も十分に想定できる。現実に日本では会社法のチェック制度は機能不全に陥っている。株主だけによる現行のようなチェックでは原理的に不十分なのである。だから、改革が必要とされているのである。しかも、株主重視を叫べば問題が解決するというような柔な機能不全ではないことも、以上の議論からわかるであろう。

その改革に当たっては、経営者のチェックとして企業の内と外の両方からのチェックメカニズムを工夫することが肝要だと思われる。情報、コミットメント、逆操作耐性、という三つの条件の総合判断として、現行制度に追加的に付加すべき工夫を考える余地は十分にあると思われる。それを、企業の内と外から、両方で行う必要がある。

企業の内からのチェックとして私が提案したいのは、コア従業員による経営者のチェックである。従業員は企業組織のまさに内なる存在であり、彼らが企業市民権を持った主権者の一翼を担う人々であるのなら、その主権に応じた経営者のチェック機構を持つべきであろう。それは、国家の為政者に対して国の市民権者が選挙というかたちでチェック機構を持っていることの当然さを考えれば、納得がいくであろう。そのための「柔らかい制度化」として次章で提案されるのが、企業のミドルを中心としたコア従業員による経営者の参考信任投票である。

企業が社会の公器であることを考えれば、従業員の声ばかりでなく、広く社会という外の声もまた、経営者のチェックに機能する必要があるだろう。それが、次章で詳しく述べる「経営者監査委員会」というメカニズムの趣旨である。

この委員会のメンバーとして企業の外からのチェックのために参加した方がいいと思われる外なる存在としては、経営者の適否について判断能力と判断のための情報をある程度持っていると思われる部外者が適切であろう。たとえば、利害関係の薄い他企業の経営者として評価の高い人たち。あるいは、学識経験者などで経営者の適否を判断するに適していると思われる人々。

さらには、その企業の経営者のOBもこうした「部外者」に入れてもいいだろう。すでに現役を退いた経営者は、一種の「元老院」メンバーのように、企業の事情もかなり理解し、かつ経営者候補者たちの人格識見を知っている立場にもあることが多いだろう。

もちろん、彼らの声だけで経営者のチェックをしてしまうと「長老支配」の批判を受けるような事態になってしまう危険が大きいが、他企業経営者・学識経験者などの完全に社外の人々を多数とする中での混じっての参加ならば、弊害は大きくなく、貢献はかなり期待できるであろう。

さらに外からのチェックとしては、地域社会の代表などが加わるのもいいであろう。ただし、上に述べた「情報、コミットメント、逆操作耐性」という三つの観点から望ましい要件を満たす場合に限るであろうが。

株主は、すでに現行制度の中で最後の声を与えられている。したがって、現行制度を変えないままに追加的な改革案を述べる次章の議論では、株主は新たに存在感を増すチェックの担い手としては登場しない。

株主はじつは企業の内なる存在でもあり、かつ外なる存在である。とくにコア従業員を企業の内なる存在とすれば、株主は、以下に述べるように内でもあり外でもある存在というべきであろう。その二重の存在のうちの「内なる部分」を重んじて、現行制度の株主だけによるチェック機構がつくられていると思われる。それに変更を加えないのだから、追加的なチェック機構改革案では株主がさらに大きな存在となることがないのは、ある意味で当然である。その上に、株主が企業の外なる存在である部分がかなりあるとすれば、次章に述べる外からのチェックメカニズムに株主も一部参加するくらいで、ちょうど適切と思われる。

株主が企業の内なる存在であるのは、株主が逃げない資本の提供者として企業を構成するのに欠くべからざる存在だからである。企業という経済組織体は、資本の結合体という側面を不可避に持ち、その資本の提供という意味で株主は内なる存在なのである。とくに、コア、ノンコアという区別ができるのなら、コア株主は間違いなく内なる存在である。

しかし株主、とくにノンコア株主は、企業という経済組織体にとっては外なる存在でもある。それは、彼らが株式市場での株式売買を通じて簡単に企業から離脱する可能性を持った存在だからである。彼らはしばしば企業への資本の提供者として、それ以上の存在としての主張はせずに、資本提供への適切な見返りとしての利益分配を要求する外なる存在である。それは、市場の声という存在としての、企業の外からの声というべきであろう。

こうした二重の存在かに見える株主が、現行の法制度の枠組みの中では経営者のチェックメカニズムの全権を株主総会での投票（とくに取締役としての選任の承認投票）というかたちで持っている。内でも外でもある存在が、法律の建て前上は内なる存在として経営者の最終選挙権を持っているのである。それは、かなり本質的に問題をはらんだ状態というべきであろう。よくも悪くも、それが現行の会社法のありようなのである。

しかし、一般論として、経営者のチェックへの内からの参加と外からの参加が共に必要であると思われる。それを考えると、現行の会社法制度だけで用意されているチェックメカニズムには不足の点が多いことがすぐに理解できる。だから、追加的改革が必要となる。

次章で提案される改革は、外と内との両面作戦である。外からのチェックとしては経営者監査委員会による経営者の候補指名と経営者の罷免への参加、内からのチェックとしてのコア従業員による経営者候補の信任プロセスへの参加、という二つの新しい制度の試案が提案される。

## 4 「発言」の巧みな制度化

### 従業員のチェックメカニズムは「発言」を中心に

そうした二つの制度的提案の理論的な鍵は、二つある。それは、次章の具体的提案に限らず、一般的にコーポレートガバナンスの改革の基本を論じようとするときに通用する理論的ポイントで、すでに第1章の概念的枠組みのメカニズム論で基本的には論じたことである。

第一の鍵は、両制度は共に企業の経営が一時的に不健康な状態になったときにそこからの回復を助けることが本来の趣旨である、という点である。制度化の目的は、経営者に罰を与えることにもなければ、あらを探すことにもない。常時監視体制のもとに経営者を置くことでもない。コーポレートガバナンスのメカニズムのキーポイントとして述べた、「一時的な不健康からの回復メカニズム」として、二つの制度は設計されている。

もう一つの鍵となる論点は、企業の内と外の関係者に経営への不満をきちんと表明し、「発言」する機会を巧みに制度化するところに制度設計のポイントがある、という点である。

すでに第1章で述べたように、一時的な不健康からの回復メカニズムとしては、退出というメカニズムと発言というメカニズムとがある。この二つのメカニズムのミックスが、回復メカニズムの全体となる。従業員主権の理念にマッチするようにそのミックスを考える際に、従業員の側からのチェックメカニズムとしては、発言の巧みな制度化が最大の鍵となる。

なぜ、退出ではなく、発言なのか。なぜ「巧みな」という注意書きをわざわざする必要があるのか。

企業組織の不健康へのチェックのメカニズムとしては、株主側のメカニズムがやはりもっとも確立あるいは制度化されているといっていいだろう。

株主による発言は、すでに述べたように現行の会社法のもとで経営者の任免権を株主総会が持っているというかたちでの制度化が行われている。さらにいえば、株主には退出の機会も多く与えられている。株主による退出は株式の売却というかたちをとり、それによって株価が低下し、それ自体が経営者への牽制となる。あるいは株価の低迷が資金調達をむずかしくしたり買収の脅威を大きくするという意味でさらに直接的な危機感を経営者にもたらすことも十分想定できる。

こうした株主による退出の脅威が究極的に牽制の効果を持つのは、じつは株主が会社法のもとで経営者の任免権を持っているからである。たとえば、企業買収の危機を考えてみれば、それがよくわかる。買収そのものは経営者にとっての危機ではないが、買収後に新たに資本を支配する人々によって経営者が追いだされることが危機なのである。つまり、株主の「発言」が制度化されているからこそ、退出も含めた株主からのチェックのメカニズムは有効に効いているのである。

株主と並んで企業の構成員である従業員からの経営者へのチェックを考えてみると、退出もじつは後に述べるように有効性がそれほど高くないし、発言の機会も現行制度のもとではきちんとは準備されていない。いやむしろ、従業員の発言が有効に制度化されていないために、じつは退出もまたそれほど有効なメカニズムではないのである。つまり、退出も含めて従業員の側からの経営者へのチェックを本格的に意味のあるものにしようと思えば、発言の巧みな制度化が本質的に必要なのである。

それは、従業員による退出の有効性のむずかしさを考えてみるとよくわかる。

従業員による企業組織からの退出としてもっともわかりやすいのは、経営者に抗議して辞職することである。辞職する人が多くなれば、組織が立ち行かなくなり、経営者の交代がむしろ必要という声が企業の内外で高まる可能性がある。ただ、辞職という「全面退出」がチェックメカニズムとして持っている大きな弱みは、辞職の数が多くならないと経営者に対する打撃とはならず、しかし多くの人が辞職してしまうと、経営者が交代しても組織自身は辞職した人たちの抜けた穴が大きすぎて回復不可能になってしまう危険があることである。

さらに日本のように流動性の比較的低い労働市場の国では、辞職というオプションをとることのリスクは本人にとってかなり大きく、したがって大量の辞職にまで至ることはあまり考えにくい。それも、このチェックメカニズムの弱みである。

ただし、企業からの退出には、辞職という「全面退出」ばかりでなく、「部分退出」とでもいうべき行動もありうる。つまり、企業という組織からは退出しないが、当面の仕事からは退出する、という手段がありうるのである。典型的な例はストライキ、ボイコットである。微妙なさぼり行為も、部分退出の例であろう。そうすることによって、経営者への抗議行動をしていることになり、経営者へのチェックになるのである。

しかし、部分退出をチェックとして有効になる程度にまで実行しようとすれば、たった一人の部分退出では大きな意味を持たず、部分退出を組織化するということが必要になるだろう。この組織化は手間ヒマのかかる作業で、労働組合によるストライキ権以外にはとくに制度化されているわけでもない。したがって、比較的容易に利用可能なチェックメカニズムにはなりにくいであろう。

退出は、ハーシュマンのいうように、市場経済の基本的な規律のメカニズムである。しかし同時に、本質的な自己矛盾を抱えた抗議のメカニズムでもある。

それは、抗議や規律の対象になっている組織あるいは経営者に改善行動をとらせるためには優秀なメンバーや顧客の退出が多くて「抗議の声が大きい」というメッセージが伝わる必要がある一方、しかし彼らがいなくなってしまうと組織のパフォーマンスの回復に困るのである。つまり、退出が抗議行動として意味を持つように十分に脅威になるだけの大きさで発生すると、じつはそのこと自体が組織のその後の回復をむずかしくさせる状況をつくってしまうのである。

顧客の退出であれば、いいお客が企業を離れてしまえば、回復のための売り上げがつくれなくなる。従業員の退出であれば、すでにいったように優秀な人は退出し、あまり優秀でない人が残って、チェックの効果はあるのだが回復には向かいにくくなるのである。

このように、退出というメカニズムには本質的に困難があり、とくに従業員による退出というメカニズムに経営者へのチェックの大きな部分を担わせるのは、かなり無理がある。それゆえ、従業員からのチェックを意味のあるものにするには、発言のメカニズムが中核的になる必要があるのである。

## 制度化には「巧みさ」がことさら必要

こうして中核的になる発言のメカニズムの制度化は、「巧みに」行われなければならない。従業員側のチェックメカニズムとしても、そして外からの発言のメカニズムの制度化にも、巧みさがことさらに必要とされる。

もちろん、どんな制度化もうまくしなければならないのはあたり前のことだが、ここでわざわざ「巧みな」という形容詞をつけて注意を促している理由は、二つある。

一つは、すでに第1章でも述べたように、発言のメカニズムが退出のメカニズムと比べればはるかに面倒なプロセスであることをあらためて強調するためである。発言をすること自体も、発言を有効に届けることも、かなり面倒である。しかし一方、退出は簡単である。退出に伴うコストはあるものの、退出すること自体が面倒だということはない。従業員の退出は、要するに辞職すればいいのである。発言は面倒なプロセスだけに、それがなるべく容易になるように制度化の工夫をしないと、人々が制度を実際には使わなくなるだろう。だから、巧みさがことさらに要請される。

第二に、従業員にとっての発言は、たんに面倒なだけでなく、リスクの大きい行動だからである。企業に人事権を握られていて、かつ組織の大勢の人々の中で働く必要のある従業員としては、企業組織にとどまった上での発言は、かなりリスクを持つ。かりに簡単に発言者が誰かがわかるような発言の仕方であれば、人事上のペナルティを覚悟する必要がある。あるいは、経営批判をしたということで周りからの冷たい目を覚悟しなければならないかも知れない。それは将来の仕事のやりやすさに悪影響を及ぼしかねない。したがって、そのリスクが小さくなるような巧みな配慮がなければ、人々が実際に発言する確率は小さくなるだろう。

こうして、面倒でもありリスクもある行動だからこそ、従業員の発言の制度化には細心の注意を払い、巧みな設計が必要になるのである。

従業員の発言と同じように、外の声という外部者の発言の制度化にも、巧みさが必要とされる。外の声の大きな部分は、顧客の支持・不支持というかたちで、企業の売り上げに直結するチェック効果を持っている。それが、市場メカニズムの用意した退出というオプションである。しかし、このオプションもまた、すでにいったように退出が一般に持っている弱点を共有している。その上、顧客以外の社会のメンバーは、特定の企業から「退出する」というオプションをそもそも持っていない。だからこそ、外部社会からのチェックのためには発言というメカニズムが中心とならざるを得ない。

しかもここでも、従業員の場合と同じように、外の声の発言の「巧みな」制度化が必要とされているのである。それは、企業に本来的な利害関係のより薄い外部者からの発言は、企業の側がよほどきちんとしたプロセス設計をしない限り、適切には得がたいからである。

適切さの一つは、誰の発言を求めるか、という点である。文句をいってくるというような意味での発言だけが外部からあるような制度設計だと、声の大きい人の発言だけが強くなる。それは適切とはいえない。

適切さのもう一つのむずかしさは、外部者はしばしば企業の内部情報を持たないために、見当外れの発言をしかねない、というむずかしさである。もちろん、内部情報を持たない外部の人だからこそ、外部の見識を取り入れられるし、利害が薄いゆえに客観性の高い発言になる可能性も大きい。そうしたメリットがあるからこそ外部からのチェックが重要なのだが、外部者の情報条件の整備を巧みにしないと、デメリットが大きくなるだろう。

次章では、外の声を中心とする発言のメカニズムとしての「経営者監査委員会」、そしてコア従業員による発言のメカニズムとしての「信任投票」という、二つの「発言の制度化」が提案される。

# 第8章　経営者監査委員会とコア従業員信任投票
## ――現行制度の中の改革

## 1　指名、信任、承認の三層構造

### 現行会社法の枠の中で

前章の終わりで述べたように、この章では現行の会社法の枠の中で、追加的改革としての経営者のチェック機構の提案（経営者監査委員会とコア従業員信任投票）をしてみたい。いずれも現行の会社法の法的制度を基本的に変えないことを前提とし、会社法の用意している株主による発言の制度と併置することを想定している。そのため、たとえばコア従業員の参加はあくまで参考投票としての信任投票というかたちをとっている。会社法と原理的に抵触することを避けるためである。いわば、「柔らかい制度化」が意図されているのである。

つまり、この章の試案は、現行会社法が用意している経営者任免プロセスを維持したまま、現行の法制度の枠内で実行可能と思われる追加的な制度提案である。

その追加的な制度がつくられると、経営者の候補指名、承認、罷免という三つのプロセスのうちの候補者指名と承認のプロセスについて、三層構造からなる経営者のチェック機構ができあがることになる。

第一層は、外からの声を中心とした経営者監査委員会による経営者候補の指名（ここでいう経営者とは、会長、社長という本当のトップマネジメントを指す）。第二層は、その候補へのコア従業員による信任投票。そして第三層として、従来通りの取締役会メンバーの株主総会での選出。

現行のやり方は、経営者候補指名を基本的に取締役会が行い、株主総会だけで取締役会メンバーの承認をしている。その二段階プロセスを、指名・信任・承認という三段階プロセスにして、そのうちの指名と信任を、取締役会メンバーのうちの最高責任者（経営者）については経営者監査委員会が候補指名、そしてその候補についてコア従業員による信任投票、というかたちにしたものである。それに従来通りの株主総会による承認が加わって、三層構造となる。

この三層構造は、プロセスが三層になったばかりでなく、発言するグループもまた三層構造になっている。つまり、株主、従業員、外の声、という三つのグループの声が三層プロセスのそれぞれを担うかたちとなっている。それによって「経営者への発言の制度化」が一つの全体をなしてかなり完結して実現すると思われる。

表8－1　伊丹試案と現行制度の比較

| | 伊丹試案 | 現行制度 |
|---|---|---|
| 候補者指名 | 経営者監査委員会 | 取締役会 |
| 信　　任 | コア従業員 | なし |
| 承　　認 | 株主総会 | 取締役会<br>（そして取締役会を株主総会が承認） |

## 指名、信任、承認の具体的ステップ

その三層構造の具体的ステップをさらに詳しく述べれば、次のようになる。

**第一段階　経営者候補の「指名」**

会長候補、社長候補について、外部者を中心とした経営者監査委員会がそれぞれ単一の人物を指名する。複数候補をあげるのではない。

経営者監査委員会の主な任務は、文字通り、経営者の仕事ぶりを監査し、次期経営者候補者を指名して株主総会に諮ることである。指名は、経営者が代表取締役を兼ねることが想定されるので、取締役としての任期終了時に行うものとする。さらに、経営者監査を現任の経営者に行った結果、任に堪えずとこの委員会が判断すれば、罷免の提案もまたこの委員会の任務である。

この委員会のメンバーは、外部経営者、学識経験者、株主代表、当該企業の経営者ＯＢ、そしてその他の望ましいと思われる外部者からなるものとする。現任の経営者はこの委員会へ次期経営者候補についての意見を陳述する機会は与えられるが、委員会そのもののメンバーとはなれない。従業員代表も委員会のメンバーとしない。外部者中心のメンバーに内部者が情報を提供する、というのがこの委員会の基本的趣旨である。

より詳しくは第2節で述べるが、このような経営者監査委員会を設けて経営者候補の指名をすることの最大の目的は、現行の制度のもとで現任のトップ在職者の権力が絶対化する危険を防ぎ、外部のチェックを経た候補者選びのプロセスを確保することである。しかし、完全に外部者だけにしないために、株主という内と外の二重の存在の代表をきちんと入れ、さらには経営者ＯＢもメンバーにすることによって内部情報も経営者指名プロセスにインプットされるようにしている。

加えて、次期の経営者について現任の経営者が意見を述べる機会をこの委員会で与えられるようにして、内部情報の影響力をかなりの程度確保しようとしている。しかし、それはあくまで情報提供で、現任の経営者が次期経営者候補の指名に大きく関与するのではない。

だが、経営者OBと現役経営者の影響力をある程度確保するように工夫することは、現実的な経営者選びとしては大切である。その企業の特徴と要請にあった経営者選びのためには、内部の情報がかなり影響力を持てるようにしなければ現実的とはいえないからである。しかし、日本企業の現状は、現任経営者の影響力があまりに強いこと、あるいはその影響力だけになっていることである。それは望ましいことではないが、しかし影響力がかなりの程度存在すること自体は、じつは望ましい。

**第二段階　コア従業員の代表による候補者の「信任」**

「代表」の決め方にはさまざまなバリエーションがありうるが、ここでは「あるレベル以上の管理職とある年数以上の長期勤続従業員の合計」として議論を進める。信任投票はいわば取締役会の委嘱による参考意見の聴取で、無記名投票。投票対象となる経営者候補は、経営者監査委員会が指名した候補である。この投票は、現行制度での取締役の任期更新の時期に合わせて行う。投票結果は取締役会に報告され（そして公表されてもよい）、取締役会はこの投票結果を参考にして、株主総会に諮る経営者候補の案をつくる。

しかし、この投票の信任・不信任の結果には法的な拘束力は持たせない。取締役会も株主総会も、信任投票の結果を参考にはするが、それに拘束されるものではない。あくまで参考投票なのである。ただし、参考投票とはいえその結果次第では、取締役会の判断で第一段階の指名からやり直すことはありえてよい。

こうした参考投票としての信任投票を経営者候補に対してコア従業員が行うのは、従業員主権の具体的表現としての制度的担保を持つためである。つまり、コア従業員の発言の制度化である。現行の制度ではこの部分が抜け落ちているために、従業員主権の考え方が企業の基本にありながら、曖昧になっているのである。と同時に、投票を拘束力を持たない参考投票にするのは、現行の会社法の原理と抵触しないような配慮であり、そうして株主の権利を侵害しないためである。その点で、「柔らかい制度化」が提案されている。

信任投票をする人々を従業員全体ではなくコア従業員の代表に限るのは、人々が持っている情報や判断能力を考えると、経営者候補としての適性の判断のためには従業員全員による投票は不適切と考えられるからである。

**第三段階　株主総会による「承認」**

取締役会は信任投票の結果を株主総会に報告して、新しい取締役会メンバーの原案とともに経営者候補（当然、新取締役会メンバー）を明記して、株主総会に取締役会メンバー案の承認を求める。経営者候補は明記されるが、現行制度と同じように、経営者候補としての承認を株主総会の承認事項とする必要はないかも知れない。あくまで経営者の決定は取締役会の決定事項、ということでよい。

取締役会メンバー案の一部でも株主総会で否認された場合は、原則としてはすべてのプロセスが第一段階（指名）から再度行われる。しかし、緊急の必要があれば、株主総会が新取締役会メンバーをただちに確定し、その後の経営者の決定は新取締役会が決めるものとしてもよい。つまり、経営者監査委員会もコア従業員信任投票も、いずれも省くことを緊急時には認めてもよい。

株主総会での決定に対して、コア従業員による信任投票は法的拘束力も持たない。情報として報告されるだけである。しかし当然、株主総会での投票に影響を持つことが期待されている。もちろん、信任投票の結果と株主総会の意見とが食い違う場合は株主総会の意見が優先される。

この第三段階は、基本的に現行の会社法の制度そのままである。参考投票の結果が報告されることだけがちがう。この第三段階が株主の発言の制度化で、発言の制度化の三層構造（外部、従業員、株主）が完成する。この三層構造の最初の二層は、現行では制度化されていない部分である。

## 制度設計のバリエーション

前項では、経営者候補に指名から承認に至るまでのプロセスの概要だけを述べた。その概要の枠の中で、じつはさまざまな制度設計のバリエーションの可能性が残されている。

たとえば、経営者監査委員会のメンバーは誰が選ぶか、コア従業員の代表はどのように決めるのがいいのか。三層の段階の間の意見が食い違った場合の集約の仕方はどのようにしておくのか。

私は以下で、具体的イメージを鮮明に持てるようにかなりのディテールに至るまで一応のかたちを提案しその提案の理由を述べるが、個々のディテールのすべてが必須でもなければ変更不可とも思っていない。問題はディテールの細部のすべてではなく、そのディテールをつくるときに原理原則があるかどうか、制度設計でのきめの細かな配慮があるかどうかである。そうした原理原則ときめの細かな配慮が適切と多くの人が判断すれば、この方向性の改革へ多くの賛成が得られることになるだろう。

私なりの制度設計の原理原則は、大きく分けて二つある。一つは、企業の主権のあり方について第6章まで述べてきた原理である。基本的には従業員主権の考え方をメインにするのが望ましいと私は考えている。第二の原理原則は、前章で述べたチェック参加者の三つの条件（情報、コミットメント、逆操作耐性）である。この三つの条件に照らし合わせて、ある特定の制度設計が望ましいかどうかを判断しようと私はしている。

さらに、詳細な制度設計の際には、制度運用のコストを考慮に入れる必要がある。たとえば、経営者監査委員会とコア従業員信任投票の制度化は、企業にとってある種の面倒を新たに発生させていることにもなる。もちろん、その制度化によるメリットが大きいと思うゆえの提案であるが、大小を問わずすべての株式会社にこの二つのメカニズムの制度化を要求すべきかどうか、慎重に考える必要がある。

つまり、制度の運用コストを考えると、この改革案の適用対象を限定する必要がありうるのである。たとえば、従業員規模一〇〇〇名以上の企業について経営者監査委員会とコア従業員信任投票を制度化するように取り決めるのも、一つの案である。

## 2　経営者監査委員会

### メンバー構成とその決定プロセス

この委員会のメンバーとしては、外部経営者、学識経験者、株主代表、経営者ＯＢ、それに他の望ましいと思われる外部者、とすでに上で述べた。

この中で、株主代表と経営者ＯＢは企業にとって内部者的でもありしかし外部者的でもある、中間的な存在である。そうした人々がこの委員会に参加していることの意義は大きい。それは、彼らが企業に対するコミットメントを単純な外部者よりは多く持つことが期待され、また企業内部からの経営者候補者についての情報を外部者よりたくさん持っていると思われるからである。

しかし、この委員会設置の主な目的が外の声の発言の制度化であることを考えると、外部者が多数を占めるというルールが必要であろう。後に述べるように、この委員会のメンバーを提案するのは実質的には取締役会になるであろうことと考えあわせると、なんらかの「外形標準」によって委員の資格要件とその数を定めておかないと、まったくの「お手盛り監査委員会」となってしまって、現行の監査役制度が抱えているのと同じ問題が発生してしまうであろう。つまり、経営者による逆操作の可能性を小さくするための資格要件の縛りが必要なのである。

この点は、たとえばアメリカの米証券取引委員会（SEC）が経営者候補の提案を取締役会に行う「監査委員会」のメンバーを社外取締役に限っているルールと同じ趣旨である。

経営者OBについても、資格としていくつかの除外要件が必要となると思われる。「元老支配」の危険を小さくするためである。たとえば、現任の取締役会メンバーではいけないし、名誉会長などの役職者もまずいであろう。いわば、「本当に卒業した人」が適格なのである。

株主代表としては、現行制度の中の監査役の数を増やしてこの委員会の委員として入る、という案がありえて当然いい。その場合には、監査役の任務はこの委員会の専任委員とするのが適当だろう。他の監査委員は兼任者が多いものと想定されるので、専任委員は必要と思われる。その場合には、監査役という監査専任委員の主な仕事は経営者監査に限定するのも、一案である。現行の監査役のように、業務監査なども行うことによってかえってその任務の本質が希薄化することを避けるためである。監査役という専任委員は、この委員会の事務局的存在として、委員会への定期的報告義務を負うものとするのが適切だろう。

現任の取締役会メンバーはこの委員会のメンバーにはなるべきでない。実質的に監査されるべき人が監査委員会のメンバーになってはおかしいからである。そして逆に、監査委員会メンバーは取締役候補にはなれない、ともすべきであろう。監査委員会メンバーがもし取締役候補としての議論の対象になったならば、その時点で監査委員としての任務を一時中断し、委員会には出席しないようにすべきである。さらには、一時的に出席しないばかりでなく、その場合には本人が辞任し後任が任命されるべき、という規定もありうるであろう。

現任の経営者もまた、当然この監査委員会のメンバーにはならない。しかし、経営者候補者の適任者について、意見陳述の機会を正式に与えられるべきである。この意見陳述で実質的な後継指名に近いことが行われることを妨げる必要はない。その意見に賛成するかどうかは、監査委員会の決めることである。もちろん、現任の経営者が後継指名を必ず行うという必要もない。後継指名を行わず、監査委員会一任との意見陳述があれば、それは実質的には再選立候補と受け取られる場合があってもいいのである。

この委員会メンバーの決定プロセスにも、細かな配慮が必要であろう。

まず、会社法の現行制度の枠の中での監査委員会という性格を考えれば、メンバーの決定は株主総会での承認が必要であろう。その承認を得る原案を提示するのは、おそらく現任の取締役会とする必要があるであろう。現行の制度のもとでは、取締役会が経営の中核機関だからである。こうするとお手盛りになってしまう危険はあるのだが、それは仕方のないことと割り切る他ない。その上でお手盛りの危険を小さくするために、外部者が過半数を超えること、などのルールを設けるのである。

監査委員会が選んだ経営者候補は、コア従業員による参考信任投票を経た後に、株主総会での承認を求めることになる。そこで原案が否認されるプロセスも考えられる。その場合、監査委員会のプロセスをどのように再出発させ、再出発の際のメンバーをどうするか、微妙な問題が発生する。

おそらく望ましいのは、一度否認された後はプロセスを元へ戻して、監査委員会メンバーはそのままで、もう一度候補者選びを行うことであろう。そして、二回目の候補者もまた株主総会で否認されたら、そこで監査委員会の選出からすべてのプロセスをやり直す。それでも選出ができなければ、株主総会で経営者を直接選挙する。

こうすれば、面倒なプロセスではあるが、株主総会での議決権の過半を持っている株主の意向にそった経営者が選ばれることが最終的に担保され、なおかつ外部の意見を慎重に取り入れるというプロセスもきちんと行われることになる。

## なぜ経営者監査か

経営者監査委員会の任務は、その名の通り、経営者の仕事ぶりの監査である。そして、その監査の結果として、次期経営者候補を指名する。

監査委員会が経営者監査を行うことは、経営者候補の指名を行う委員会にとってきわめて重要である。その理由は、監査のプロセスで委員会メンバーが持つであろう情報が、じつは次期の経営者候補指名のための重要な情報となるからである。ときには、罷免のための情報となるかも知れない。

経営者監査の重要性は、この委員会が外部者を中心に構成されていることを考えると、ますます明瞭になるだろう。現任経営者の適格性、この企業の経営者として必要とされる資質、そうした情報を外部者がきちんと手に入れるために、この監査によってその企業の抱える問題などの情報が報告されることが必要なのである。その情報提供のために、監査役という専任委員を置く。そして、監査役は監査委員会に対して定期的に経営者監査報告を行う。そのために、監査役を監査委員会の事務局とするのである。

もちろん、経営者監査のプロセスから外部の監査委員が得られる情報が、企業内部で事業の現場にいる人々が持っているような濃密な情報と同等の質になることは期待しにくい。しかし、経営者監査をしないとなると、監査の仕事を通して入る情報すら委員会は持たなくなってしまう。そのような情報過疎の状況で経営者指名を適切にこの委員会が行えるかどうか、大いに疑問である。

つまり、この委員会がたんなる「指名委員会」でなく、「監査」委員会となっている理由は、経営者チェックの三つの条件（情報、コミットメント、逆操作耐性）のうち、情報的条件を整備する効果を経営者監査のプロセスが持っているからである。

そして、外部で当該の企業以外に識見を積んでいるという知識集積が内部情報の足らないところを補完して、委員会全体としての情報的適格性がさらに担保されていることになる。

経営監査をこの委員会が行うことは、経営者による逆操作の危険を小さくする効果も持つであろう。経営者による情報操作がこの委員会に対してかりにあった場合にも、経営監査のプロセスで操作された情報と監査で伝えられる情報との間の矛盾が露呈する可能性が高いからである。そうした矛盾がいずれ露見することがわかっていれば、経営者がこの委員会に対して情報操作をしようとする動機は小さくなるであろう。

## 誰のための経営者監査か

こうした経営者監査と経営者指名は、誰のために行うのか。それが、この経営者監査委員会の制度化が抱える最大の問題であろう。

監査委員会の目的が外部の声を取り入れることであるとすれば、たんに株主の利益のために、あるいは従業員の利益のために、経営者候補を監査し指名するということではまずいであろう。結局、この委員会に与えられる目的は、企業の長期的発展とそれによる社会への貢献、ということにならざるを得ないであろう。つまり、社会の公器としての企業の経営者監査が、外的チェックを中心とする経営者監査委員会の基本任務なのである。

しかし、こうして基本目的を設定したとしても、現行の法制度との整合性をきちんと考えると、二つのスタンスの確認が必要だろう。

一つは、株主の権利は守る、というスタンスである。第二は、従業員主権をメインとする、あるいは、それを十分尊重する、というスタンスもまた、企業の長期的発展のためには必要であろう。

この二つのスタンスは、必ずしもつねに整合的とは限らない。その場合、株主の権利と従業員の権利の間の総合判断は、この監査委員会に委ねられることになるだろう。その総合判断に関しては、私は従業員主権の尊重が優先すべきであると考えるが、しかし従業員主権あるいは株主主権という特定の考え方を監査委員会に押しつける必要はない。そこでは、監査委員会の自主性、ひいてはそうして委員会のメンバーを決める企業としての自主性に任せればよいであろう。ただし、任せるのは総合判断のミックスのあり方であって、二つの主権を尊重すること、その二つの間のミックスと社会の公器としての企業の長期的将来が総合判断の内容であることは明確にしておいた方がいい。

こうした総合判断を監査委員会に要請するとしても、しかし最終的には経営者は株主総会で承認されるプロセスがあることによって、この経営者監査委員会は法的な意味での会社法の枠を守っているのである。

## 3　コア従業員による信任投票

### なぜ「参考」「信任」投票か

それでは続いて、コア従業員による参考信任投票について、制度設計の詳細の議論をしておこう。議論の最大のポイントは、なぜ「参考」なのか、なぜ「信任」なのか、という点であろう。

まず、コア従業員の参加形態を、なぜ「取締役会の委嘱による法的拘束力を持たない参考投票」としたのか。

一つの理由は、現行の会社法の枠の中で仕組みを考えるためである。もう一つはもっと重要な理由で、法的な拘束力をこの投票に持たせると、コア従業員が経営者候補に対して「拒否権」を持ってしまうことになる。それは、現行の会社法の枠の中での制度化としては従業員に与えられる権利が強すぎる。株式会社が資本の結合体としての法人として法律的に存在している以上、従業員にそうした拒否権を持たせることは法手続き上の問題を超えて、本質的にも問題が生じると思われる。

一般的に権力者に対する牽制のあり方は、拒否できる権利を持つという牽制と、自由放縦な行動に対する抑止力をなんらかのかたちで持つという牽制と、二種類が基本的にありうる。拘束力を持たない信任投票で、しかし結果は株主総会への報告というかたちで公表されるという仕組みは、抑止力としての牽制をねらったものである。もし大量の不信任票が出るようであれば、それが公表されることで経営者の統治能力に大きなマイナスとなるであろう。批判票を投じているのが組織の外部者ではなく、コア従業員の代表なのだから余計にそう思われるであろう。

次に、なぜこの提案が候補が指名された後の信任投票であって、候補を一人に特定しない直接選挙のようなかたちをとらないのか。

それは、直接選挙をして候補者を絞り込めるだけの幅広い候補者情報をコア従業員が持っているかどうか、あるいはどのような資質が経営者としてふさわしいかを判断して直接投票するだけの判断力がコア従業員にあるか、についてかなりの疑問があるからである。

指名された候補者に対してイエスノーをいうのと、多くの不特定多数の候補者の中からただ一人を記名投票するのでは、投票する側にかかる負荷はまったくちがう。ここでの提案は、指名は経営者監査委員会に委ね、その指名結果に対して信任をするというかたちにすることによって、この情報負荷の問題を解決しようとしているのである。

## なぜ管理職と長期勤続者か

次に、信任投票に参加する代表をなぜ「一定レベル以上の管理職と一定年数以上の長期勤続者」にするのか。それを、前章で述べたチェック参加者の三つの条件（情報、コミットメント、逆操作耐性）に照らし合わせて、考えてみよう。

経営者としての適格性を判断するための情報としては、二つのタイプの情報が必要である。一つは、経営の長期的な要請についての情報で、どのような経営が今後必要とされるかについての情報である。それは、「経営者として望ましい資質、キャリア」などを判断する材料となる。もう一つは、候補者になりそうな人々の個人的資質についての情報である。つまり、「候補者の適格性」についての個人情報である。

一定レベル以上の管理職（たとえば、統括課長以上）ならば、株主よりも誰よりもそうした情報をもっとも豊富に持った集団であろう。彼らは、経営の実務的知識の中核にあって企業の長期的な将来のあり方についての内部情報をたくさん持っている。さらに、彼らは経営者候補群の人々を直接の上司として持つことが多く、彼らの個人的資質を直接的に知りうる立場にあるからである。

しかも、コミットメントという観点からも、彼らはその立場から企業の長期的将来について利害を深く持っており、この組織に深くコミットしていることがふつうであろう。さらに、逆操作耐性の観点からすれば、管理職の数はかなり多く、経営者からのさまざまな操作が入る余地が少ない。この点は、現行の取締役会メンバーに対する経営者の逆操作がじつに容易であることと対照的である。無記名投票にして匿名性を確保しているのも、逆操作を防ぐためである。

一定年数以上の長期勤続者（たとえば二〇年以上）を代表に加えているのは、三つ理由がある。第一は、彼らが長期にわたってかなりの情報蓄積をしているという理由である。第二に、コミットメントである。それだけ長く企業に働いている人々の意見は、参考として当然聞くべきと思われるからである。そして第三に、彼らを代表に組み入れることによって、労働組合構成員の意見を反映させる道も開かれる、という理由である。労働組合構成員の意見をなんらかのかたちで反映させることは、労働組合という制度が存在するという状況のもとでは、考慮すべきことと思われる。

ただし、労働組合構成員の全員が管理職と同じように投票権を持つのは必ずしも望ましくないと思われるので、長期勤続という縛りを入れたのである。その最大の理由は、情報的な適格性である。経営者に望ましい条件、候補者個人の資質の両方で、通常の労働組合員の持つ情報基盤は一定レベル以上の管理職に比べれば劣るのがふつうであろう。

もっとも、労働組合構成員にも信任投票への参加の道を開くためには、労働組合としての代表者（信任投票に参加する代表者）を彼らが選挙するという間接選挙制はありうる。ただしその場合には、管理職としての参加者の数と労働組合代表としての参加者の数をそれぞれ決めるというステップが必要になる。つまり二つのグループの間の比重を決める基準が必要なのである。ここでの提案は、それを勤続年数という客観的数値で自動的に決めるように仕組んである。

情報的適格性という観点から見ると、長期勤続者に限定してもなお配慮が必要かも知れない。それは、長期勤続者の多くが現場の労働者であれば、管理職のように経営に関する情報を十分に持ちうる立場にないかも知れないからである。つまり、情報的適格性を管理職ほどには持っていない場合があることも予想される。その場合には、管理職でない長期勤続者の投票結果は、管理職の投票結果とは別に公表されてもいいかも知れない。ただしそれは、匿名性と数の多さによって、経営者からの逆操作の可能性を小さくできている場合に限るであろう。長期勤続者が数十名しかいないようであれば、彼らの投票結果を別に公表することは匿名性を壊すことになりかねない。

こうした議論からもわかるように、「一定レベル以上の管理職」と「一定年数以上の勤続」という「一定」の線をどこで引くかは、匿名性の確保と情報とコミットメントの適格性との総合判断で決まるべきことであろう。線を上で引けば代表者の数は少なくなり、匿名性が実質的に損なわれていって、逆操作の危険が高まる。線を下で引けば、代表者の数がいたずらに多くなり、情報とコミットメントの適格性が損なわれていく危険がある。

## 正直な意見表明を妨げるもの

以上のような信任投票の仕組みの望ましさは、投票権者が自分の判断にしたがって「正直に経営者としての適格性について意見表明をする」という前提で議論されている。しかし、この前提自体が成立するかどうかも、じつはこの仕組みの実効を考えるためには議論する必要がある。

正直な意見表明が起こりにくくなる原因は、二つありうる。一つは外部からの介入、第二は自己規制である。

外部からの介入とは、コア従業員以外の人々からの介入である。その典型的な例が、経営者からの逆操作である。それを防ぐために、かなりの数の投票権者をつくり、彼らの匿名性を重んじるのである。

もう一つの外部からの介入の例は、さまざまな政治勢力からの介入である。企業の事業そのものとは関係の薄い政治的目的を持って、経営者の選出に圧力をかけるために信任投票権者に働きかけるということは、十分ありうることである。たとえば、労働組合がさまざまな政治的目的につながっている場合、労働組合が外部から介入して信任投票のプロセスを左右としようとすることはありうる。後で述べるドイツの共同決定法による経営者選出プロセスである程度起きてしまっていると思われる外部からの介入の一つの例が、これである。ここでの提案で一定年数以上の長期勤続者に投票権者を限定している一つの理由は、本当にその企業にコミットしている内部者に投票権を限定することによってこうした外部介入の危険を小さくすることである。

次に、自己規制について。

二つの従業員代表グループのうちとくに管理職グループにいえることであろうが、経営の実務の中核を担当しているがゆえに、不信任票が多く出て株主総会で公開されることが企業の信用に及ぼす悪影響を深く考える可能性がある。たとえ不信任票が過半数にならなくともかなりの数であれば、そのこと自体がじつは組織の内部が一枚岩ではないことの証になってしまう。それが及ぼす悪影響を気にして、よほどのことがない限り自己規制をして不信任票を投じなくなる可能性がある。もちろん、無責任に不信任票を投じるという逆の意味の不正直の危険もあることはあるが、それよりもこの自己規制の可能性の方がはるかに高いであろう。

この自己規制そのものに対しては、とくに有効な対策はないように思われる。あるとすれば、投票結果がそうした自己規制があった上での結果であることを取締役会はよく理解し、票数の重みをきちんと考えることであろう。その結果、案外少ない不信任票でも取締役会あるいは株主総会の判断で候補者の指名からやり直す、という余地は残されている。

## ありうべき悪影響

経営者監査委員会制度のよさは、簡単にいえば外部の公平な目で経営者候補を厳しく評価することである。コア従業員の信任投票制度のよさは、現場をよく知る彼らの判断が経営者選びをより適切にする、という点につきる。

しかし、こうした制度は同時に意図せざる悪影響も生む可能性がある。それが、この種の制度設計のむずかしいところである。以下では、経営者監査委員会とコア従業員信任投票の両方について、ありうべき悪影響を考えてみよう。

この二つの制度を取り入れた場合に生まれる可能性のある悪影響としては、四つのものが考えられる。それは、①判断の間違い、②経営行動のゆがみ、③社内政治の激化、④ムダなエネルギーの浪費、である。

まず第一に、経営者の任免の判断が「間違う」危険がある。たとえば、コア従業員の代表に対するさまざまな情報操作が行われ、そうして操作された情報で彼らが不信任票を投じ、その結果、取締役会や株主総会の判断を狂わせる危険である。あるいは、経営者監査委員会に対しても、情報操作の危険はある。

これはすべての参加制度に生じる危険であるから、とくにこの制度がより悪質に持っている危険というわけでもない。たとえば、株主総会もまた情報操作の対象に十分なりうるのである。むしろ、この制度の設計の一つのポイントは経営者からの逆操作の可能性を小さくすることであったが、それでもなお情報操作の可能性が経営者あるいは外部からあることは気をつけるべきことである。

第二に、経営行動のゆがみ。

経営者が、自分に対する批判票が出る危険を小さくするために組織全体の長期的発展とは逆行するような政策をとるというゆがみである。たとえば、コア従業員向けの人気取り政策としての高齢者の優遇、リストラの必要なときに大甘のリストラ案などがすぐに思い浮かぶ。さらには、管理職への登用人事にもゆがみが出る危険がある。信任票を入れる可能性の高い人を管理職に登用する傾向が生まれかねないのである。あるいは、経営者監査委員会に対する人気取り政策もありそうである。たとえば、「世論」の声を気にしてその企業にとっては本来は望ましくない経営行動をとってしまうことである。

さらには、衆愚民主主義の危険があって一種の世論が形成されているような場合には、外部の声もまたその毒に侵されている可能性があり、その声に牽制された経営者がゆがんだ経営行動をとる可能性は十分ある。

これと本質が類似したゆがみは、株主に対してはすでに生まれていることがよく指摘される。株主の短期的利益を大きくしないと自分が解任されることを恐れて、経営者の行動が短期的業績を重視しすぎるという指摘である。そうした株主サイドへのゆがみが現在多少なりとも存在するとすれば、コア従業員サイドへのゆがみが新たに生まれることは、かえって全体のバランスを中庸に回復させると思わぬ効果があるかも知れない。ただし、そうした「好影響」よりも悪影響の可能性の方が強いであろう。

第三の悪影響は、社内外での政治的取引の激化である。

たとえば、信任投票での批判票を出すことを脅しの材料に使って、経営者に自分たちに有利な行動をとらせる働きかけをする集団が社内に登場するかも知れない。ちょうど、総会屋による株主総会での批判を社内政治の道具に使う集団がときに存在することと同じことである。不信任投票の制度化は、政治的取引道具をあらたに提供したことにもなってしまうのである。あるいは、社外での政治的取引が、経営者監査委員会のメンバー選びや彼らの行動を中心に激しくなる危険も予想される。

第四の悪影響は、ムダなエネルギーの浪費。

コア従業員や経営者監査委員会の批判票を恐れて、それを回避するための事前工作が激しくなれば、そのエネルギーはじつはこの制度がもたらした浪費となる危険もある。ちょうど株主総会で総会屋からの批判的発言を恐れて事前に懸命に批判を封じ込めようとする動きがしばしば観察されるように、たとえば社内の信任投票でも批判票を封じ込めようとしてさまざまな対策を経営者が講じることによって、組織としての資源とエネルギーがムダ遣いになるという悪影響がありうる。さらには、批判封じ込め対策が恒常化して、かえってこうした制度がないときより社内統制がきつくなる、というところまで進む危険すらないとはいえない。あるいは、こうした制度があるばかりに不信任運動が起きて、それに組織の人々の関心とエネルギーの相当部分が消費されて肝心の実務に回るエネルギーがそれだけ減ってしまう、という事態も起きうる。それもムダなエネルギー浪費の例であろう。

以上に述べたような悪影響が論理的にありうることが推測できるものの、だからといってここで提案している制度化がただちに退けられるという結論になるべきではないだろう。こうしたありうべきマイナスと、現在のようなコーポレートガバナンスの空白からの前進のプラスを総合判断する必要がある。

考えようによっては、ここであげたようなありうべき悪影響が出現してしまうような企業は、経営者も経営者なら従業員も従業員、とでもいうべき組織になってしまっていることになる。どのみちしようのない企業なのであろう。彼らにとっては、経営者への牽制のメカニズムがあることがそもそも大きな意味を持たないのであろう。そうしたケースばかりを議論して牽制のメカニズムの最終的望ましさを判断すべきではない。

この制度的提案のような議論は、あくまで牽制メカニズムがあることによって一時的な不健康から回復できる可能性を持った企業への回復の手助けが目的であることを再認識するべきである。その認識のもとに、プラスとマイナスの最終判断として、やはりこうした制度を入れるべきという議論は十分成立しうるのである。

## 4　ドイツ共同決定法方式との比較

### 共同決定法での監査役会と労働者参加

経営者の監査の場をつくる、従業員の声を経営者の任免のプロセスに反映させようとする。こうした意図を制度として法律的にかなり包括的に導入した唯一の国が、ドイツである。ドイツ方式とここでの提案とのちがいを検討してみよう。

ドイツの労資共同決定の歴史は長い〔その詳細については、たとえば、村田（1978）、吉森（1982）、高橋（1995）〕。その歴史の中でも大きな動きは、一九七六年に制定された共同決定法による労資共同決定である〔労資であって、労使ではない。以下のドイツに関する法的制度の記述は、ドイツ政府の文書〈The Federal Minister of Labour and Social Affairs（1980）〉によるものである〕。

この法律は、従業員二〇〇〇人以上の企業では役員会を監査役会と「執行役会」（マネジメントボードとよばれている。経営陣）との二重構造にし、監査役会が執行役会メンバー全員を任免するという方式を制度化した。監査役会の任務は、経営者の任免のみならず企業の経営全般の監督にあるのだが、実質的な最大の任務は執行役会メンバーの任免である。

さらに、監査役会メンバーの半数は従業員の代表によって構成すると共同決定法は定めている。監査役会の残りの半分は、株主総会が選ぶ株主代表である（従業員二〇〇〇名未満の企業では、いくつかのタイプの労働者参加が法制化されているが、監査役会メンバーの三分の一が従業員代表という参加形態がもっとも一般的である）。

そして、議長は株主側から選べるようになっていて、監査役会の議決が賛否同数になった場合には議長がエキストラの一票を投じる権利を持つこととした。議長が最終的には二票の投票権を持つことによって、労働側と株主側の意見が真っ向から対立して半数ずつの票数になった場合には、株主側の意向が最終的には通るように仕組んであるのである。

監査役会の人数とかその中の従業員代表の部分の数などで多少のバリエーションが従業員規模などに

よってありうるが、監査役会が経営陣全員の任免の三つのステップ（指名、承認、罷免）をすべて行うことは変わりない。

日本の会社法でも取締役会が経営陣の任免をすべて行うが、大きなちがいが二つある。

一つは、監査役会のメンバーは執行役会のメンバーを兼ねることができないことである。日本では、取締役会のメンバーが即経営陣である。つまり、ドイツの監査役会に相当する機関は日本にはない（ただし、執行役会のメンバーが次の監査役会のメンバーになることはよくある。たとえば、執行役会前会長が次の監査役会議長に）。

第二のちがいは、監査役会メンバーの半数が従業員代表と規定されていることである。日本の取締役会は内部登用役員が多いために、実質的にはほとんど全員が従業員代表のようなものでもあるが、しかしその承認は株主総会に委ねられる。したがって形式的には取締役は株主の代表なのである。ドイツでは、監査役の半数は株主総会が選出し、半数は以下に述べるような多少複雑な方式で従業員によって選出される。

この構成の仕方は、経営陣の任免というコーポレートガバナンスのもっとも本質的な部分で、資本と労働の間で権力を等分している方式である。

ただし、すでに述べたように、監査役会の議事のルールとして議長は株主側が選べることになっており、その議長は監査役会の票決が賛否同数となったときに「最終決定票」（Casting vote）を一票余分に持つことになっている。このエキストラの票の存在があるために、監査役会は最終的には株主代表がより強い権利を持つようになっている。つまり、かたちの上では労資は限りなく平等に近くて、しかし最後の最後は株主の主張が通るという巧妙な工夫である。いわば、権力を株主側五一％、労働側四九％で分け合っているのである。

この共同決定法はドイツの労使協調の象徴ともいわれ、戦後のドイツ社会の中心理念である「社会市場経済」の根本ともなっている。労使協調の重要性を謳う国は多いが（日本はその代表選手である）、その精神を法律の固い制度として制度化した国は世界中でドイツだけである。そこに、ドイツのすごみがある。

### 監査役会メンバーの選出と経営者任免のルール

ドイツの共同決定法の政府文書〔The Federal Minister of Labour and Social Affairs, Germany (1980)〕に、従業員数二万人以上の企業の監査役会メンバーの選出の仕方として、典型的な基本モデルが例示されている。

それによると、総勢は二〇名で、内訳と選出方法は以下のようになる。
(1)まず、株主代表一〇名、従業員代表も一〇名で、株主代表は株主総会が選出する。
(2)従業員代表一〇名のうち七名はその企業の従業員の中から従業員たちの選挙によって選出。残りの三名は労働組合代表を、従業員たちが承認して選出。この労働組合代表はその企業の従業員である必要はなく、通常は全国組織の労働組合の専従役員。
(3)従業員代表の七名は、従業員全体を三つのカテゴリー（賃金労働者、俸給従業員、管理職）に分けて、それぞれのカテゴリーごとに自分たちの代表を選出。七名の三つのカテゴリーの間での配分は、それぞれのカテゴリーの従業員数比例。ただし、各カテゴリーごとに最低一名は代表を選ぶ。
こうしたルールの結果、ブルーカラー（つまり賃金労働者）が多い企業の監査役会の典型的構成は次のようになる。

株主代表　一〇名
賃金労働者代表　五名
労働組合代表　三名
俸給従業員代表　一名
管理職代表　一名

この中で、いわゆる「経営側」となるのは、管理職代表が少なくとも経営側ということになるだろうから、一一名であろう。ただし、監査役会の最大の任務である執行役会メンバー案の承認には、次のような三段階のステップが準備されているので、二〇名中の一一名しか人数がいない株主側・経営側の意向だけで簡単にすべてを決めるわけにはいかない。

まず第一に、監査役会の中に設けられる執行役指名委員会が執行役員メンバー原案を監査役会に提出する。その承認は、監査役会で三分の二の賛成があれば成立。

次に、三分の二の賛成がないときには、指名委員会は一カ月の後に再び案を監査役会に提出（新しい案でも古い案のままでもよい）。この場合の成立要件は過半数の賛成。

第三に、この第二回投票で承認が成立しない場合は（それは監査役会メンバーが偶数であるため賛否同数になった場合のみである）、三回目の投票を監査役会はただちに行い、その投票では監査役会議長（株主代表）は一人で二票を投じる。

こうして、株主代表の意向にそった経営陣が最後には選ばれる保証が第三段階で設けられているのであるが、それまでの段階で従業員代表の意見がはっきりと表明されることにより、彼らの意向が影響力を持つ仕組みになっている。

## 現実の監査役会メンバーのイメージ――シーメンスの例

以上のようなルールのもとで形成される監査役会のメンバーは、現実にはどのような人々なのか。その典型例として、ドイツを代表する企業である総合電機メーカー・シーメンスの監査役会メンバーがどのような人たちになっているか、肩書き（シーメンスの英文アニュアルレポートに記載されているもの。九一年版、九二年一月現在）で見てみよう。ちなみに、アニュアルレポートでは監査役メンバーはアルファベット順に記載され、彼らについてのほとんど唯一の情報は肩書きである。株主側か従業員側かの区別の記載はなく、その区別の判断は筆者のものである。

| 株主代表 | 従業員代表 |
|---|---|
| 議長（他の肩書きなし） | 副議長、機械工 |
| 副議長、アリアンツ保険・執行役員会会長 | 技能工 |
| ドイツ銀行・執行役員 | マスター工具工 |
| ドレスナー銀行・監査役会議長 | 金属労連（IG Metal）執行委員 |
| バイエル化学・監査役会議長 | 通信架設工 |
| バイエルン銀行・監査役会議長 | 工学士 |
| フンボルト財団・理事長 | 金属労連ミュンヘン地域長 |
| 肩書きなし | 精密機械工 |
| スイスユニオン銀行・役員会会長 | 電気技能工 |
| ティッセン製鉄・執行役員会会長 | 金属労連ベルリン地域長 |

このメンバーリストを見ての第一印象は、株主代表と従業員代表ではいかにも階級が異なるというほどに、バックグラウンドや職業がまったくちがうことである。株主代表はドイツを代表するような企業のトップ経営者がほとんど、一方従業員代表は、現場の労働者が大半で金属労連からの人間が三名いる。管理職代表が一名選べるが、それがいるのかどうか、定かでない。また、俸給従業員代表が九一年三月まではいたのだが、その後金属労連代表に代わっている。

経営の状況やシーメンスの置かれた大きな環境、企業という大きな組織を経営するために必要な資質や候補者の適格性を判断するための情報の基盤、いくつもの点において、二つのグループは大きく異なると思うのが自然な想定であろう。本当に経営陣を選ぶための内容のある議論ができるのか、と素朴な疑問が出てしまう。そうしたグループが、形式的には同じ一票を持って経営陣の選出を議論するというかたちをとっているのである。

## ドイツ方式と伊丹試案のちがいと類似

ドイツ共同決定法の方式とこの章での試案との間には、大きなちがいもあり、しかし本質的な類似点もある。

まず、経営者の指名について。

類似点は、経営の執行責任を持たない機関が経営監査を行いながら経営陣の指名を行う、という点である。しかし、大きなちがいが三点ある。

まず第一点は、ドイツ方式は経営陣の指名を株主代表と従業員代表からなる監査役会が行う。それはそれで、株主と従業員こそが企業の内部者であり、その内部者の代表が経営陣を指名するという考え方として筋は通っている。伊丹試案では、経営者の指名は外部者中心となっている。その外部者が適切な情報を確保できるように、経営者監査を委員会の任務の一部としている。従業員の意向はその後の信任投票で、株主の意向は株主総会での決議で、それぞれ反映させようとしている。ドイツ方式では、外部の声は、株主代表、労働者代表の中にそれぞれ外部の人を入れようとする、というかたちで入るとすれば入るのである。

第二のちがいは、指名される経営者の範囲である。ドイツ方式は執行役会メンバーの全員を監査役会が指名する。それに対して、伊丹試案では、経営者監査委員会が指名するのは取締役会会長と社長の二名（共に代表取締役となることを想定）のみである。伊丹試案では、指名される二名以外の経営陣の構成は、基本的に経営者の選択に任されることが意図されている。

第三のちがいは、ドイツの監査役会の指名は最終指名であり、伊丹試案の監査委員会の指名はその後に信任と承認のプロセスを控えた「提案」にすぎないことである。つまり、伊丹試案では最終決定はあくまで株主総会で行うとして、その意味では現行の日本の会社法の制度的枠の中にある。ドイツ方式では、監査役会の決定を最終決定とするという点で、会社法の制度と基本的な矛盾をもたらしかねない制度となっている。その矛盾をなくすために、監査役会に株主代表が半数は入り、さらには監査役会での議決を「株主側五一％」というかたちで確保することによって会社の所有者は株主であるという最終ラインをキープしているのであろう。

しかし、この点が問題となって、共同決定法は会社という結社の自由を侵害し、かつ財産権を侵しているという憲法違反裁判が起きたほどである。その裁判は、結局は違憲ではないということになり現在に至っている。だが、そうした意味で、ドイツ共同決定法は伝統的な会社法の枠を超えた新しい企業制度へと足を一歩踏みだした制度といえるだろう。この章での伊丹試案は、あくまで現行会社法の枠の中の改革案である。現行法制度を超えた企業制度の提案は、次章で行われる。

経営者の任免への従業員の参加の仕方という点でいえば、ドイツ方式と伊丹試案の間にやはり三つの大きなちがいがある。

第一のちがいは、伊丹試案は現行の株式会社制度の枠は崩さない参考信任投票である、という点である。労資共同決定は違憲という提訴の根底には、労働者代表が法的拘束力を持った監査役会での投票をすることへの反発があったものと思われる。それゆえに、会社法の立法趣旨と法的に抵触しかねないという違憲論争が生まれたのである。

第二のちがいは、従業員代表の範囲である。ドイツでは労働組合を代表する人が三名入っている。伊丹試案では労働組合は正式な組織としては登場しない。しかも、ドイツ方式での労働組合代表はしばしば全国団体の人で、企業の外部者である。伊丹試案では、信任投票をするのはすべて企業の内部者に限られている。

第三のちがいは、「代表」の範囲の決め方、意見の表明方法である。ドイツのやり方は、従業員の中を三つの職種によってグループ分けし、それぞれごとに代表を人数比例で選んで、その上で間接代表制のかたちで監査役会での経営陣の承認から罷免まですべてに従業員代表が意見表明するかたちとなっている。伊丹試案では、管理職と勤続年数のどちらかの条件を満たした人すべてが直接的に参加するが、意見表明は任免のうちの信任だけに限られている。

一方、ドイツの共同決定法方式とこの章の伊丹試案との間には、本質的な類似点もあるというべきであろう。

それは、両方の方式では共に、従業員の意見は最終的には法的な拘束力は持てない、という点である。伊丹試案ではそもそも参考投票であるから、法的拘束力はもともとない。ドイツ方式では、従業員代表の監査役会での投票は法的に株主代表と同じ一票の意味をたしかには持っているのだが、最終的には株主代表の一致した意見が出ると従業員代表の意見は通らないように「最終決定票」の工夫がある。そのために、最後には自分たちの意見は監査役会の決議にはならないという前提のもとで、しかし途中のプロセスでは従業員代表の意見が法的な意味を持つようにプロセス設計がなされている。つまり、その意味で「最終的には従業員の意見は法的拘束力を持てない」のである。

もちろん、参考投票方式での従業員の法的立場はたしかにドイツ方式よりは弱い。しかし、最後の最後まで考えると、同じようなものになるのである。

しかし、ドイツ方式での途中のプロセスでの意見表明は抑止力を当然に持つであろう。たとえば、つねに従業員側の意向が無視されて第三段階で経営陣が決まるような状況が続くのは、労使関係の調和という点でもその企業にとって望ましくなく、また対外信用という点でも問題が出る可能性がある。したがって、それを避けようとするインセンティブが株主代表の側に働くことになって、従業員代表の意向を反映した経営者選びが行われることになりうるのである。そうした意味の抑止力としては機能する。

それはじつは、参考投票の結果が、「批判票を気にする」というプロセスを経由して法的拘束力はなくても経営者選びに抑止力を持つ、ということと本質的に類似している。

## 情報、コミットメント、逆操作耐性、から見ると

こうしたドイツ方式には長所も短所もありそうである。それを、経営者のチェックに参加する人たち

の情報、コミットメント、逆操作耐性という三つの条件の観点から、伊丹試案と比較すると、おそらく以下のような結論になると思われる。

まず、従業員の情報という点では、当該企業の経営の実務的内容や候補者の資質についての情報を伊丹試案の「管理職と長期勤続者」の方がドイツ方式の監査役会従業員代表より深く持っていると思われる。ただし、ドイツ方式であれば、情報基盤は外部的には大きく広がっている。従業員代表には外部の労働組合代表がいるし、株主代表も他企業の経営者たちだからである。ただし、こうした情報基盤の外的拡張を意図して、伊丹試案では外部者中心の経営者監査委員会を設けているのである。二段階方式であるだけに、情報面では伊丹試案の方が有利であろう。

コミットメントという点では、ドイツ方式の従業員代表のうちの企業内部者のコミットメントは伊丹試案の「管理職と長期勤続者」と大きく変わるところはないと思われるが、大半の株主代表と労働組合代表は社外の人々であり、当該企業の長期的発展へのコミットメントとしてはより弱い人々であろう。もっとも、株主側も従業員側も企業を超えた広い社会的利害関係へのコミットメントは、伊丹試案での「管理職と長期勤続者」よりも強いと思われる。

しかし、ドイツ方式では外的な介入、たとえば政治的介入により弱いといえそうである。とくに労働組合のナショナルセンター代表の存在は、その企業の個別の問題を超えて労働運動のナショナルセンターとしての政治的意図が個別企業の経営に介入する可能性を示唆している。

逆操作耐性という点では、ドイツ方式では人数の小さな監査役会メンバーが逆操作の対象になるだけに、その可能性は高くなる。とくに従業員代表の監査役会メンバーについては、多数性も匿名性もドイツ方式にはないからである。しかし一方、経営者に人事などの利害関係の手段を握られている人は監査役メンバーの中にはいない。唯一の内部者である現場の労働者の人事や処遇も、経営者があからさまに左右できるような状況ではないであろう。その点では、逆操作の危険は小さいともいえる。ただし、その長所が企業に対するコミットメントの小ささというコストを払って得られているのである。

さらに、外部者中心の監査委員会は、経営者による逆操作の可能性はかなり高いといわざるを得ないであろう。ドイツ方式での監査役会メンバー選出が間接選挙を制度化して行われているのに対して、伊丹試案の経営者監査委員会メンバーは、結局は取締役会が提案することになっているからである。その制約条件の中で、外部者メンバー選出の透明性を確保する他はない。

## 対立構造の法的固定化?

ドイツはこの労働者参加方式を法律として制定するに至るまで、長年にわたって広範な議論を続けてきた。その議論の歴史を少しでも追ってみると、法制度としての実体をつくりたいというドイツの強い意志を感じる。労働者の経営参加の問題にこうして真正面から取り組んできたドイツの努力には、敬意を払うべきである。

しかし、そうした長い努力の果てにつくられた制度は、「階級対立構造の法的固定化」とでもいうべき皮肉な結果をもたらしてしまった面が少なくないと思われる。

階級対立とは、資本対労働というマルクス経済学風の古い階級対立である。労働組合のナショナルセンター代表と有力大企業の経営者が監査役会で対峙する構図になっている。法的固定化とは、監査役会でのメンバー構成に二つのグループの代表を同数で入れようとして監査役会の中での対立構造として具体化していることである。資本の代表者は資本の利益を、労働者の代表者は労働側の利益をそれぞれに真正面からぶつけあう場を法的につくったのである。その上で、最後は資本側が勝つように仕組まれている。

それは二重の意味で、資本と労働が対立するという思考様式の固定化になってしまっているように思われる。一つは、対立をすべき場を法的につくったことによって、階級は対立するという思考様式をつねにとるような場を設けたことになってしまっている。したがって、その思考様式が固定化する。第二に、最後は資本側が勝つように仕組まれていることが、労働側としては対立のための対立をしても最終的な実害をなくさせている。それが対立の思考様式を固定化しても構わなくしている。なぜなら、最後の尻は結局資本側が拭うことを両者ともあらかじめ承知した上で、資本と労働が対立的議論をする場が設けられているからこそ、途中では対立してもよい、さらには対立しなければならない、という思考様式になりかねないのである。

たとえば、労働運動のナショナルセンターが監査役会に参加すること自体、階級対立の図式からは必要と思われるものであろうが、それゆえにまた対立の構図が固定化されやすくなる。企業の内部従業員だけが監査役会に参加するのであれば、労使協調して企業の長期的発展のためを考えるという思考にもなりやすいであろうが、企業を超えた「階級の代表者」が監査役会に入ることによって、一気に対立構造が鮮明になっている。

対立構造の法的固定化は、決してドイツでの立法目的ではなかったろう。しかし、こうした思わざる影響を含めて、ドイツ方式はかなり政治的色彩が濃い制度化に見える。経営を不必要に政治化する危険も持っている。シーメンスの監査役会の株主側代表がドイツの大企業を代表する人々で占められ、従業員代表にドイツを代表する労働組合のナショナルセンターである金属労連の人々が三名も入っていることは、シーメンスの監査役会がまさに「総資本対総労働」という対立図式を象徴しているものと見える。

ドイツ方式の持つこうした皮肉な効果を考え、情報・コミットメント・逆操作という点からの長所・短所として上であげたような点をも勘案して総合的に考えると、この章で提案されている経営者監査委員会による指名、コア従業員の参考投票による信任という方式は、企業の外の声と公平さを経営者指名に取り入れ、コア従業員の発言を信任投票のかたちで制度化する方法として、より有効な制度的工夫であるという結論は十分ありうるように思われる。

しかしその結論は、たんにドイツ方式との比較としてのありうべき結論にすぎない。ドイツ方式よりすぐれていたとしても、最良の仕組みだといえるわけではないであろう。さらにまた、ここでの試案以外の具体案もまだ十分にありうるだろう。この章で私は一種の思考実験を行ったのだが、それはすべての他の代替案と比較してこの試案が最良という結論が出せるような性格のものではなかった。

それはそれで構わないであろう。大事なことは、内と外からの経営者への牽制のための「発言」の巧みな制度化を考えること、それをひとまずは現行法制度の枠の中で実現可能な改革案というかたちで考えること、この二点である。

とくに第二点（実現可能性）は、法制度の持つ慣性を考えるとき、重要な論点であろう。その慣性をあえて乗り越えて新しい企業制度を法的につくりだそうとしたドイツの努力は、敬意を払ってしかるべきである。リーガリズムのドイツの面目躍如たるものがある。

# 第9章　新しい企業制度の構想——現行法制度そのものの改革

## 1　新しい企業制度の概要

### 会社法を超えて

前章の伊丹試案のように現行の会社法を枠の中で改革を考えようとする限り、やはり従業員主権の徹底には限界がある。コーポレートガバナンスの改革といっても、結局は株主の権利を法的に最終的なものとして認める仕組みの工夫にならざるを得ない。それはそれで、実現可能性を考えた場合には仕方のないことでもある。

しかし、それだけでいいのだろうか。ドイツは、会社法の枠を超えようとした。そして、新しい企業制度ともいうべき、労資共同決定の法的枠組みをつくり上げた。コーポレートガバナンスの主権論の世界に堂々と入り込み、従業員に企業の主権を与える法的措置をとったのである。

従業員主権を暗黙のうちに実行してきた日本も、主権論の世界できちんとした法制度上の対応をすべきではないのか。少なくとも従業員主権の論理を長々と述べてきたこの本では、会社法の枠を超えた思考実験を行うべきではないのか。

私はそうすべきだと思う。そこでこの章では、現行の会社法制度の枠を超えて、この本の論理的な流れにより忠実な新しい企業制度の見取り図を展開してみたい。もちろん、第7章で強調したように、株式会社制度は守るべきである。したがって、その見取り図も株式会社制度という枠の中での新しい企業制度の構想である。会社法は株式会社制度の実現の一つの法的措置にすぎない。二つはイコールではない。だから株式会社制度の枠の中で、新しい企業法制を考える余地は十分あるのである。

以下に述べる試案は、粗い見取り図にすぎない。デッサンといってもいい。たたき台以前というべきかも知れない。しかし、どんな未熟なものでも、コーポレートガバナンスの本質を考えた新しい企業制度の構想を練るという思考実験は、ぜひともあちこちで行われるべきだと私は考える。以下に述べるのは、その一つの実験の中間報告である。

その実験はじつは、第5章で述べた終戦直後の経済同友会による修正資本主義の構想にわれわれを再び誘うことになる。戦後の五〇年がこうして、一つの大きな円を描いて回帰することになるだろう。

## 主権を担う四つの機関

第1章からたびたびくり返しているように、企業の主権は三つの部分からなると思われる。第一に基本的な政策決定権、第二に企業の生みだす経済的成果の分配権、そして第三に経営者任免権。経営者は、決められた基本政策の枠の中で経営の執行を担当し、また経済的成果の分配の具体的細部を決めるのである。その意味では、経営者は主権執行の要の位置を占めている。それゆえに、経営者任免権が主権の重要な部分となるのである。現実的にはもっとも重要といってもいいだろう。

現行の会社法では、この主権を構成する三つの権利のすべてを、最終的には株主が持っている。さらにいえば、「株主だけが」持っている。

従業員主権を基本理念とする考え方からすれば、その権利をコア従業員と少なくとも分かちあう必要がある。これらの権利をすべて従業員だけが持つべきとはとても思えないが、少なくとも株主の独占は廃さなければならない。それが以下に述べる新しい企業制度の根幹のアイデアになる。

そこで提案したいのが、企業総会、従業員総会、株主総会、役員会（あるいは取締役会）という四つの機関で、三つの権利（政策決定権、分配決定権、経営者任免権）を分有する、という考え方である。株式会社制度は維持し、その制度に従業員主権のアイデアにしたがって従業員の意見を反映させる内容を盛り込もうとする考え方である。

**図9-1　四つの企業統治機関**

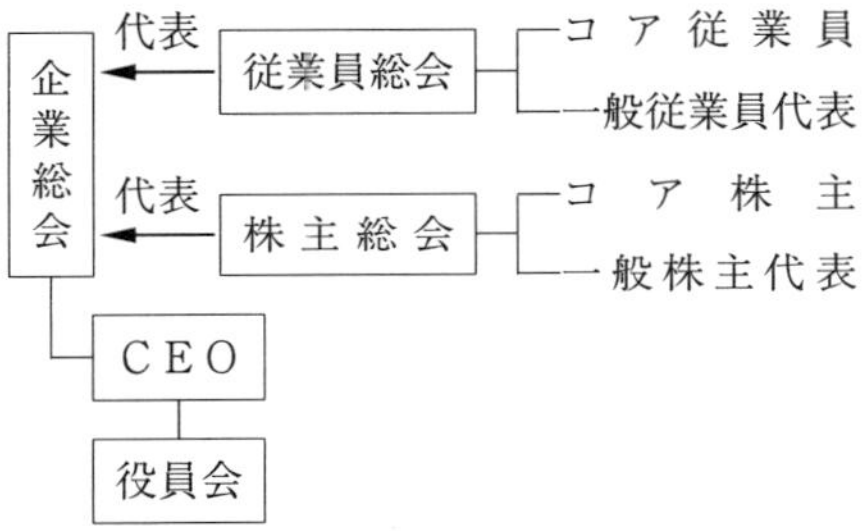


企業総会とは、株主と従業員の代表からなる企業の最高意思決定機関。主な任務は、経済的分配の決定、経営者（役員会の責任者）の任免、役員会メンバーの承認である。政策決定については役員会への勧告助言機関にとどめるが、企業体の根幹に関わる重要事項については、企業総会の承認がなければならない。たとえば、企業の合併、清算、といったような組織としての企業の生命に関わるような決定である。

従業員総会とは、コア従業員（その定義は後述）を中心とする従業員の全体意思形成機関。その主な任務は、経営者候補の信任と企業総会のメンバーとなる従業員代表の選出（経営者候補の指名については前章のような経営者監査委員会による。後述）。さらに、従業員の利害に関わる重要事項で企業総会に諮るべきものを審議・提案する。

株主総会は、コア株主（その定義は後述）を中心とする株主の全体意思形成機関。その主な任務は、資本構成や株主間の利害調整の基本事項の決定（たとえば増資や議決権付株の量、その割当先の決定）と企業総会のメンバーとなる株主代表の選出。その他に、株主の利害に関わる重要事項で企業総会に諮るべきものを審議・提案する。

役員会は、企業総会で承認される経営執行者からなる機関。政策決定・業務執行の中心機関とする。経営者とはこの機関の責任者を指す（役員会議長）。企業主権の内容のうち、政策決定については役員会が最終決定機関として担当する。さらに役員会は企業総会が決めるべき分配決定の原案を提出する。その他、従業員や株主の利害に関わる重要事項で従業員総会や株主総会が決定すべき事項の原案提出も役員会の任務とする（ただし、三つの総会で役員会以外から原案提出があることを妨げない）。

## 四つの機関のメンバーの決定と議決権

### A　従業員総会

この総会のメンバーは、すべてのコア従業員と一般従業員の代表、とする。つまり、従業員全体をコア従業員と一般従業員に分けて、一般従業員は代表だけが参加することをここでは想定している。この総会での投票権は、メンバー一人につき一票とし、基本的に多数決を議決の原則とする。

「コア」の定義は、第3章で議論したように、働くヒトとしての企業への貢献とコミットメントの大きさである。従業員主権の経済合理性の説明の際に、何をコアとするかと議論した、その内容そのままである。

ただし、貢献とコミットメントの大きさを「誰が」判断するかは大きな問題として残るが、それは企業ごとに決めればよい。しかし、一般論としては、コミットメントは勤続年数で、貢献は企業組織の人事評価で、それぞれ代用する他はないかも知れない。たとえば、管理職という人事評価を企業から受けている人と長期勤続者をコア従業員と定義する、という考え方である。前章の参考信任投票の資格者と同じアイデアである。

コア従業員は全員、従業員総会のメンバーとなる。それに加えて、一般従業員の代表が彼らの投票によって従業員総会メンバーとして選ばれる部分を設ける。つまり、この従業員総会はコア従業員総会とでもいうべきもので、それに一般従業員の代表が参加するのである。コア従業員の数と一般従業員代表の数のバランスは、一般従業員代表がかなり少数になることが想定されている。そのバランスは、個々の企業ごとに決めればよい。

従業員総会以外に一般従業員の利害を企業に対して主張する機関としては、労働組合が想定される。したがって、ここにいう一般従業員代表とは労働組合代表という色彩が強くなるだろうが、一つの企業に労働組合が複数存在しうることや労働組合に属さない一般従業員がありうることを考えると、一般従業員代表を労働組合代表と固定して位置づけない方がいい。

### B　株主総会

この総会のメンバーは、すべてのコア株主と一般株主の代表、とする。つまり、従業員の場合と同じように、株主全体をコア株主と一般株主に分け、一般株主はその中から選出された代表だけが株主総会で投票権を持つことをここでは想定している。その意味では、この総会はコア株主総会という性格のもので、それに一般株主の代表が参加する、と理解してもいい。

「コア」の概念的定義は、これも第3章で議論したように、資本の出資者としての貢献とコミットメントの大きさである。典型的には、企業設立時の株主、長期的にコミットしてその企業の経営に実際にタッチするような株主、がコア株主のイメージである。逃げない資本を大きなリスクとともに提供するという貢献をし、しかも経営に関与しようとするコミットメントがある、そんな株主である。

コア株と一般株のこうした概念でのちがいを具体的に定義するためには、権利義務関係の異なる株式を少なくとも二種類発行することになるだろう。一つの具体例としては、現行の普通株と優先株がその二種類に該当する例となりうる。普通株は議決権付きであり、優先株は議決権がないが配当を優先して受ける権利がある。この区分を使うのであれば、普通株がコア株であり、優先株を一般株とするという具体的処理が考えられる。あるいは、外国ではすでに多くの実例があるが、議決権の大きさがちがう株式を複数種類発行するということも考えられる。その場合は、ある一定以上の議決権が付いている株式がコア株となる。

複数種類の株式を発行する場合には、その発行をするかどうか、誰にその株式を割り当てるか、などを決める必要があるが、それは株主総会が決める事項となるであろう。つまり、企業の設立時の株主総会が次の株主のあり方を決め、さらに新しい株主総会がその次の世代の株主構成を決めていく、ということになるであろう。

こうした一般株主の概念的イメージは、投資信託への受益証券を購入する投資家と同じイメージである。つまり、あくまで投下資本へのリターンを中心に考える投資家で、企業の意思決定を左右する権利あるいは企業支配権を本質的に望む投資家ではない。したがって、利益配当請求権と残余財産分配権をきちんと要求するが、議決権を本質的に欲しがることはない。むしろ議決権を持たないかわりに、その代償としてコア株主よりもリスクの小さな、そして平均的に率のいい利潤分配を要求することになるだろう。まさに、優先株主はこうした存在である。

じつは、現在の上場企業の株主の多くはこうした一般株主というべき存在だと思われる。それにもかかわらず、議決権付きの普通株しか発行されていないのは、投資家の側のニーズの多様性を考えると、不思議な話ではある。そこで、コア株と一般株の区分というアイデアが出てくるのでもあるが、しかし現行の普通株所有者をコアと一般にどのようにして分離するかは難問であろう。移行措置としてきちんと考えなければならない。

さて、株主総会での投票権については、まずコア株主の投票権と一般株主の投票権の比率を定める必要がある。コア株主の投票権総体量は、一般株主のそれより当然大きくなければならない（たとえば、七対三）。そして、それぞれのグループの中では一円一票（つまり拠出資本額に比例）とする。その上で、基本的に投票多数を総会での議決の原則とする。

こうして、実質的には株主総会での最終議決権の大きさが二つの株主のグループの間で異なることになる。つまり、議決権の差を設けるのである（もっとも極端な場合には、一般株主の議決権は実質的にゼロということもありうる。優先株がそうである）。

しかし、そうして議決権に差をつける以上、一般株主の権利が別なかたちで保護されないと、一般株主になる人がいなくなるだろう。その保護の一つの例が、配当分配での優先、あるいは最低分配保証である。あるいはさらに彼らの投資の「債権的性格」を考えると、一般株主に退出オプションを許すことも考えられる。たとえば、彼らの拠出資本金を一定限度の中で返還請求を可能にする制度を持つことである（そのためには、減資や自己株償却の可能性が容易になる必要があるだろう）。

### C　企業総会

メンバーは、従業員総会代表と株主総会代表という二つのグループからなる。企業体を構成する二つの内部者（従業員と株主）がそれぞれ代表を送るのである。もちろん、一人の人間が同時に株主・従業員両方の代表に選ばれることがあってもいい。その場合には、その一人の個人は二つの資格でダブルに投票権を持つことになる。こうして、株式所有と中核従業員の分離のデメリットを防ぐ手段をつくりうる。

二つのグループの間の投票権（パワー）の配分は、原則的には株主側と従業員側は同等とする。ただし、企業の実態に応じて（たとえば、資源管理の会社で資本は大量に必要だが従業員の貢献は小さいような企業）、従業員総会の同意を得て投票権の配分を不均等にすることは企業の自由としていいだろう。

それぞれのグループの内部での投票権の各人への分配のルールについては、二つの考えがありうる。

一つのルールは、従業員代表については一人一票（つまり平等なパワー）、株主代表については一円一票（つまり資本額比例、この資本額は各代表の拠出した資本額プラス委任された資本額とする）。もう一つのルールは、二つのグループ代表の選出の際、従業員総会と株主総会での得票数に各代表の投票権を比例させる（この場合も、株主代表についてはその得票は株主総会での一円一票原則によっているので、基本的には一円一票原則がなんらかのかたちで使われている）。

同一人物が株主側、従業員側、と二つの代表を兼ねている場合は、その人の投票権はそれぞれの役割の投票権の合計とする。こうすることにより、オーナー経営者はかなり他を圧した投票権を企業総会で持てるようになる。

企業総会の議決は投票多数を原則とするが、下部機関である従業員総会と株主総会の決定を覆すような決定の場合には、たとえば三分の二の賛成といった圧倒的多数の賛成によって可能となるようにする。

つまり、次に述べる経営者の信任での従業員総会の決定を覆す場合や、株主総会が決めるはずの資本構成などに関する決定を覆す場合には、こうした圧倒的多数による逆転最終決定権を企業総会に与えるのである。

そうしておくと、株主総会の大半と従業員総会の一部が賛成すれば従業員総会での決定を覆すことができ、また逆に株主総会の一部と従業員総会の大半が賛成すれば同じように株主総会での決定を覆すことができる。

### Ｄ　役員会メンバーの選出

役員会メンバーは、二段階の選出を想定する。

第一段階は、役員代表者（つまり経営者）の選出。最高経営責任者（ＣＥＯ）の選出である。第二段階は、この役員代表者による役員会メンバーの指名とそれに対する企業総会による承認である。

役員代表者の選出は、前章の経営者選出のプロセスと同じように、候補指名、信任、承認、の三つの段階に分けて行うこととする。ただし、それぞれの段階での企業総会、従業員総会、株主総会の参加のあり方は、当然のことだが、前章のような現行会社法の制度の枠内の改革の場合とちがって、企業総会や従業員総会が以下のような新たな役割を持つこととする。

**指名**　企業総会が設ける経営者監査委員会が行う。経営者監査委員会の構成は企業総会の責任において決めるが、企業総会メンバーから選ばれる委員の他に、前章の議論と同じように、外部者、経営者ＯＢを入れるのが妥当であろう。現役の経営者がこの委員会のメンバーにはなれない、など細かな点は前章の経営監査委員会のアイデアにしたがう。

**信任**　指名された候補者に対して、従業員総会が信任・不信任を決める。その決め方は、従業員総会の全員投票とし、信任は過半数を条件とする。

この信任投票は、前章の参考投票とちがって、法的な拘束力を持つ。基本的には、ここで信任されなければ、経営者候補の指名からやり直すこととする。その意味では、経営者の選出について従業員に特に強い権利を持たせていることになる。

ただし、株主の意見のまったく反映されていない従業員総会での信任不信任だけが決定的な影響を持ってしまわないように、一回目の不信任に続いて二回目の不信任があった場合には、両方の候補が企業総会での承認投票にかけられる。

**承認**　従業員総会で信任を受けた候補者について、企業総会が承認の最終決定を行う。通常の場合の承認要件は過半数とする。したがって、株主代表の大半と従業員代表の一部が反対に回れば、従業員総会で過半の信任を得ている候補でも不承認ということもありうる。このようにして、株主の声が経営者の選出に反映されることを確保しておく。不承認の場合には、経営者選出のすべてのプロセスを候補指名からやり直す。

**図9-2　役員会メンバーの選出**

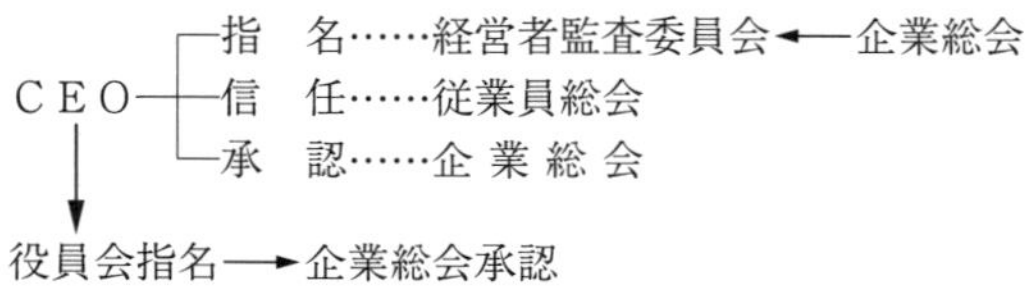


前述したように、従業員総会による不信任が二度続いた場合は、二人の候補者はいずれも企業総会での承認投票にかけられるものとする。この場合の承認要件は、たとえば三分の二という圧倒的多数とする。こうして、従業員総会の意思に反する逆転承認も厳しい条件のもとで可能にしておく必要がある。従業員総会の専横で経営者選出がねじ曲げられる可能性をなるべく排除するためである。

こうして選出された経営者は、ただちにいわば「組閣」にかかり、役員会メンバーを指名し、それを企業総会で承認を受ける。承認要件は過半数でいいだろう。役員会内部での分担決定などはすべて役員会の専権事項とする。

役員代表者の罷免は、前章と同じように経営者監査委員会の提案によるものとする。経営者監査委員会は罷免の必要ありと考えたら、企業総会に提案し、その投票の過半数の賛成で罷免が成立するものとする。こうした事態もありうることを考えた経営監査が、これも前章と同じように経営者監査委員会の重要な任務である。

**図9－3　四つの機関の任務分担**

| | |
|---|---|
| 役員会 | →政策決定 |
| 従業員総会 | →経営者信任 |
| 株主総会 | →資本構成，株主構成の決定 |
| 企業総会 | →経営者の承認<br>成果分配の決定(配当，ボーナスなど)<br>逆転拒否権 |

## 四つの機関の間の任務分担

以上のような仕組みの制度のもとでは、四つの機関は企業の主権の実行に微妙なバランスをとりながらそれぞれ参加していることになる。

実務的にいえば、経営の中心は役員会である。企業主権の内容たる、政策決定、分配決定、経営者の選出のうち、政策決定とその執行の中核となる。政策決定については、役員会を最終決定機関とするのである。ただし、増資・株式割り当ての決定など、資本構成・株主構成に関する政策決定は株主総会の役割である。

その役員会の代表者の選出で大きな役割を果たすのが、従業員総会であり、候補者の信任権を持つことになっている。信任という強力なプロセスを手中にすることによって、経営者の選出では株主よりも大きなパワーを持つことになる。それが、経営上の従業員主権の確保となっている。また、経営者の選出でのパワーが、間接的に政策決定への「発言」の潜在力にもなる。

経営への参加という一般的な問題は、大別すれば経営の「プロセス」(執行状況)への参加と、経営の「結果」(つまり業績)の分配への参加と、二通りある。従業員集団は、日常的に事業執行の仕事を担当する人間たちであるから、もちろん「結果」にも大きな関心は当然あるだろうが、経営のプロセスの正当性にも大きな関心があるはずである。だから、プロセスを司る中心となっている経営者への信任権を持つことがあっていいのである。経営の結果の分配の決定への従業員の参加は、企業総会での決定に従業員代表が加わるというかたちで行われているが、この参加の仕方は経営者の選出への関わり方と比べれば、はるかに低い。

これとの比較で株主の利害を考えると、株主は実際に業務に携わるわけではないから、経営のプロセスよりははるかに経営の「結果」に大きな利害を持つ集団である。したがって、結果(つまり付加価値や利潤)の分配に大きな発言権を持つのがふさわしく、経営者の選出には二次的な影響力で構わないと思われる。したがって、経営者選任プロセスでの参加は企業総会を通しての最後の承認だけとなる。さらにいえば、経営者の選出が当該企業の経営状態の現状にふさわしいかたちで行われているどうかの判断のための情報は、従業員の方が株主よりもより多量に持っているのが通常と思われるので、株主の影響は二次的の方がいいのである。

しかし、分配の決定では、株主の参加はより積極的になるべきである。そのために、企業総会での利潤分配の決定への参加ばかりでなく、資本提供者への分配のあり方の基本を決めると思われる資本構成についての決定を株主総会が行うのである。

経済的成果の分配の決定の具体的内容は、利潤分配としての従業員へのボーナス(役員報酬を含む)

や配当の決定であるが、それは従業員も株主も等しく興味のあるところで、したがって企業総会で総合的に決定するのが望ましい。

こうした分担を四つの機関で持った上で、最高意思決定機関としての企業総会が従業員総会と株主総会の決定を覆すことが可能になるように仕組んでいるのも、この制度案の特徴である。三分の二という逆転条件が妥当かどうかは議論の余地はありうると思うが、しかしこうした逆転決定権あるいは拒否権を最高総合機関に設けておかないと、株主の半数、従業員の半数の意見が専横的に罷り通る危険が生まれることになる。それは避けるべきであろう。そのための逆転決定権である。

## 2　企業の設立・解散・合併と財産権

### 企業の設立・解散と財産権

私は第7章で株式会社制度の意義を深く認めるべきだという議論をし、そこで株式会社制度の意義は法人化の容易さと主権の量的確定の容易さ、この二つのポイントにある、と述べた。したがって、株式会社制度の枠を守った上でしかし現行の会社法を超えた企業制度の案を考えるというスタンスを持つ場合、こうした株式会社制度のよさが守られるような状態になっているかをチェックすることは、きわめて重要である。

株式会社制度のよさが守れるかどうかの一つの大きな試金石は、企業としての一種の極限状態が新しい企業制度のもとでどのように扱われることになるか、ということであろう。

極限状態とは、定常状態でないという意味で、通常の事業活動を行っている状態ではなく、たとえば、企業の生誕（つまり法人の設立）あるいは死滅（法人の解散）といった状態のことである。ことばを換えれば、新しい企業制度のもとで、法人としての企業がどのように設立されるのか、そして、企業が解散・清算する場合にはどのような事態が起きるのか。

企業の設立と解散の際の一つの大きな制度的工夫を要する問題は、企業という法人が持つことになる財産（たとえば設備）が企業体に参加する株主や従業員という自然人とどのような関係を持つことになるのか、という問題であろう。つまり、その企業が持つに至る資産の財産権は一体誰のものになるのか。解散・清算の場合の財産処分はどのように行われるのか。

現行の会社法では、それはすべて簡単明瞭である。残余財産はすべて最終的には株主に属し、その処分権も株式数比例で処理される。その簡単明瞭さが、じつは株式会社制度によって法人が財産を持つことを容易にしている。その財産権の明瞭さが、じつは企業の生誕と死滅という極限状態で企業の主権の量的確定をまぎれなくさせているのである。

もし、新しく提案される企業制度が企業の設立や解散のプロセスをいたずらに複雑にしたり、法人財産と自然人との関係をうまくつくれないのであれば、たとえ新しい企業制度が従業員主権の確立という企業運営上の効率性と公平性のメリットを持ったとしても、制度としての総合メリットで現行会社法よりもより大きいと多くの人が判断するかは疑わしい。おそらく、こうした財産権がらみの制度的工夫が、この新しい企業制度が実際に機能できるかどうかの鍵を握るであろう。

この点については、さまざまな意見がありうるだろうが、ここでは私の一試案を議論のたたき台として述べておこう。

## (1)企業の設立について

企業の設立は、基本的に株主によって行われるものとする。それでこそ株式会社である。株主が発起人として集まり、設立総会を株主だけで開く。これらの株主はすべてコア株主として扱うべきであろうが、彼らの間で議決権に差があってもいいだろう。

その設立総会で、役員会メンバーが決定される。つまりコア株主が企業生誕時の役員を決めるのである。役員会はただちに企業の政策を決める機関として動きだす。その後、事業活動が始まりコア従業員が生まれてきたところで、従業員総会を設置する。その後に、前節のような仕組みで、株主総会と従業員総会が企業総会への代表を選出し、企業総会が開かれることになる。企業総会という最高意思決定機関がこうして形成されてくるわけであるが、その形成以前は株主総会が企業総会の任務のすべてを引き受ける。

こうして法人をつくることが容易に確保できる。

そして、財産権としては、企業の保有するに至る資産は基本的に株主に帰属する。帰属の割合や権利関係が複数種類に株主がいる場合には多少複雑になるかも知れないが、しかしそれは複数種の株式にそれぞれ明記してあるであろう。

財産権を持つということは、その財産から生まれる経済的果実や損失に関して、責任を有限責任の範囲で負うということを意味する。その主体は株主である。それは、利潤の分配に株主があずかるばかりでなく、財産のリスクもまた株主が負うことを意味している。

しかし、企業総会が設立され、従業員総会が成果配分の決定に参加し、経営者の選出にも参加するようになった後では、従業員もまた財産的な分配やリスクの分担を応分にすべきであろう。もちろん、現行のあり方でもすでにボーナスの成果主義や企業業績悪化の場合の失業のリスクというかたちで従業員も成果とリスクの配分に参加をしている部分があるのだが、企業の財産あるいは持ち分という点でも従業員の参加が望ましいだろう。そうでないと、企業の財産増加（たとえば利益の内部留保による自己資本の増殖）もすべて株主のもの、企業の財産減少も株主の責任ということになって、従業員が主体的に参加している新しい企業制度の理念と相容れない部分が出てくる。

企業生誕の当初財産はすべて株主の拠出した資本をベースにつくられたもので、株主に当然の財産権がある。そこで、従業員に企業の正味財産への参加を可能にする道としては、企業の自己資本の増加のうち、株主の拠出によらない増加（つまり内部留保の増加）のある一定割合（たとえば半分）を従業員持ち分勘定として、貸借対照表にきちんとのせておく、という手段がありうる（このアイデアは、後に述べる終戦直後の経済同友会企業民主化試案に盛り込まれたものである）。これは退職給与引当金などとはちがい、純然たる従業員持ち分で、株主の持ち分とまさに対応するものである。

こうした従業員持ち分勘定を設定するということは、企業が利益をあげたのは資本の貢献でもあり従業員の貢献でもあるということをはっきりと認めることである。そして、従業員の貢献のうち、賃金やボーナスというかたちでただちに還元される部分と、企業内部に蓄積される部分とがあるということを認めるのである。それはちょうど、株主の貢献に対する見返りが、①配当というかたちでただちに還元される部分と、②企業内部に株主持ち分勘定の増分として蓄積されていく部分という二つの部分からなっていることに対応するのである。

そう考えると、企業設立時にはまだ従業員の貢献はゼロなのだから、従業員持ち分はなく、すべての財産は最終的に株主に帰属してなんらおかしくない。そして、企業が定常状態になってからは、企業の正味財産の帰属は、株主持ち分（拠出資本金と内部留保の株主分）と従業員持ち分の大きさに比例して帰属する、と考えればよい。

### ⑵企業の解散について

解散が自発的なものであろうと、倒産という事態による清算であろうと、解散の決定は基本的に株主総会が決めるものとする。法人をそもそも設立するときの決定がすべて株主によって行われるのだから、解散時も株主中心で当然であろう。さらには、経済体としての企業の存続を決めるのは、究極的にはカネの論理であって構わない（従業員主権という考え方が主張しているのは、企業の発展の論理はカネだけではつくれないということである）。

しかし、企業総会が株主総会の上部機関としてある以上、企業総会には重要事項としての拒否権があるべきであろう。たとえば、企業総会の投票の三分の二あるいは四分の三の賛成で株主総会の解散決議を拒否できる、ということにする。そうした拒否が起きた場合は、解散せずに企業が経済的に存続する道を探る義務が、企業総会からの受託者としての役員会に発生することになるだろう。あるいは、株主総会の決定を覆す中心的役割を果たすのは従業員代表の票しかないのだから、拒否が成立した後は、株主は株主持ち分を従業員総会メンバーに買い取ることを要求できるようにすべきであろう。それは、従業員が株主となるのと実質的に同じことになるだろう。

解散時にもっとも問題になるのは、財産処分であろう。

解散時の残余財産が、株主持ち分と従業員持ち分の合計を超えた場合は比較的問題は少ない。残余財産の分配は、二つの持ち分の大きさに比例して行われればいい。さらにその先の株主内部での分配は資本拠出額比例が通常であろうが、複数種類の株式がある場合には、それぞれの株式に明記されている権利関係にしたがった分配となろう。従業員内部での分配のあり方は、従業員総会で決めればよい。たとえば、年間給与比例の分配、あるいはさらに勤続年数を加味した分配など、さまざまな分配方式が考えられるが、そのどれがとられるべきかはここでは大きな問題ではない。

解散時の残余財産が二つの持ち分の合計を下回ってしまう場合には、資本拠出が株主の危険負担によって行われたことを考えると、まず株主の資本拠出分はきちんと株主に分配されるという原則が必要であろう。したがって、もし残余財産が株主の資本拠出額を下回ってしまうような場合には、残余財産はすべて株主に分配されることになる。残余財産が株主の資本拠出額を上回っている場合には、その超過分を株主持ち分の中での資本拠出を超えた金額（つまり株主分の内部留保）と従業員持ち分（つまり従業員分の内部留保）に比例して株主と従業員の間に分配することとなるだろう。

**図9－4　残余財産処分のイメージ**

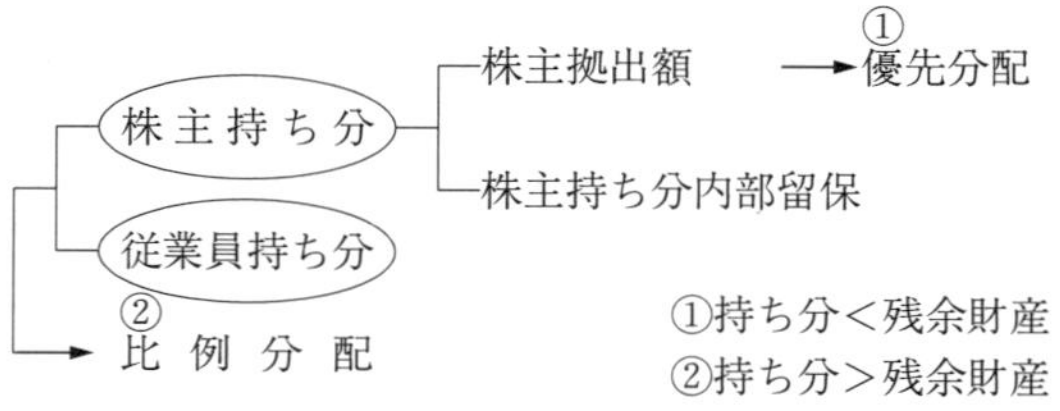


こうした残余財産の分配の基本原則は、まず資本拠出額に見合うだけの財産権はきちんと確保し、それを超える残余財産があった場合には株主持ち分と従業員持ち分の大きさに比例して分配する、というものである。従業員持ち分はいわば株主の資本拠出に類似する財産と認めて、それに財産権を認める、という案である。

こうして従業員持ち分には従業員の財産権を認めるとすると、長期間に累積留保されてきた従業員持ち分が一体従業員のうちの誰に帰属するのか、をなんらかの原則で定める必要がある。おそらくもっとも単純なのは、従業員持ち分の資格者（コア従業員に限るというのが概念的な定義であろう）が退職する際には従業員持ち分の中から利益分配としてわたされる退職金に類似した分配があり、解散時の従業員持ち分はすべてその時の在職資格者に帰属する、という原則であろう。

## 企業の合併・分割、持ち株会社

前節と前項の議論の応用編として、企業が合併・分割をしたらどうなるか、持ち株会社はどうなるのか、を考えてみよう。これもまた、企業としては定常状態ではなく、一種の極限状態である。

企業の合併・分割は、その本質は新企業の設立と同じである。したがって、株主総会が決定すべき事項である。しかし、企業の解散決定の場合と同じように、企業総会が株主総会の決定を覆すことができる場合の一つとして位置づけておく。つまり、企業総会での圧倒的多数が反対ならば、株主総会の総会の合併・分割に関する決定（賛成でも反対でも）は覆ることになる。

合併の場合、企業設立とちがう部分もある。すでに、合併会社のそれぞれに株主総会、従業員総会、企業総会があることである。したがって、新会社（合併会社のうちのいずれかが存続会社になるとする）のこの三つの機関はただちに機関としても合併することになる。

株主資本の合併の仕方は、現行の会社法のもとでの方式を基本的に踏襲して、合併会社のそれぞれの株主の権利を確定すればよい。従業員総会の合併は、従業員代表の選び方などが会社によって異なる場合には、二つの従業員総会の間の協議によるもの、とだけ一般原則を決めておけばいいだろう。そして、従業員総会が発足した後は、前項や前節の議論をそこに適用すればよい。そうして発足する新しい株主総会と従業員総会の代表が、前節の議論の通りに新しい企業総会をつくる。そこで経営者監査委員会がつくられ、経営者の選出と役員会の決定を前節の原則通りに行えばよい。

合併の場合の持ち分の処理については、基本的には、株主持ち分は現行の会社法のもとでの合併の場合の処理に準ずる。従業員持ち分の合併は、全体額としては原則として合算であるが、個々の従業員に帰属すべき従業員持ち分については、調整のルールをあらかじめ定めておく必要があるだろう。たとえば、利益留保が過去大きくて従業員持ち分が一人あたりで大きな企業と、これまで利益があがらずに一人あたり従業員持ち分が小さな企業が合併した場合には、こうした調整のルールがないと不公平になるであろう。

企業分割の場合は、基本的には合併の逆の処理をすればよい。分割されてできる複数の企業がそれぞれ株主と従業員を引き継ぐ場合には、株主総会と従業員総会が分割されることになる。その分割された株主総会と従業員総会が、それぞれの企業ごとに企業総会をつくればいいのである。分割後の企業が新しい株主で発足する場合には、企業設立の際のルールに準じて、新しい株主による株主総会が役員会を決める、という手続きから始めればよい。その後、従業員総会と企業総会ができていくのも、企業設立と同じである。

では、持ち株会社はどうなるか。

純粋持ち会社では、株主や役員はいても、実質的にはコア従業員はいないに等しい。したがって、株主総会がすべてを決める、ということになる。コア従業員がいないのだから、従業員総会や企業総会の構成のしようがないのである。

しかし、株式を一〇〇％所有している子会社には、それが事業会社であればコア従業員がいるであろう。したがって、そこでは従業員総会も生まれ、企業総会も設けられることになる。そして、その子会社の基本的な決定は、すべて企業総会、従業員総会、株主総会（この場合は株主は単一）、役員会と、前節の原則の通りに行われる。そうなれば、子会社の企業総会での議決を株主としての持ち株会社だけの意向では左右できないことになる。子会社の従業員の意向がきちんと入った経営にならなければならないのである。

事業持ち株会社の場合は、すべて通常の企業と同じように四つの決定機関が設けられることになる。そして、子会社にも同じように四つの決定機関が設けられる（ただし次節に述べるように、この制度の適用範囲をどの程度の規模の企業までにするか、制度の運用の具体的問題として考えるべきであろう）。

こうした原則は、事業持ち株会社というい方をしなくても、系列子会社の場合にも同様に適用されるべきであろう。それによって、じつは現在の日本企業で親会社と系列子会社の間で起きがちな奇妙な非対称、自分勝手な使い分け、が防げることになるだろう。

その奇妙な事態とは、親会社で「企業は誰のものか」と問うと、「それは働いているコア従業員のもの」という答えが常識的であるのに、「子会社は誰のものか」と問うとそれは株主である親会社のもの、という意識構造になってしまっていることが多いことである。つまり、親会社のコア従業員からすれば、親会社は自分たちのもの、子会社も株主である親会社のものでしたがってやはり自分たちのもの、ということになってしまっている。ことばを換えれば、親会社では従業員主権、子会社では株主主権、という勝手な使い分けがいつの間にか行われてしまうのである。それは、じつはおかしい。

しかし、ここで述べている原則をきちんと適用すれば、子会社にも従業員総会が生まれ、企業総会がつくられ、子会社の経営を株主としての親会社の意向だけでは勝手に左右できなくなる。そうなってはじめて、従業員主権メイン、株主主権サブという原則が親会社子会社を問わず貫かれることになるのである。

以上の議論からわかるように、企業の置かれうるさまざまな状況のもとで、法人設立の自由度は十分保持されている。自然人の財産権とのつながりもかなり柔軟につくりうる。会社の主権の量的確定もとくに問題はない。つまり、ここに提案されている新しい企業制度は、株式会社制度のもつよさを十分に守っているのである。

それはある意味で当然である。私がこの企業制度を考えた際の基本スタンスは、株式会社制度にコア従業員の経営参加と財産権を認めるような部分を追加する、というものだったからである。したがって、現行の会社法の改正あるいは別法規の制定は、それほど広範なものでなくて済むであろう。

しかし、そうはいっても、制度運用の細々とした点では、まだまだ詰めるべき点は多い。それを、次節で議論しておこう。

## 3　制度運用上の具体的問題点

### 適用範囲と会計制度

運用上の大きな問題の一つは、この制度の適用範囲である。

企業規模、企業の性格によって、適用除外の企業ありとしないと、いたずらに企業の経営が複雑になる危険がある。企業の性格に起因する適用除外のいい例が、持ち株会社である。そして、適用除外の場合はすべて現行会社法の通り、とするのが適当であろう（前章で述べた現行会社法の中での改革案についても、同じように適用除外がありうるべきだろう）。

企業規模による適用除外も中小企業に過大の制度的負担をもたらさないために、考えるべきであろう。

たとえば、ドイツでの共同決定法の完全適用が従業員規模二〇〇〇名以上の企業に限定されているように、この新制度も適用を比較的大きな企業に限る必要があるだろう。そうしないと、小さな企業では制度の要求するプロセスが手間としても過大になる危険がある。さらにいえば、そうした企業ではオーナー株主が同時に実質的に従業員代表でもあり、現行制度でじつはそれほど問題が起きていないケースも多いのである。

もちろん、ドイツのように二〇〇〇名という限界設定が望ましいといっているのではない。これでは、やや大きすぎるように思える。五〇〇名、あるいは三〇〇名くらいで切るのがいいように思われるが、具体的な議論をここでする余裕はない。

あるいは、この制度が日本の法制度であることを考えると、海外で設立された子会社に対してはこの制度を適用することはできないであろう。その時、海外子会社の従業員の主権をどう位置づけるかは、じつは国際的な摩擦（第６章）を考えると大変大切な問題である。

私は、一般的には海外子会社についても企業の判断による経営システムの工夫として従業員総会をつくり、企業総会をつくって、国内子会社と同じようにこの制度の原則を適用するように経営する方がよりよいと思う。ただし、子会社の置かれた国の法制度や労働慣行などによっては、海外子会社は適用除外とすることが望ましいこともありうるとも思えるので、それぞれの状況に応じた議論が必要であることはいうまでもない。

会計制度についても、具体的にじつはさまざまな問題が生じることが予想される。

もっとも基本的な問題は、現在の株式会社会計が、「企業は株主のもの」とする株主主権の立場にたって、さまざまな計算規則あるいは引当金原則をつくっていることである。したがって、たとえば利益の計算は企業の資本維持を大原則としてその立場から行われる。そして、利益計算の原則は「配当可能利益」はいくらかを計算するという原則となっている。つまり、株主への分配をしながらしかし資本維持（債権者保護のためが大きな理由といわれる）ができるためにはいくらまで配当として分配していいかを計算するのが、現行の会計制度での利益計算規則なのである。

つまり、完全に株主主権の原則のもとに債権者保護の制約を課した利益計算なのである。従業員主権への配慮がないのは、現行の会社法を前提とする限り、現行制度としては当然であろう。従業員への分配は、あくまで「費用」としての人件費だけなのである。

しかし、従業員持ち分を会計勘定として設定することによって、従業員主権の理念を会計制度の中に埋め込もうとすると、従業員の取り分が完全に費用として計上されるべき部分と利益分配として従業員持ち分に計上される部分との二つからなることになる。とすれば、株主持ち分としての資本勘定の内部留保と従業員持ち分としての内部留保を計算する源泉になるのは、現行の利益よりは広い概念としてのなんらかの意味での「付加価値」にならざるを得ないであろう。つまり、従業員分配の内のコスト分と付加価値分配分とを分けて考えられるような会計計算の制度が、必要になると思われる。

その具体的詳細を論じるのはこの節の目的でもないし、私の能力を超える。しかし、株主主権だけで貫けた簡単な世界ですら複雑になっている会計計算制度が、従業員主権の企業制度でかつ株式会社制度の枠の中に収まる新企業制度では、より複雑になることだけは、覚悟しておく必要がある。

企業の連結会計もまた、新しい企業制度のもとで理念的には影響を受ける制度である。現行の連結制度では基本的に、企業間の株式資本の関係だけを基準に連結対象の決定や連結計算が行われている。おそらく、新制度のもとの連結も、その基準を踏襲せざるを得ないであろう。

しかし、新たな問題も発生する。たとえば、企業の自己資本（つまり持ち分資本勘定）の中で、従業員持ち分の連結をどのように行うべきか。被連結会社の従業員持ち分は、決して連結親会社の従業員の従業員持ち分ではないのである。現行の会社法のもとでの連結会計での企業持ち分がある意味で単純な相殺合算で、その上で「少数株主の持ち分」を表示しているのと同じような原理で、被連結会社の従業員持ち分の表示をきちんと考える必要が出てくるだろう。この点も、技術的な問題として現実的には実務を悩ませる問題であろう。

## 「コア」の線引き

この章で提案されている新企業制度のおそらく最大の問題点と思われるのは、株主集団でも従業員集団でも、コアメンバーと一般メンバーとの線引きをどうするのか、ということである（もちろん、線引きが不可能でもこの提案は成立させることはできる。従業員総会でも株主総会でも、全員をコアと認定してしまうという便法が残されているからである）。

コアの線引きは、企業体のメンバーシップの判断であり、「企業市民権」の判断でもある。カネの提供者にしろヒトの提供者にしろ、コアメンバーとはその企業の「市民権」を持てる存在である。市民権を持てない人々はいわばお客様である。国の市民権を誰が持てるか、という問題と本質は同じである。

コア従業員についていえば、単なる労働力提供者と企業主権者との区別をどこでつけるのか。

従業員の中の主権者「候補」を認定するために日本の企業が暗黙のうちにとってきた市民権認定プロセスは、入社時の資格審査を長期雇用とコミットメントを前提としてパスした人々、というものであるらしい。国の市民権審査に似ている。パスした人々は本社人事部の原簿に籍が入る。したがって、そこに籍があるかどうかは、日本企業に働く人々にとって大きな関心事である。だから出向扱いを好み、転籍をいやがる。

線引きはむずかしい問題である。国の市民権問題でも発生するように、差別の問題がすぐに発生しそうである。おそらく、線引きはゆるくかつ客観的な基準がありうるものでしかできないかも知れない。それが、企業の職制の中での管理職相当以上と長期勤続者をコア従業員扱いするしか道がないかも知れないと私が考えた理由である。

コア株主についていえば、基準はコア株の持主とはっきりしている。しかし、そうした区別をしてこなかったこれまでの会社法制度の中での普通株の所有者をどう仕分けするのか、といういわば「移行措置」が問題である。概念としては一般株主にあたるような人々が、他とまったく議決権の変わらない普通株式を現に持っているのである。

一つの案として、無議決権株あるいは議決権の小さい株への転換をインセンティブを与えて促し、現行株主にコアか一般かの選択をしてもらうという解決策がある。あるいは、最悪の場合には、現行株主はすべてコア株主として、今後の増資で初めて一般株主を設けて区別をつける、ということにならざるを得ないかも知れない。

いずれにしても、従業員総会と株主総会のメンバーシップと議決権の問題がからむだけに、やっかいな具体的問題であることは間違いがない。

従業員のコア線引きの問題と関連して、労働組合と従業員総会の間の関係をどのように整理するかもまた、大きな問題である。現在の日本では、パートの労働組合が生まれようとし、その背景には従業員の間に正社員とパートという二重構造があることが問題であるという指摘がある。二重構造を解消する方向で改革を考えるべき、そのためにはパートの労働組合もつくるべき、という議論がかなりあるのである。

私のいう「コア」の線引きは、まさに逆方向で、むしろそうした二重構造を明確にしようとすることにならざるを得ない。

従業員総会のメンバー構成に、そうしたさまざまな労働組合の代表をかなりの数と議決権を持って参加させる、というのが労働組合の位置づけとしては基本原則であろうが、しかしその具体化にはまだまだ問題が残されている、といわざるを得ない。

こうして、適用範囲、会計制度、コアの線引き、労働組合、と現行のさまざまな制度との間でのすりあわせの運用上の問題は残されている。しかし、この章の目的は、そうした問題点のすべてを列挙し、解決の方向を示すことではない。新しい企業制度を目指して広く議論を起こすべきではないか、という問題提起が最大の目的である。その議論の手がかりとしての、一つのある程度の具体性を持った試案の提示をしたのである。

問題は残されているものの、企業制度は企業の長期的な健康を保証するために存在し、企業に関係するさまざまな人々の経済生活と社会生活を豊かにするために存在する。その制度の議論は、簡単にけりのつかない長い議論にならざるを得ない。それだけ重要だからである。その重要さに鑑み、企業体の原理の問題に立ち返って、あらためて普遍的な視野の中で新しい企業制度の見取り図を考えなければならない。その努力が十分に行われるべき地点に日本企業はとうの昔に到達している、と私は思う。

## 4　「企業民主化試案」との比較

### 経済同友会「企業民主化試案」

じつは、終戦直後の日本で、この章での新企業制度の提案ときわめて類似した提案がすでにあった。「とうの昔に」と私が前節の最後に書いたのは、そのためである。

それは、正式には経済同友会企業民主化研究会がまとめた『企業民主化試案――修正資本主義の構想』という本に盛り込まれた提案である。第5章ですでに述べたように、残念ながらこの試案は経済同友会としての公式見解になることはなく、あくまで研究会の意見にとどまった。そして、制度化への動きも具体化しなかった。それは、この案に盛り込まれた企業総会の創設、そこへの労働者の参加の制度化が、労働運動も危機的状況にあった当時の日本では経営者層の多くにも受け入れがたかったからだという。しかし、研究会意見としての出版は同友会は認めた。そのことは、当時の経済同友会内部にこの試案に込められた理念への賛同者も多かったことを暗示している〔菅山（1996）、山下（1992）〕。

この本の出版は昭和二二年（一九四七年、同友社発行）。それから半世紀が経った。戦後五〇年の年月を経て私は再び、戦争直後の経済同友会の試案と類似の提示をしているのである。

この章で説明している新企業制度案の骨子を私が公表したのは、一九九三年の「企業は誰のものか」という長い論文（拙著『マネジメントファイル93』ＮＴＴ出版）であった。この論文を書いたときには、私はまだ経済同友会の試案の細かな内容は知らなかった。しかし、事後的にこの試案を見て、驚いた。企業総会ということばやアイデアをはじめ、五〇年の年月を隔てて独立に考えたはずのものが、きわめて類似していたからである。ただし、従業員持ち分のアイデアは九三年当時の私にはなく、今回の本をまとめるにあたって「企業民主化試案」の労働者積立金というアイデアを取り入れたものである。

もちろん、後で比較するように概念的に大きなちがいもある。とくに、経営者集団の位置づけや株式会社制度の守り方がかなり異なるといっていい。しかし、そうしたちがいはあるにせよ、大塚萬丈氏（当時日本特殊鋼管社長）が中心となってまとめた試案の基本は、ここでの伊丹試案と軌を一にする、じつに示唆に富むものである。

戦後の世界の国々で修正資本主義の議論が盛んに行われたが、その中でも彼らの試案の具体性とその背後の論理展開はドイツの共同決定方式の思考と並ぶほどに透徹したものである。当時の日本の経営者の中の良心的なグループがここまで深く考えていたか、と感銘すら覚える。

以下、彼らの本で「成案」というかたちで結論としてまとめられている制度提案を、すべて全文抜粋しておこう。多少長くなるが、すでに手に入りにくくなった資料の再録という意味もあろう（以下では、新漢字、新仮名遣いにしてある以外は、すべて原文のまま）。

「成案」は、九つの問題ごとに章を設けて研究会での議論の展開を紹介した後で、各章の末尾に結論というかたちでまとめられている。以下の括弧付きタイトルが、その九つの問題である。

**「企業協同有制度の確立」**

企業を以て経営、資本、労働の三者によって構成される協同体とする建前をとる。法律的には企業財産を右三者の共同運営する企業体たる法人の所有とするが、これに対する株主の絶対的関係を改め、経営者及び労働者もそれぞれ経営または労働という生産要素を提供しているという意味において権利を持つものとする。

右三者の内面的配分帰属関係に就ては、出資者の出資の限度内における企業財産は当然出資者に配分すべきものであるが、増殖分はこれを適当な割合にて三分し、経・労・資三者それぞれの集団に帰属せしめるものとする。従って、企業が解散する場合、企業財産は三者間に右の帰属分の限度において分配される。企業利潤は経・労・資平等の原則に基き、適当な基準（後述）に従って、これを三者間に公平に分配する。その際企業基礎の安固を図り、且つ将来の拡充発展に備えるため、その内一定の割合を社内に留保するときは、これを適当な割合で三分して、資本家に属する分はこれを出資者勘定に積立て経営者及び労働者に属する分は、それぞれ経営者勘定及び労働者勘定に積立て、出資者及び労働者の企業資産に対立する所有並に責任の金銭的限度を明らかにする。これ等の積立金に対しては、原則として各個人に対し現金にて利子を支払うものとする。

企業債務も終局においてはこれを経・労・資三者の共同責任とする。金銭的には経営者及び労働者の責任は右の帰属分を以て限度とする。

**「資本と経営の分離」**

経営者の資本家に対する受託関係を解除し、前者を後者に対して法律的に独立せしめる。

資本に対してはその保全を期するための広義の監査権を認めるものとし、従って株主は従来の如く監査役を互選して事後監査を行わしめるのみならず、企業最高意思決定機関たる企業総会（後述）に定数の代表者を送り、事前監査として企業最高意思の決定に参与せしむるものとする。

経営責任者たる取締役は、資本家との間に代理乃至受託の関係なき経営技能者がこれに当る。首席取締役は新規企業の場合には発起人（経営技能者たると資本家たると問わない）の推薦に基き、創立企業総会（企業総会は資本家、労働者、及び経営者の各代表によって構成されるものであるが、創立の際は労働者を欠くため、資本家及び経営者の代表によって構成される）においてこれを選任し、また企業発足後、任期の満了、死亡その他の事故によりこれが補充の必要が生じた場合には企業総会において、経・労・資三者同数の委員より成る選衡委員会を設け、第一、第二両候補者を推薦せしめ（選衡の範囲は必ずしも企業内部の経営技能者に限られるものではない）同総会がこの候補者に就いて議決を行うものとする。首席取締役以外の取締役は首席取締役が企業総会の承認を得てこれを選任する。

資本家または労働者も企業総会によって経営技能を認められる限り、取締役に選任せられ、また企業総会によってそれが経営者たるの機能を逸脱しないと認められる限り、その任に在り得るものとする。

経営職員は取締役と共に経営技能者集団を形成するものとする。この集団に属する者は経営に関する基本方針の樹立及びその実行に関し責任ある地位にある者及びその重要なる補助者に限られるものとする。

「**企業総会の創設**」

企業最高意思決定機関として企業総会（仮称）を新設する。

企業総会は経営者代表、株主代表及び労働者代表によって構成せられるものであって、代表者数は企業の規模によって相違を設けるが、何れの場合においても三者同数とする。企業総会の意思決定は多数決による。議長は首席取締役がこれに当り、外部に対して企業を代表する。

企業総会の権限に属する事項は次の如きものとする。

(イ)企業代表者(首席取締役)の任免、及びその他の取締役の任免に対する承認
(ロ)企業目的の決定及びその変更または追加
(ハ)基本的な経営方針の策定
(ニ)重要な企業財産の処分
(ホ)企業財産を担保とする債務の設定
(ヘ)資本金の増減
(ト)決算に関する事項(利益処分を含む)
(チ)その他企業に重大な影響を及ぼす各般の事項

**「株主総会の改組及び労働者総会並に経営者総会の新設」**

株主総会は株主が企業総会を構成すべき株主代表及び監査役を互選し、且つ必要に応じ株主としての意思を表示するための機関に改める。監査役の機能は従来通りとする。

労働者総会を新設し、労働者が企業総会を構成すべき労働代表を選出し、かつ必要に応じ株主(原文ママ、労働者の間違いと思われる、筆者注)としての意思を表示する機関に改める。但し労働者の総意により、労働組合を以て労働者総会に代うることを得るものとする。

経営者総会を新設し、経営職員が企業総会を構成すべき経営者代表を選出し、且つ必要に応じ経営者としての意思を表示する機関に改める。経営技能者が企業総会によって取締役に選任せられた場合には、経営集団の特質に鑑み企業総会を構成する経営者集団の代表たる資格を得るものとする。

**「最低保障制度の確立」**

経営、資本、労働の三者の協同体たる企業の性格に基き、原則として企業成績の如何に拘らず経

営者及び労働者に対してはその生活を維持するに足る給与を、また株主に対しては金利に相当する基本配当を保証する。この場合給与を決定する基準には、その責任、技能乃至経験を加味するものとする。但し能率給はこの外にこれを考慮するものとする。

**「企業利潤の分配」**

企業利潤に対しては、経営、労働、資本の三者が対等の権利を有するものとする。利潤の分配は株主、経営者及び労働者に対する最低保障をなし、且つ過去の欠損を補塡し、なお余りある場合に行われるものであって、株主、経営者及び労働者の各人に就き、株式の払込金額並に経営者及び労働者の年収等を考慮し、且つ企業の実情に即して、適当な割合を以てこれを行う。例えば、基本配当を超えて一分の増配が行われる場合には、各経営者及び各労働者もそれぞれ各自の俸給の年額または賃金年額の一％に相当する金額を分配せられるものとする。

経営者及び労働者に対する利潤の分配に就ては、株主に対する配当と同様、現金にて各自にこれを支払うことを原則とする。

**「企業危険の負担」**

企業危険は資本のみならず経営及び労働もこれを負担する建前とする。株主の負担は出資金及び上記の出資者積立金を限度とし、経営者及び労働者の負担は上記の経営者積立金または労働者積立金を限度とする。但し、株主が出資金の全部または一部を喪失し、または基準配当（原文ママ、基本配当の間違いと思われる、筆者注）を受け得ざる場合においては、経営者及び労働者はその実情に即し、適当なる方法並に限度において犠牲を分担することを当然考慮する建前とする。

経・労・資三者間における危険負担の順序、方法並に程度は企業総会においてこれを決定する。

「経営協議会」

現在の経営協議会はそれが企業の最高意思決定に参与している限りにおいては、その権限を企業総会に譲り、専ら業務執行補助機関としてこれを存置し、これによって生産実務上に労働者の意思を反映せしめるものとする。その権威並に運営の細目に就ては別途考慮する。

「労働組合」

上述の如き企業構造の変化により、労働者は一面において一種の主体的性格のものとなるが、他の一面においては依然として雇傭関係に立つものであるから、この面において労働組合は存続する。但し労働組合の機能は、現在の如く企業経営の外部に立って労働者の利益を擁護するという消極的のものより、企業経営の内部に入ってその効率を高めることにより労働者の利益を増進するという積極的のものとなる。罷業権は固より厳存するが、尠くとも企業内部の経済問題に関する限り、実際に罷業権を行使せねばならぬ場合は、減少するものと思われる。

なお、前記経営技能者集団は労働組合と別個のものとする。

## 伊丹試案との比較

こうした企業民主化試案と伊丹試案との類似性は、もはや明らかであろう。

もちろん、ちがうところもある。とくに、基本概念でのちがいとして明確に指摘すべき点が、四つある。

第一の、そして最大の概念的ちがいは、企業民主化試案が経営者を株主、労働者と対等の第三の独立的存在として位置づけ、経営者が株主から独立して存在するような企業制度が企業民主化のために不可欠だと強調している点である。

私の概念では、経営者はいわば働く人々の代表者である。したがって、企業の内部者は株主と従業員の二つの存在だけなのである。経営者は特殊な従業員としてその中に含まれた存在として私は位置づけている。

企業民主化試案は、経営者の位置づけを大きくする案を経営者自身の団体が提案したことになっている。それでは一般の支持を受けにくいかも知れない。それが、この案の具体化が表だって議論されることのなかった一つの理由かも知れない。さらに、経営層（経営者とその母体としての経営職員）の「第三のファクター」としての独立性をあまりに中心に考えたために、最後に論理破綻を来しているようにも思える。つまり、経営層の独立すべき論理的基盤が希薄なままに独立性を主張するがために、論理がもたなくなっているのではなかろうか。経営層がどこから生まれるのかを考えると、結局は資本の提供者か労働の提供者からしか生まれえない。それなのに、独立の存在としての主張をするのは無理があるのである。

第二の大きな概念的ちがいは、伊丹試案の方が株主の権利をきちんと認め、株式会社制度の枠をきちんと守ろうとする姿勢が明瞭にあるということである。

その一つのあらわれは、株主総会に与える決定権限、企業総会での株主の投票権のあり方である。企業民主化試案は「一人一票」という平等的色彩が強い。伊丹試案は、従業員に関しては一人一票原則だが、株主に関しては一円一票原則を貫こうとしている。この原則を放棄すると、株式会社制度の存立基盤が危うくなると思われる。

さらに企業民主化試案は、株主権を大幅に制限しようとする傾向が強い。たとえば、株主が「消極的な監査権」「財産保全のためにのみ権利を持つ」という考え方である。

その背後には、資本と経営の分離への強い欲求があるようである。当時の経済民主化の雰囲気の中では理解できないことはないが、これほどまでに株主権を制限しては、株式会社制度の根幹をゆさぶることになってしまう。実際、それが企業民主化試案のねらいだったのかも知れない。しかしそれが、この試案が試案のままで終わらざるを得なかった最大の理由だったのではないか。

第三の大きな概念的なちがいは、株主にせよ従業員にせよ、伊丹試案はコアと一般（ノンコア）の区別をつけるようにして、貢献やコミットメントの大きな人々だけが企業の主権を持てるようにしようとしているが、企業民主化試案ではそうした区別はまったくないことである。

とくに株主については、伊丹試案での一般株主だけが株主であるように考えているようで、そのために株主の権利をここまで制限しようとする改革案になっているのであろう。しかし、逃げない資本という企業を成立させる上で必須の資源の提供者に対しては、もっと本格的な権利を認めてもいいと思える。そのためには、コアと一般という区別をせざるを得なくなるのである。

第四の概念的なちがいは、経営者監査委員会のような存在を考えず、さらにはその委員会への企業外部からのインプットを考えていない点である。

これは、二つの試案の発想の原点が微妙にちがうためかも知れない。企業民主化試案は、企業統治の民主化を主題にしている。伊丹試案は経営者のチェックをコーポレートガバナンスの中心課題と考えている。そこが大きくちがうために、概念的に何を考えるかがちがっているのであろう。

以上の概念的ちがいの他にも、具体的な小さなちがいは多数ある。それは、二つの試案を詳細に検討してもらえばすぐわかる。しかしそれらのちがいは、上記の概念的ちがいを除けば、大きな思考のちがいとは思えず、多少の判断のちがい程度であるように思える。

つまり、伊丹試案と企業民主化試案とは、思考の基本スタンスで通底する部分が多い。

たとえば、第5章でも引用したように大塚萬丈氏が次のように書くとき、その思考の源流はこの本全体の底流の考えと何ら変わらない。

「資本主義企業の本質的缺陥は労働が本原的（ママ）生産要素であるにも拘らず、資本のみが企業の所有者であり、したがって生産の果実即ち企業利潤が資本家によって独占せられるという点に存する」（『企業民主化試案』）

戦後五〇年の歴史を経て再び私が類似の提案をしている、と思うゆえんである。

# 終章　グローバル資本主義と日本型ガバナンス

## 金の卵、不安定性への緩衝剤

私はこの本の序章を、二一世紀を迎えようとする日本に吹き荒れるコーポレートガバナンス改革の嵐から説き起こした。そして前章の末尾で、戦後の五〇年の歳月を経て半世紀前の修正資本主義論と私の提案との類似点を強調して、この本の議論の本体部分は終わった。

私の議論は、時代遅れに聞こえるのかも知れない。

とくに、九〇年代以降、グローバル資本主義の時代といわれるように金融がグローバル化した時代に、従業員主権の日本型コーポレートガバナンスなど間尺に合わない、と思われるかも知れない。

私はそうは考えない。グローバル資本主義の時代になり、資本が世界的に豊富になりかつ素早く動き回り、しかも金融資産に対するリターンが厳しく要求される時代だからこそ、かえってコーポレートガバナンスの中核は従業員主権である必要が強くなってきていると思う。

その理由は、二つある。

第一の理由についての私の議論のエッセンスは、これまでたびたび触れてきた、企業という金の卵を生み、育てるのは一体誰なのか、というシンプルな論理である。

株主が企業を生み、企業にコミットし、そして逃げない資本として企業を育てる傾向が強い時代には

（それはつまりオーナー経営の時代であり、所有と経営の分離の少ない時代である）、株主主権でも企業という金の卵は育つだろう。しかし、逃げ足の早い株主が世界を駆けめぐり、金融資産の少しのリターンの差に敏感に動くような時代になると、そうした株主のイメージは本来株式会社制度が生まれた頃の、株主に主権を与えるのが当然と多くの人々が思えた時代の株主のイメージから、ますます遠ざかっていく。

いささか逆説的だが、資本市場が高度に発達し、グローバル資本主義の時代だからこそ、株主主権では金の卵が育ちにくくなってしまう。株主に主権があると、その卵から当面のリターンを吸い上げることに汲々とし始めるからである。

もちろん、それは長期的に金の卵を殺すことになりかねない。したがって、長期的に株主にとっても望ましくない行動になる危険が大きい。しかし、退出というメカニズムが広範に利用可能な状態での株主の多くの行動は、とりあえずリターンを求めて、ということになりやすいと思われる。一つの金の卵が死に絶えても、新しい金の卵を探してそこでリターンをまた吸い上げればいい、と競争状態にある資金運用家たちは考えるだろう。そして、そうしても当面は困るとは思えない程度には、新しい金の卵はたしかに生まれてくるのである。ベンチャーがその典型である。

一握りの、運とチャンスに恵まれた株主たちにとっては、それでいいのかも知れない。しかし、社会全体を考えれば、株主たちが逃げていく企業に働く人々、そこにコミットされたさまざまな社会的資源の大きさを考えれば、逃げ足の早い株主たちが世界を動き回ることが常態になると、長期的には息絶えの金の卵たちを無駄に抱える社会が生まれかねない。

金の卵を、殺してはならない。誰かが企業の統治のプロセスで、その企業が社会に貢献できる資源や能力を育て、必要ならば方向を変更し、しかし過去からの蓄積が平気でどぶに捨てられるようなことをやめさせるような、そうした統治をしなければならない。それを一体誰がやろうとするだろうか。

私には、コア従業員こそ、そうしたことを行う情報とインセンティブを持った人たちだと思える。彼らがメインの主権を持ち、しかし逃げない資本を提供している株主にきちんとしたリターンをわたせるよう最大限の努力をするような、そうした企業制度こそがグローバル資本主義の時代に適合した、長期的に望ましい企業制度だと思う。

もちろん、株主の中にもそうした統治を担うのにふさわしい人々がいるにちがいない。そうした人々はしかし、しばしば同時に中核的な従業員として企業の事業を担う人になる可能性が強い（中小企業のオーナーを考えよ）。だからこそ、金の卵を育てようとする意思を持つのである。

中核従業員を兼ねようと兼ねまいと、そうした株主をコーポレートガバナンスの主権から排除する必要はまったくない。それが、この本でいうコア株主である。そのようなコア株主の大きな参加を許しつつ、しかしコア従業員がメインという主権のあり方が、グローバル資本主義時代には望ましいように思う。金融資産としての株式、利益分配証券としての株式のリターンに主な興味のある株主は、主権をコア従業員にわたししつつ自分たちの利益分配権がきちんと確保されることを要求すればいいのである。

やはり逆説に聞こえるかも知れない。しかし、金融資産のリターンが興味の中心という株主（たとえば年金基金をはじめとする機関投資家たち）が世界中を動き回るような時代になったからこそ、それがじつは株主中心の経営を空疎なものにしているのである。金融資産へのリターンという目的だけでは、人の組織体としての企業の理念や目的には不十分だからであり、金の卵を育てる部分が小さくなりすぎるのである。

グローバル資本主義時代にこそ日本型ガバナンスが大きな意味を持つ、と思われる第二の理由は、グローバル資本主義が本質的に内包すると思われる不安定性に対する、緩衝装置あるいは錨の役割を従業員主権という主権のあり方がかなり果たせると思えるからである。

グローバル資本主義の不安定性の本質的原因は二つある。

一つは、ヒト・モノ・カネという三つの経済資源が国境を越えて（あるいは国境の中でも）動き回るスピードがまったく異なってきたことである。ヒトは歩く速度（ごく一部は飛行機の速度）でしか移動しない。しかも、国境を越えて働く場所を動かすことは大多数の人間にとってまれである。モノは基本的には船の速度で、しかし一部は飛行機の速度で動く。国境を越えることは頻繁にある。ＩＴ革命の時代になった今、カネは電子の速度で動き回る。国境は、為替管理という人為的規制を除けば、一切関係ない。

つまり、カネは世界を瞬時に飛び回り、ヒトは大地に土着しきわめてゆるい速度でしか動かない。生まれ育った共同体に愛着を感じ、ときに縛られている。

これほどにスピードがまったくちがう資源が、一つの企業に同居する。そこに無理が出る。まったく馬鹿馬鹿しいほど単純な話だが、だから摩擦が生まれ、齟齬が生じ、不安定な挙動が始まってしまう。とくに、カネがヒトののろさに我慢できずに動き回ろうとして不安定になる。

グローバル資本主義の不安定性の第二の原因は、主にカネの世界であちこちに収益ポテンシャルがあり、それらの間を自由に瞬時に動き回れるかのような感覚を人々が持つと、目先の利益に走るようになる。走れると思うようになる、だから動いてしまう、と表現するのがより正確かも知れない。それが投機を拡大する。

そういう一種の柔軟性が、動き回る人々にはね返り、投機が拡大して社会全体が不安定になってしまう危険をもっとも雄弁に語ったのが、二〇世紀の最後の一〇年に大活躍した投機家、ジョージ・ソロスである。投機市場の不安定なゆれ動きが経済を破壊するというグローバル資本主義の危機を訴え始めたのである。彼はいう。

「道徳的基準を守るためには、公共の利益を私利私欲に優先させなければならない。安定した人間関係が支配的な社会においては、このことは大した問題にはならない。なぜなら、そのような社会の中で、世間に広くいきわたっている社会的規範を逸脱するような行為をすれば、成功はおぼつかなくなるからである。しかし、人々が自由に動きまわれる環境の中では、社会規範の縛りつけはそれだけ弱くなり、功利主義が一種の社会規範として定着すると、社会は不安定になってくる」〔ソロス（1998）〕。

この不安定化傾向を緩衝できるものの有力候補の一つは、ソロスもいうように、人々が社会的な規範を共有して、その中で一種の道徳的規範を持つようにすることである。企業という世界を考えたとき、そうした価値観の共有は企業で働く人々の間に一種の「共同体感覚」が生まれるときに可能になりやすいだろう。その共同体感覚のためには、安定的なヒトのネットワークが必要であり、そのネットワークに自分たちが所属しているという感覚を人々が持てることが必要であろう。

そして、この安定的なネットワークの中でそれほど動き回らないヒトが多く存在することが、動かないことによって不動点をつくれる。カネの動きに振り回されない安定性の錨が生まれる。

つまり、ヒトが動かないことの貢献、ヒトが共同体感覚を持つことの貢献、その二つの貢献が従業員主権による不安定性緩衝の貢献である。

ここに、グローバル資本主義の時代ならではの日本型ガバナンスの貢献の一つの可能性がある。従業員主権で統治される企業には、安定的なヒトのネットワークが生まれ、そして人々がそこに所属している感覚を持てるからである。グローバル資本主義の不安定性の危機の時代になってきたからこそ、かえって従業員主権の意味が逆に高まっていると思われる。

日本型ガバナンスは、決して時代遅れではない。

序章で私は、日本型ガバナンスの重い堆積物について語った。しかし、その堆積物の向こうに、その堆積物に真正面からきちんと向きあって改革さえすれば、グローバル資本主義時代に通用する日本型ガバナンスの姿が描けるように思う。いや、かえって時代を先取りしている部分が十分ある。皮肉にも、グローバル資本主義の時代だからこそ、日本型ガバナンスが意味を持つ可能性が高いのである。

しかし、そういえると私が考える二つの論理は、金の卵も不安定性緩衝も、ヒトのネットワークを安定的につくる経営のよさにベースを置いた論理であった。しかし一方で、グローバル資本主義の時代には、カネの世界からの要請や圧力が強くてカネの声を聞かざるを得なくなっている、だから株主主権でなければならない、としばしばいわれる。

本当だろうか。本当だとすれば、日本型ガバナンスはもつのか。あるいはもたせるための対応策として有効なものがありうるのだろうか。

グローバル資本主義時代のカネの世界からの圧力とは、資本市場からの企業への圧力である。たしかに、二つの大きな圧力があると思われる。一つは、金融構造の歴史的変化からの圧力ないし要請である。もう一つは、株式市場での株価の圧力である。

それぞれについて、議論をしよう。

## 金融構造の歴史的変化

資本市場からの圧力がコーポレートガバナンスへの新たな要請をし始めているのかという問題を考える際には、二つの金融構造の歴史的変化について議論する必要があろう。一つは、直接金融市場での資金調達の重要性、とくに株主資本による調達の重要性についてである。もう一つは、第6章でアメリカのコーポレートガバナンスの構造変化の大きな背景として指摘した、年金資産の急拡大である。

第一の問題についてしばしばいわれるのは、「間接金融から直接金融へと資金調達の手段が移っている今、株主主権のコーポレートガバナンスにしないとグローバルな資本市場で資本調達ができない」。本当だろうか。

理論的に考えれば、従業員主権企業でも成長資金の調達は十分できることはすでに第4章の議論で示した通りである。間接金融から直接金融へと無理に移る必要はない。もちろん、資金調達コストの上で直接金融が有利ならば、債券発行のようなかたちの直接金融をすればいいのであって、増資による調達ばかりが調達手段ではない。それは、グローバル資本主義になろうがなるまいが、同じことである。

さらに、歴史的事実としても、グローバル資本主義になると株式による資本調達がとくに比重を高めるわけでもない。グローバル資本主義の本家ともいえるアメリカでも、九〇年代の一〇年を通じての上場企業の株式市場からの資金調達は、ネットでマイナスだったのである。つまり、自社株買いというかたちでの株式市場への資金返還の方が増資による資金調達を上回ったのである〔Dore, Lazonick and O'Sullivan (1999)〕。

自社の株価は高くしたい、あるいは従業員のストックオプションのための株式を買う必要がある、という理由でアメリカ企業は大量の自社株買いを九〇年代の一〇年間を通じて行った。しかし、自社株を企業が買えば、それだけの資金が企業の資金プールから流出して売りわたした株主の手に入る。つまり、資金調達とは逆の、資金返還が起きていることになる。その規模が巨大で、増資による資金調達の規模を上回ってしまった。つまり、株式市場全体のネットとしては、株式市場は投資家からの新しい資金調達の場としては機能せず、むしろ資金返還の場として機能したのが九〇年代のアメリカだったのである。もちろん、株式市場は一つの企業から別の企業への資本の再配分はやっている。しかし、経済の中の企業セクターに対する新規危険資本供給の役割はじつはネットでは果たしていない。

危険資本の新たな供給の場としての役割がネットではなくなってしまった株式市場が、企業の成長資本の供給の場としてコーポレートガバナンスのあり方を決定的に変えるほどに重要なのだろうか。

そうは思えない。むしろ、資本効率の落ちてきた日本企業としては、自己資本利益率（ROE）を高めるためにも、負債による資金調達を有効に行った方がいいのである。それを可能にするだけの負債資金の供給は日本の資本市場にまだまだ大量にある。日本の資金循環は相変わらず銀行セクター中心の構造なのである。なにも、グローバル資本市場で増資による資金調達をすることはない。財務体質の強化ということばの呪縛であろうか、エクイティファイナンスにばかり目が行くのは、歴史的な金融構造の変化にかえって合わない。

金融構造の歴史的変化の第二の問題である年金資産の急拡大は、株式という金融資産証券へのリターンの要求という点で、コーポレートガバナンスに大きな関わりを持つ。むしろ、直接金融の問題よりも年金資産の問題の方が、コーポレートガバナンスとの関係では本質的に重要である。

私は第6章で、オサリバンとドラッカーの分析を引用し、アメリカとドイツのコーポレートガバナンスの変容の背景に年金資産の急拡大があることを指摘した。そして、前例のない急スピードで高齢化社会になっていく日本の将来を考え、次のように書いた。

「年金資産の巨大化は日本でも間違いなく起きる。その巨大な金融資産が高い利回りを要求することも確実であろう。したがって、日本でも株主の要求は間違いなく過去よりも厳しくなる。

その時のコーポレートガバナンスのもっとも本質的な問題は、株主主権へ移行せざるを得ないと考えるのではなく、企業の利益分配権市場で高いリターンを株主に与えられるような従業員主権企業になれるか、という問題であろう。そして、企業支配権市場での株主の過激な動きをいかに沈静できるか、ということであろう」

私はグローバル資本主義に関連して、世界的にカネが高いリターンを求めて動き回ると書いたが、そのカネのかなりの部分はどこの先進国のカネであれ年金資産なのである。そして、グローバル資本から金融資産としての株式への高いリターンが要求されるばかりでなく、国内でも年金資産からの要求が厳しくなる。

しかしその要請の本質を、「株主の声が従業員主権を妨げる。株主対従業員の争いが起きる」と表現するのは、間違いである。

年金資産からの企業への高い株式リターンの要求の本質は、働く人々の中での年金生活世代からの企業へのリターンの要求である。それは、現に企業で働いている現役世代へ年金世代が要求を出していることに他ならない。したがって、事の本質は世代間の所得の取りあいなのである。

かりに企業の利益が低くて、配当も少なく株価も低くなるとする。その時、低い利益になってしまうような事業の意思決定をしたのは現在働いている世代である。そして彼らが、人件費の支払いというかたちで分配を受けた後の利益の額が小さいのである。その人件費と年金世代が受け取る配当やキャピタルゲインは、一方が増えれば他方が減るという関係にあることがしばしばである。あるいは年金資産が企業への貸し付け、債券発行というかたちで運用されていれば、利子というかたちでの分配を年金世代が受け、やはりこの分配は現役世代への人件費との間でゼロサムの関係になる。

つまり、二つの世代が企業が生みだした付加価値の分配で争っているのである。そして、年金資産が巨大化すると、この争いが社会的な規模の中で巨大化するのである。

年金世代が基本的に要求するのは、資本の効率的な利用である。それによって大きな付加価値を生みだして欲しいのである。しかも、低い資本効率の投資が多すぎれば、現役世代がいずれ年金世代になったときに困ることになるだろう。

つまり年金資産が株主として金融資産としての高いリターンを要求することに応えることは、現役世代の従業員主権の経営としても、十分に意義のあるものと考えてよい。いずれは自分たちが受け取る側に回るのである。総合的に考えれば、資本の効率を高く保って株式へのリターンを高く保つことは、結局、働く人々のためなのである。

株式という収益証券にそれなりのきちんとしたリターンを与えることは、従業員の取り分が減るといって従業員主権に反することだと思う必要はない。働く人々全体の長期的なメリットにつながることであり、社会的にも大きな意義があるのである。

したがって、従業員主権企業といえども、従業員主権なればこその理由もあって、株式への高いリターンはきちんと確保した方がいいのである。株式への大きな支払いは、いわば年金支払いのコストに似た部分を持つことになる。

## 株価の圧力と企業買収の危機

こうして考えると、株式市場での株価や配当の圧力は従業員主権の担い手である働く人々の観点からも望ましいことが十分ありうる。しかしその圧力が従業員主権に対して悪影響を持ったり、企業の長期的発展にマイナスになるかも知れないと人々を悩ませるケースもまたある。

そうしたケースでは、企業の経営をゆがんだ「株価志向」に偏らせて、企業のポテンシャルをつぶしてしまう危険がある。株価志向と株主主権とは本当は無関係であることもしばしばなのに、株価の圧力が株主主権イデオロギーを企業に強制し、企業をゆがめる危険があるのである。

それが実際起きかねない大きなケースが二つある。低株価につけ込んだ企業買収と高株価を経営者にねらわせるストックオプションである。共に、グローバル資本主義時代にとくにクローズアップされてきた現象である。この二つの現象に日本型ガバナンスの企業はどのように対応すればいいのか、それを考えてみよう。

まず、企業買収から。

グローバル資本主義の時代になり、国境を越えた企業の合併や買収が多くなってきた。それを見ている多くの経営者が、自分の企業の株価を気にし始める。低株価ゆえの企業買収の危機を感じるからである。

とくに、バブルの崩壊以降、日本の株式市場の全般的低迷の中で、少なからぬ数の企業の時価総額が驚くほど低くなっている。もちろん、現在の時価でただちに買収されてしまうわけではないが、経営者が危機感を感じるほどに株価が低い企業がたしかにかなりある。

こうした状況の企業が、株価を維持しあるいは高くするために、利益をきちんと出し、株主にわかりやすい資源投入をすることは、一概に悪いことではない。いわば、企業防衛のための利益計上努力であり、資源投入なのである。そのために、人員の整理などが起き始めると、従業員主権の企業としては株価をとるか、雇用をとるかの選択を迫られかねないが、企業買収の危機があるのであれば、それは雇用に部分的に手をつけることすら非常時としてはありうるだろう。

従業員主権の企業がコア従業員の一部の利害を損なってまで株価のことを気にしなければならないというのは、たしかに異常事態といっていいだろう。本来ならば、そうした事態に立ち至る前に、企業経営がきちんとしていなければならない。こうした事態は、買収に応じる株主が、じつは企業から退出して抗議しているという状況である。そうなる前に、従業員の側からの抗議のメカニズムが何らかの発言メカニズムとして効いて、こうした事態が避けられるのが望ましいが、しかし、事が買収の危機の顕在化まで立ち至った後であれば、企業防衛のための非常手段も仕方のないことであろう。

ただし、ときには買収されて経営者が交代し、新しい資源が投入された方が企業としての将来、あるいは働く人々の将来にプラスになることも十分ありうる。その場合には、買収に対する防衛策をとらない方がいい。つまり、従業員主権の原理から、買収に対する防衛策をとるべきか否かを決めればよい。

その時、防衛策をとるとなったら、それに要する犠牲は国家にとっての国防のコストと同じである。国防のために市民権者が命を犠牲にすることとすらあるように、従業員主権を原理とするなら、従業員集団の中になんらかの犠牲者が出ることも仕方のないことがありうる。そうした状況をとらえて、従業員主権から株主主権へ変節した、というべきではないだろう。

しかし、そうした非常事態での犠牲を出さざるを得ないような事態を迎える以前に、こうした事態への防御策を講じておく必要があるだろう。国の安全保障と同じで、戦争という非常事態を迎えずに済むようにするのが、統治とくに外交の基本である。

そうした防御策としては二つの対策がありうる。一つは、株主構成の中で簡単には買収に応じない安定株主の比率を高めることである。日本企業が一九六〇年代の資本自由化の頃に安定株主工作をしたのと同じタイプの防御策が、グローバル資本主義の時代にも必要とされている企業があるのかも知れない。

しかし、最大の防御策は株式という金融資産証券に対するリターンをきちんと与え、株価が低くなりすぎないように経営を行うことである。そのために必要なリターンとしての利益の計上、配当の確保は、いわば国の安全保障費と同じである。従業員主権を守るための安全保障のコストなのである。

私は、年金資産が要求する高い金融資産リターンをきちんと与えることが、従業員主権企業にとっていわば働く人々への年金コストを支払うのに似ている、と前にいった。ここでは、従業員主権企業にとって買収を防ぐための利益計上は従業員主権を守るための国防コストに近いといっている。国家と企業、組織単位は異なるが、市民権者として考えなければならないことは、結局似ているのであろう。

## ストックオプションの怪

株式市場からの圧力で、企業が株価を高くする経営を行うようにという趣旨で最近かなり広まってきたのが、ストックオプションである。もっとも、株主主権のアメリカと比べれば、日本ではきわめて限定的なストックオプションしか制度的に認められていないが。

いくら株式会社制度があり株式市場からの株価の圧力があるからといって、従業員主権企業がストックオプションを広範に採用することには、私は賛成できない。

理由は二つある。

一つは、ストックオプションという経営者へのインセンティブの仕組みが経済体が経営者に与えようとするインセンティブとして、不公正になりかねない仕組みだからである。もう一つの理由は、ストックオプションの実態が、株主のためと称した経営者の過剰所得になる危険性が大きいと思われるからである。ストックオプションの触れ込みは、経営者が企業としての長期的発展を考え、株主のメリットを考えた経営をして株価を高くすることへの報奨、ということであるが、実態はどうもそうなっていないことが多い。たしかに、オプションの対象者たちは株価を気にするようになるだろう。本当にそれが企業にとっていいことになっているだろうか。それが疑問なのである。

まず第一の理由から、詳しく解説していこう。

ストックオプションをもらった経営者は、低い値段で自社株を買う権利を得る。そして、実際の株価が高くなったらただちに権利行使をして低い値段の株式を企業から買う。そして、その株を売ればキャピタルゲインがただちに発生し、それを現金収入として手に入れることができる。

**図1　ストックオプションのカネの流れ**

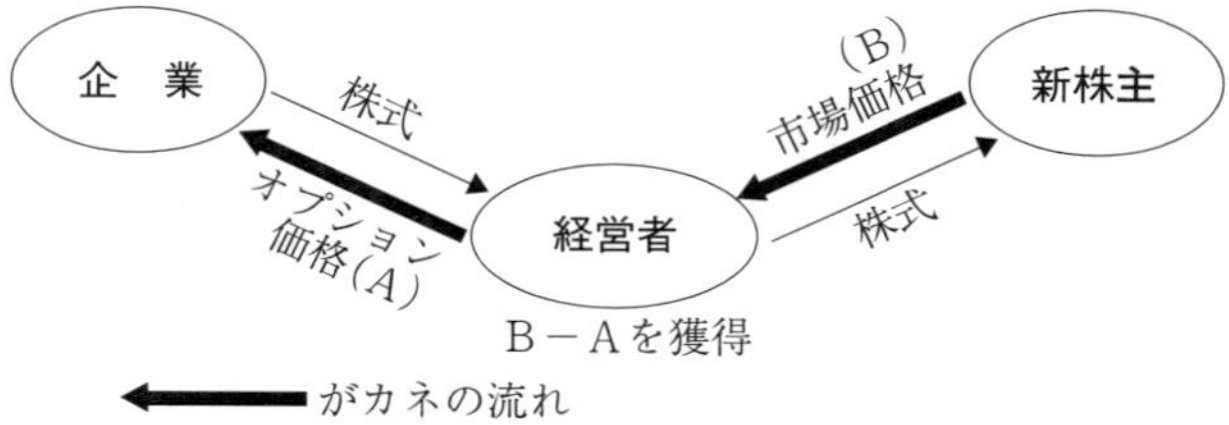


つまり、株を売って収入を得るのである。売っているということは、買う人がいるということである。それでなければ、売買が成立しない。その買った人は新しい株主となる（あるいは旧来の株主が買い増しをする）のである。とすると、経営者が手に入れる現金収入という報酬は、企業から直接もらったのではなく、新しく株主になった人からもらったことになる。

つまりストックオプションは、株式市場の投資家からの移転所得で経営者に報いようとする手段なのである（もちろん、経営者が売り抜けをただちにはしない場合には、経営者の所得は配当所得であるが）。旧来からの株主からすれば、新しくその株を買う新人株主という他人の財布をあてにしたご褒美の仕組み、という部分が大きい。

この仕組みは、たしかに企業業績に連動しているインセンティブとなっている。しかし、企業が実際あげた収益から報いようとするプロフィットシェアリングとは基本的に発想が異なることは、これで明瞭であろう。企業としては、腹は痛まない部分が大きい。オプションとして与える自社株の購入コストが企業としてのコストである。プロフィットシェアリングでは、経営者が手にする現金の全額が企業のコストである。

他人の財布をあてにしたご褒美の仕組み、という意味で不公正の匂いがするばかりではない。オプションで儲ける経営者は、株価に影響を与える意思決定を広範囲にわたってする人である。どの意思決定が本当に企業の長期的な発展に貢献し、どの意思決定が株価は上げるがじつはかなりお化粧的なものであるかを知る立場の人間だともいえる。それを考えると、経営者が売る株式を購入する新人株主と経営者との間に、あまりに情報格差がありすぎるのである。経営者の方が圧倒的に情報を持っている。経営者が売り抜けようとする株を新人株主は買っている、と表現してもいい事態も容易に想像される。新人株主が将来、損をする危険はかなりある。

つまり、インサイダー取引の一変形になりかねない不公正さの源泉があるのである。

ストックオプションの第二の怪は、それが株主価値最大化経営のための手段といわれている割には、じつは経営者が株主主権イデオロギーに便乗して自分の財産獲得をしている例が多いように思われることである。

たとえば、労資共同決定の国ドイツで起きたダイムラーベンツのケースには考え込まざるを得ない。ダイムラーベンツは、株主価値最大化経営へ突っ走ると社長が公言している企業である。九六年四月、ダイムラーベンツは一七〇名の幹部に対するストックオプションを発表した。当然、この決定は監査役会の決議事項で、監査役会の従業員代表は一人の例外を除いて全員反対票を投じた。しかし、賛成多数で可決されたのである。その後半年以内に、七五％の幹部がオプションを実行した。オプションの実行を長期的な企業業績にリンクさせる制限がついていなかったのである。わずか半年の間に、経営幹部たちは巨額の利得を手に入れた〔Dore, Lazonick and O'Sullivan（1999）〕。

ストックオプションの元祖アメリカでも、正常とは思いがたいことが起きている。たとえば、ＣＥＯの年間報酬（ストックオプション含む）のインフレである。彼らの年間報酬と工場の労働者の平均所得との倍率は、ストックオプションの普及とともに大きく変わった。六五年に四四倍（これでも日本と比べれば異常と思えるほど大きい）だったこの倍率が、九七年には三二六倍にはねあがった。九九年はもっとすさまじく、なんと四七五倍。ＣＥＯと工場労働者の間の年収格差倍率が三〇年間で一〇倍以上拡大したのである。その拡大のほとんどは、ストックオプションによるものである（Business Week調査）。

ただし、ストックオプションは企業にとってもただではない。そのために自社株買いをせねばならない。コストがかかる。そのコストの大きさを考えると、企業の長期的なメリットに本当になっているのか、疑問も生まれる。たとえば、アメリカのＩＴ革命をリードする超有名ハイテク企業であるインテル、マイクロソフトは共に九八年、研究開発投資よりも大きな金額を自社株買いに使った。その株の使途は、従業員へのストックオプションに充てるためであった。

ストックオプションは、たしかに株価を重視するような経営を経営者にとらせるようになるだろう。じつはそれが大きな機能不全をもたらすことになりかねない。一つには、企業の長期的将来を考えての経営行動というより、株価を考えての経営行動がとられることによる長期的な資源のムダ遣い、という機能不全である。第二には、企業経営の投機化である。まじめにコツコツと仕事をすると業績があがるという仕事の精神からは、遠ざかってしまう危険がある。第三には、オプションの対象となる人とそうでない人たちの間の、格差の拡大である。従業員主権を主権原理とする企業にとっては、深刻な機能不全ばかりである。

日本のストックオプション制度がじつに及び腰なのは案外、この制度の持っているこうした「怪しさ」を、制度導入の当事者たちが感じていたからなのかも知れない。

## 歴史の流れに従って

この本もいよいよ終わりに近づいてきた。

この本の問題意識、私の基本スタンスを述べた序章は、「流行の流れに抗して」というタイトルの項で終わった。本全体の締めとなるこの終章の最後の項は、「歴史の流れに従って」としたい。短期の流行には逆らってもいいが、長い歴史の流れについては、それをよく見極め、それに従った方がいい。

グローバル資本主義と日本型ガバナンスとの関係を考えてきたこの章の結論は、金融資産としての株式に高いリターンを与える従業員主権企業、それが望ましい姿である、というものである。さらに、グローバル資本主義だからこそ、従業員主権には貢献がある。グローバル資本主義の資本市場の圧力にも、株式へのリターンという「年金コスト」「国防コスト」を払うつもりなら、十分やれるはず。それが終章のメッセージである。

こうした結論の背後に、私は三つの歴史の流れを考えている。株式会社制度の歴史、日本社会の歴史、そして資本主義の修正と多様性の歴史。

日本型ガバナンスの企業も、株式会社制度のもとで上場している企業である限り、株式市場との付き合いが必要になる。そして、必要なものなら、きちんとした付き合いをすればいいのである。たとえば、従業員主権と株主主権をどうしても併存させたければ、従業員持ち株を広範に採用すればよい。そして従業員持ち株の議決権を他の株の倍にしてもいい。金融資産証券としての株式にきちんとしたリターンを与えるというのも、株式会社制度のもとで株主が逃げない資本を提供することによって企業という経済体、企業という法人が生存することが可能になっている以上、当然のことである。

株式会社制度という歴史の風雪に耐えてきた制度の基本には、従った方がいい。

金融資産としての株式への正当なリターンを、という結論は、日本社会の近過去と近未来の歴史状況を考えても、当然と思われる。

八〇年代以降、日本企業の資本効率が悪化している。とくに、九〇年代の株価の低迷は激しい。だからこそ、株主重視のコーポレートガバナンスが叫ばれるようになった。株価が上昇している時期には、株主重視を誰も真剣にはいわなかった。そのように資本効率が悪くなった株式会社では、株主への正当なリターンが叫ばれるのは、歴史の必然である。

さらに、高齢化していく日本の近未来を考えれば、増大していく年金世代のためにも、金融資産へのリターンを確保するように企業経営が行われる必要がある。そうでなければ、社会全体が保たなくなる危険がある。

株主主権イデオロギーから従業員主権企業を守る「国防」コスト、そして年金世代にきちんとしたリターンをわたすための「年金」コスト。この二つのコストを払うのは、歴史の流れとして当然なのである。「安全」にあまりに無防備だった日本企業の近過去、高齢化していく日本の社会という近未来、いずれも日本社会の置かれた歴史状況なのである。

こうした二つの歴史の流れが、株式へのリターンをきちんと要求するからといって、コーポレートガバナンスの基本を従業員主権から株主主権へと変更する必要はない。サブの主権者である株主の権利を応分にすら見てこなかった日本企業への警告を、最近の資本市場と世論が発している、と理解すればいいのである。従業員主権メインの方が、結局、金融資産のリターンとしても長期的にもっとも望ましいのではないか。

私がそう考える一つの理由は、資本主義というものの多様性とその修正資本主義あるいは新種誕生の歴史を考えるからである。株式会社制度が生まれ、資本の蓄積をドライビングフォースとする資本主義が世界に広まってから、数百年の長い歴史がある。その間、資本主義の具体的あり方は、決して一様ではなかった。さまざまな多様な試みが、資本主義という大枠の中で行われてきた。ドイツの共同決定も、日本の暗黙の従業員主権株式会社も、そうした試みと位置づけることができるだろう。

資本主義は、多様なシステムを可能にする。その中で、今井（1992）のいうように、資本主義のシステム間競争があっていい。その競争が、資本主義のダイナミズムの源泉ではなかったのか。

そうした資本主義の新種の誕生は、別なことばでいえば、修正資本主義のさまざまな試みと呼べるだろう。この一〇〇年弱の歴史の中でいえば、そうした新種の誕生の背後にあったドライビングフォースは一つは間違いなく、社会主義、共産主義の体制からの挑戦であった。多くの修正資本主義のアイデアは、大塚萬丈のそれが典型的に例示しているように、社会主義の理念を念頭に置いて、それへの対抗、それへの適応を考えたものであった。

一九八九年のベルリンの壁の崩壊以降の社会主義の没落にもっとも困るのはじつは自らを映す鏡を失った資本主義ではないか、と喝破したのは劇作家の山崎正和であった。慧眼だと思う。Albert (1991)もまた、共産主義体制の崩壊後は資本主義はその対抗勢力を失い、ダイナミズムの源泉は資本主義の間での競いあいになる、といっている。

ドイツの共同決定の法制化の背後にも、ヨーロッパでの共産主義への脅威が見てとれるようである。ドイツは、共産圏と国境を接していた数少ない西欧資本主義国であった。しかも、同じ民族による共産主義国に分断された国であった。そういう歴史的状況に置かれた国だからこそ、共産主義の脅威が労働者の経営参加をひき起こした背景になったのだろう。戦後の最初の一五年間に強かったその脅威が、もはやソ連が弱体化を始めていた七二年になって共同決定法をつくらせてしまった。歴史の皮肉であろうか。

現在のドイツには、株主主権への回帰とも見える傾向が生まれている。しかしそれは、株主主権への回帰が理念的に望ましいと多くのドイツ人が思っているということではなく、経営側の望まないかたちでの共同決定の具体化への反発と私には思える。株主価値中心主義の流行を奇貨としてそれに乗じて労働組合の影響力を小さくしようとしている動き、と解釈できる。いわば、理念はともかく具体的制度設計の欠点への反省が、共産主義の脅威が消滅すると同時に出てきたのではないか。

戦争直後の日本での経済同友会を中心とする修正資本主義論争も、資本主義のシステム間競争の理念の歴史の一コマと理解できるであろう。その理念を一つの淵源として生まれてきたのが、現在の日本型コーポレートガバナンスと思われる。

グローバル資本主義時代の資本主義の具体的かたち、株式会社制度の実際は、アングロサクソン型ガバナンスばかりである必要はない。アングロサクソン型一色ではない、多様性のある世界の方が望ましい。そして、株式会社制度の変容が歴史的に継続され続けることが、真に要請されていることだと思うべきである。

日本はその要請に応えられるポジションにいるのではないか。

今吹き荒れているアングロサクソン型の資本市場の嵐は、「企業は誰のものか」という問いをあらためて日本企業に問いかけている。それは大切な問いである。

逃げてはならない。その問いに真剣に答え、前向きに日本のよさを生かした道を考えるべきである。そして日本が、思想的にも深いことを考えた上で、世界の思潮をリードするくらいの意気込みを持って欲しい。そう願うのは、歴史の無謀であろうか。

# 参考文献


- Albert, Michel (1991) *Capitalisme contre Capitalisme*, Edition de Sueil（小池はるひ訳『資本主義対資本主義』竹内書店新社、一九九二）
- 青木昌彦（1984）『現代の企業』岩波書店
- Berle, A. A. and G. C. Means, *Modern Corporation and Private Property*, Macmillan, 1932（北島忠男訳『近代株式会社と私有財産』文雅堂銀行研究社、一九五八）
- Blair, Margaret (1995) *Ownership and Control: Rethinking Corporate Governance for the Twenty-first Century*, Brookings Institution
- Blair, Margaret, and Mark J. Roe, ed. (1999) *Employees and Corporate Governance*, Brookings Institution
- Dore, Ronald, William Lazonick, and Mary O'Sullivan (1999) "Varieties of Capitalisms in the Twentieth Century," *Oxford Review of Economic Policy*, Vol.15, No.4, 1999
- Dore, Ronald (2000) *Stock Market Capitalism: Welfare Capitalism–Japan and Germany versus the Anglo-Saxons*, Oxford University Press
- Drucker, Peter F. (1999) *Management Challenge for the 21st Century*, Harper Business（上田惇生訳『明日を支配するもの』ダイヤモンド社、一九九九）
- The Federal Minister of Labour and Social Affairs (Germany) (1980) *Co-determination in the Federal Republic of Germany*
- 深尾光洋、森田泰子（1997）『企業ガバナンス構造の国際比較』日本経済新聞社
- Hirschman, Albert O. (1970) *Exit, Voice and Loyalty: Responses to Decline in Firms, Organizations and States*, Harvard

University Press（三浦隆之訳『組織社会の論理構造』ミネルヴァ書房、一九七五）
- 飯田経夫、清成忠男、小池和男、玉城哲、中村秀一郎、正村公宏、山本満（1975）『現代日本経済史（上・下）』筑摩書房
- 今井賢一（1992）『資本主義のシステム間競争』筑摩書房
- 稲上毅・連合総合生活開発研究所（編著）（2000）『現代日本のコーポレート・ガバナンス』東洋経済新報社
- 稲上毅（2000）「新日本型コーポレート・ガバナンスと雇用・労使関係」稲上毅他（2000）所収
- 伊丹敬之（1984）『新・経営戦略の論理』日本経済新聞社
- 伊丹敬之（1987）『人本主義企業』筑摩書房
- 伊丹敬之（1990）『ポーランドからの手紙：一九八九』筑摩書房
- 伊丹敬之（1993）『マネジメントファイル93』ＮＴＴ出版
- 伊丹敬之（1999）『場のマネジメント』ＮＴＴ出版
- 伊丹敬之（2000）『経営の未来を見誤るな：デジタル人本主義への道』日本経済新聞社
- 伊丹敬之、加護野忠男、小林孝雄、榊原清則、伊藤元重（1988）『競争と革新　自動車産業の企業成長』東洋経済新報社
- 伊丹敬之、加護野忠男、伊藤元重（編著）（1993）『企業とは何か：日本の企業システムシリーズ第1巻』有斐閣
- 伊丹敬之、加護野忠男、宮本又郎、米倉誠一郎（1998）『日本的経営の生成と発展：日本企業の経営行動シリーズ第1巻』有斐閣
- 伊藤邦雄（1993）「株式持ち合い：その螺旋型ロジック・シフト」伊丹敬之他（1993）『企業とは何か』所収
- 岩井克人（1988）「従業員管理企業としての日本企業」岩田規久男・石川経夫編『日本経済研究』東京大学出版会
- 岩井克人（1993）「ヒト、モノ、法人」伊丹敬之他（1993）『企業とは何か』所収

- Iwai, Katsuhito (1999) "Persons, Things, and Corporations: The Corporate Personality Controversy and Comparative Corporate Governance," *The American Journal of Comparative Law*, Vol.47, No.4, Fall 1999
- 加護野忠男、奥村昭博、榊原清則、野中郁次郎（1983）『日米企業の経営比較』日本経済新聞社
- 加護野忠男、小林孝雄（1988）「見えざる出資」伊丹敬之他（1988）『競争と革新』所収
- 経済同友会企業民主化研究会編（1947）『企業民主化試案－修正資本主義の構想－』同友社
- 小池和男（1975）「第4章　戦時経済の『遺産』」飯田経夫他（1975）『現代日本経済史（上・下）』所収
- 久保利英明（1998）「構造的欠陥を露呈する日本のコーポレートガバナンス」久保利英明他（1998）『日本型コーポレートガバナンス』所収
- 久保利英明、鈴木忠雄、高梨智弘、酒井雷太（1998）『日本型コーポレートガバナンス』日刊工業新聞社
- 正村公宏（1985）『戦後史（上・下）』筑摩書房
- 三戸公（1982）『財産の終焉』文眞堂
- 宮島英昭（1995）「証券民主化再考――コーポレート・ガバナンスの視角から」『証券研究』Vol.112
- 宮本又郎（1998）「総有システムと所有者主権の制限－三井の大元方」伊丹敬之他（1998）『日本的経営の生成と発展』所収
- 水谷三公（1992）『江戸は夢か』筑摩書房
- 村田和彦（1978）『労資共同決定の経営学』千倉書房
- 中島修三（1990）『株式の持合と企業法』商事法務研究会
- 日本コーポレート・ガヴァナンス・フォーラム、コーポレート・ガヴァナンス原則策定委員会（1998）『最終報告・コーポレートガバナンス原則－新しい日本型統治を考える－』日本コーポレート・ガヴァナンス・フォーラム〔久保利英明他（1998）『日本型コーポレートガバナンス』所収〕
- 西山忠範（1975）『現代企業の支配構造』有斐閣

- OECD (Milstein Report) (1998) *Corporate Governance: Improving Competitiveness and Access to Capital in Global Markets*, A Report to OECD, OECD
- 岡崎哲二（1993）「企業システム」岡崎哲二他（1993）『現代日本の経済システムの源流』所収
- 岡崎哲二、奥野正寛（1993）『現代日本経済システムの源流』日本経済新聞社
- 岡崎哲二、菅山真次、西沢保、米倉誠一郎（1996）『戦後日本経済と経済同友会』岩波書店
- 奥村宏（1984）『法人資本主義』お茶の水書房
- 大塚久雄（1969）『株式会社発生史論』大塚久雄著作集第1巻、岩波書店
- O'Sullivan, Mary (2000) *Contests for Corporate Control: Corporate Governance and Economic Performance in the United States and Germany*, Oxford University Press
- Prowse, S. D. (1994) "Corporate Governance in International Perspective: A Survey of Corporate Control Mechanisms among Large Firms in the United States, the United Kingdom, Japan and Germany," *BIS Economic Papers*, No.41.
- Roe, M. J. (1993) "Some Differences in Corporate Governance in Germany, Japan and America," in, T. Baums, R. M. Buxbaum and K. J. Hopt eds., *Institutional Investors and Corporate Governance*, Walter de Gruyter.
- Roe, Mark J. (1994) *Strong Managers, Weak Owners: The Political Roots of American Corporate Finance*, Princeton University Press （北條裕雄・松尾順介監訳『アメリカの企業統治』東洋経済新報社、一九九六）
- 榊原英資（1990）『資本主義を越えた日本』東洋経済新報社
- 証券取引法研究会国際部会訳編（1994）『コーポレート・ガバナンス　アメリカ法律協会「コーポレート・ガバナンスの原理：分析と勧告」の研究－』日本証券経済研究所
- 宍戸善一（1993）「経営者に対するモニター制度：従業員主権と株式会社法」伊丹敬之他（1993）『企業とは何か』所収

・Soros, George (1998) *The Crisis of Global Capitalism: Open Society Endangered*, Public Affairs（大原進訳『グローバル資本主義の危機』日本経済新聞社、一九九九）
・菅山真次（1996）「第一章　経済復興と市場経済への移行、第一節　企業民主化」岡崎哲二他（1996）『戦後日本経済と経済同友会』所収
・鈴木宗正（1938）「工場の利潤分配制度と高賃金対策」『社会政策時報』
・高橋俊夫（編著）（1995）『コーポレート・ガバナンス―日本とドイツの企業システム』中央経済社
・武田晴人（1999）『日本人の経済観念』岩波書店
・玉城哲（1975）「第2章　戦後改革」飯田経夫他（1975）『現代日本経済史（上・下）』所収
・田中一弘（1998）『企業統治と資金提供者』一橋大学大学院商学研究科博士論文
・寺本義也(編著)（1997）『日本企業のコーポレートガバナンス』生産性出版
・山下静一（1992）『戦後経営者の群像』日本経済新聞社
・安岡重明（1998）『財閥経営の歴史的研究』岩波書店
・吉森賢（1982）『西ドイツ企業の発想と行動』ダイヤモンド社

**著者紹介**
**伊丹 敬之**（いたみ・ひろゆき）
1945年　愛知県に生まれる
1967年　一橋大学商学部卒業
1972年　カーネギー・メロン大学経営大学院博士課程修了
現　在　一橋大学商学部教授
著　書　『新・経営戦略の論理』（日本経済新聞社）
『マネジメント・コントロールの理論』（岩波書店）
『人本主義企業──変わる経営、変わらぬ原理』（筑摩書房）
『グローカルマネジメント』（ＮＨＫ出版）
『日本産業　三つの波』（ＮＴＴ出版）
『場のマネジメント』（ＮＴＴ出版）
『経営の未来を見誤るな』（日本経済新聞社）
『ゼミナール経営学入門』（共著、日本経済新聞社）他。

**日本型コーポレートガバナンス**
従業員主権企業の論理と改革

2000年12月15日　1版1刷

著　者　伊丹 敬之

発行者　小林 豊彦

発行所　日本経済新聞社
http://www.nikkei.co.jp/pub/
東京都千代田区大手町1-9-5 〒100-8066
☎03-3270-0251　振替00130-7-555

印刷　東光整版印刷／製本　積信堂
ISBN 4-532-13190-1